서울
시대

서울
시대

1판 1쇄 펴냄 2025년 2월 20일

지은이 유승훈
발행인 김병준 · 고세규
발행처 생각의힘
편집 우상희 · 정혜지 디자인 백소연 마케팅 김유정 · 차현지 · 최은규

등록 2011. 10. 27. 제406-2011-000127호
주소 서울시 마포구 독막로6길 11, 2, 3층
전화 편집 02)6925-4184, 영업 02)6953-8396 팩스 02)6925-4182
전자우편 tpbook1@tpbook.co.kr 홈페이지 www.tpbook.co.kr

ISBN 979-11-93166-86-4 (03910)

유승호 지음

어느 시대

창계천 판자촌에서 강남 부유인까지

생각의힘

추천의 말

그의 《부산의 탄생》과 《우리나라 제염업과 소금민속》을 읽고
참으로 귀한 필자를 만났다는 큰 기쁨이 있었다. 특히 그의 전
공이 민속학임을 알고 더욱 반가웠다. 《나의 문화유산답사기》
이후 비슷한 주제의 책들이 쏟아져 나왔지만 대부분 기행문 혹
은 여행안내서였다. 그래서 희망하기를 내가 미술사가로서 우
리 문화유산을 이야기했듯이 민속학과 인류학 전공자가 우리
문화유산을 이야기해 준다면 우리 문화의 넓이와 깊이를 크게
확대해 갈 수 있으리라 기대해 온 것이다. 그런데 저자 유승훈
이 민속학자로서 먼 과거가 아닌 근현대 우리네 삶의 자취를 생
생히 추적해 가고 있어서 그것이 고맙고 기뻤다. 이번에 펴낸
《서울 시대》를 독자들보다 미리 읽어 보니 역시 달동네에서 아
파트로 이행해 오는 서울의 모습을 너무도 실감 나게 그려내어
마치 내가 살아오면서 잃어버린 삶의 체취와 정서가 되살아나
는 듯한 감동을 받았다. 벌써 그의 발길이 다음엔 또 어디로 향
할 것인가 기다려보게 된다.

    _유홍준(명지대 석좌교수, 《나의 문화유산답사기》 저자)

서울 사람 유승훈이 드디어 서울 이야기를 들려준다. 바닷가의 소금, 그리고 서울의 대척점에 위치한 한국 제2의 도시 부산 이야기로 필력을 떨친 유승훈. 그가 고향 서울로 되돌아와 들려주는 이야기는 자세하면서도 친근하다. 어깨에 힘을 주고 거창한 말을 내세우는 대신, 서울 사람들이 살아온 모습을 '풍속사'라는 돋보기로 들여다보면서, 자기 자신이 서울 사람으로서 겪고 느낀 바를 한데 엮어 스토리텔링 한다.

20년 전 서울을 떠나 부산과 경남으로 삶의 거처를 옮긴 그는, 고향이 아닌 곳에서 새로운 삶을 꾸리고 그곳을 관찰해 왔다. 그 과정에서 그는 고향 서울을 내부에서뿐만 아니라 외부에서 바라보는 방법을 깨달은 것 같다. 자기 나라만 아는 사람은 애국자가 될 수 없다는 말이 있다. 서울을 좀 더 잘 이야기하기 위해서는 짧게든 길게든 서울을 떠나는 것이 나을지도 모른다. 친숙한 존재를 낯설게 보는 방법을 체득하고 나서 서울을 들여다보았을 때 비로소 드러나는 놀라운 사실들과 감각을 독자분들께서도 확인해 보시기 바란다.

_김시덕(도시문헌학자, 《서울 선언》 저자)

서울 풍속 지도

강동구

❶ 기동차(동대문~뚝섬)
❷ 청계천 판자촌
❸ 사당동 달동네
❹ 신림동 난곡마을
❺ 청량리 신탄장
❻ 서빙고동 부군당
❼ 작은한강 부군당
❽ 도곡동 느티나무(역말도당제)
❾ 창전동 부군당
❿ 충정아파트
⓫ 와우근린공원(옛 와우아파트 자리)
⓬ 한강맨션아파트
⓭ 우이동 도당굿(삼각산 도당굿)
⓮ 한강 나룻배 전복사건
⓯ 한남동 나루
⓰ 뚝섬나루
⓱ 서빙고나루
⓲ 신천나루
⓳ 정동교회
⓴ 금구예식부
㉑ 개포동 함진아비 사건
㉒ 인왕산 선바위
㉓ 경성대학교 병원 산파양성소
㉔ 남산 점집 거리
㉕ 미아리 점집 거리
㉖ 홍제동 공원묘지
㉗ 망우역사 문화공원

3부 서울내기: 과거와 현재가 뒤섞인 일상

프롤로그

도시화 시절, 온몸으로 부딪치며
'서울 시대'를 넘었던 사람들의 이야기

도시화 시절의 서울은 가히 과열사회였다. 먹고살기 위해 전국에서 서울로 오는 사람들이 많았고, 베이비 붐 시대까지 열리는 바람에 서울의 인구는 폭증하였다. 조선 시대에도 사람을 낳으면 한양으로 보내라고 했지만 그렇다고 해도 한양의 인구가 수십만을 넘기는 수준은 아니었다. 전쟁 이후로 서울의 인구가 500만을 넘고 1,000만까지 치달으면서 서울은 불어난 몸집을 감당하지 못하고 턱밑까지 숨이 차올랐다. "서울은 만원滿員이다" "서울은 만차滿車다" 등 서울이 꽉 차서 감당을 못 하겠다는 아우성이 울려 퍼졌지만 해결할 만한 뾰족한 대안은 없었다. 만원 버스가 된 서울에 가까스로 올라탄 사람들은 손잡이 하나에 의지하여 이리저리 휩쓸리면서 '서울 시대'의 긴 터널을 아슬아슬하게 통과했다. 순식간에 가속도가 붙은 서울은 산업화 시대를 넘었고, 정보화 시대를 지나고 있으며, 이제는 AI 시대를 목전에 두고 있다. 벌써 산업화 시대의 이야기는 철이 지난 역사가 되었다. '그때 그 시절의 문화콘텐츠'로써 레트로 문화를 소비하는 젊은 세대들에게나 관심거리가 되었다.

대용량의 외장 하드를 손에 쥔 현대인의 기억은 지극히 짧다. 얼마 전까지 전화번호와 주소를 줄줄이 외우던 기억력 좋은 사람들은 온데간데없다. 대신, 검색어 하나로 뭐든지 알려주는 전자기기가 그 자리를 채웠다. 솔직히 나도 어제의 일이 잘 기억나지 않을 때가 많다. 기억이 짧을수록 중요해지는 것은 기록이다. 도시화 시절, 온몸으로 부딪치며 서울 시대를 넘었던 사람들의 이야기가 급속히 잊히는 것이 아쉬웠다. 이때 할 수 있는 일이란 그 시대를 써서 기록으로 남기는 것이다. 그런데 나는 거대한 역사를 꿰뚫는 역사학자도 아니고 산업화 사회를 치밀하게 분석하는 사회학자도 아니다. 내가 단지 관심을 두는 것은 왕십리 똥파리요, 강남 복부인이요, 손 없는 날이요, 자동차 고사요, 소개팅이요, 마담뚜 등등 하찮아 보이는 것들이다. 거시사에 역사의 안방을 내주고 건넌방에 조용히 앉아 있는 미시적 풍속을 끄집어내 해석해 보는 일이 민속학자인 나의 몫이었다. 이 책에 스스로 어쭙잖게 '풍속사'란 이름을 붙여보지만 실은 역사를 '작지만 크게 보자'라는 생각에서 말미암은 것이다. 나는 여전히 민속은 역사의 토대에서 자라나서 조응하고, 풍속은 양지보다는 음지의 문화라고 믿고 있다. 그리하여 내 임무는 제도권 학자들이 관심 두지 않은 영역의 문화를 대중에게 소개하여 기억시키는 것으로 삼았고, 앞으로도 그렇게 할 것이다.

2004년 나는 서울을 떠나 부산과 경남으로 삶의 터전을 옮겼다. 고향인 서울과 이별하기 직전에는 한강 변 마을 제당祭堂을 조사하고 있었다. 개인적 사정으로 멀리 내려오면서도 서울의 풍속을 더 조사하지 못한 것이 못내 아쉬웠다. 그때의 아쉬움은 새로운 다짐을 낳았다. 언제가 서울의 풍속을 쉽고 흥미롭게 풀어쓴 책을 쓰고 말리라, 하는 다짐이자 욕심이었다. 세월

11

은 흐르고 흘러 그 결심을 한 지가 벌써 20년이 지났다. 물론, 20년 동안 서울과 완전히 헤어진 것은 아니었다. 출장이나 집 안일 등으로 자주 서울을 방문했다. 그때마다 서울의 얼굴은 빠르게 변하고 있었고, 어느덧 내가 살던 서울은 사라지고 있었다. 그래서인지 나의 기억에 남은 '나의 서울'이란, 1970년대와 1990년대 사이의 어디쯤이다. 나의 서울은 막걸리 냄새로 진동했던 피맛골이나 밤거리를 지켰던 포장마차 군락의 청계 고가 도로변, 그리고 민주화 시위로 숨바꼭질했던 종로 거리 등 그 어디를 가리킨다. 분명한 점은 내가 살았던 그 시대가 바로 내가 쓰고 있는 서울 시대와 엇비슷하다는 사실이다.

돌이켜 보면 시대는 풍속이 되고, 풍속은 시대가 된다. '마이카 시대'는 자동차 고사를 출현시켰고, 학생이 폭증하는 시대는 콩나물 학교를 등장시켰다. 서울 시대는 꼭 찬란한 시대만은 아니었다. 전통과 현대, 농촌과 도시의 문화가 뒤섞이고 충돌하던 '연탄의 시대'이자 '달동네의 시대'였다. 입시에서 남을 이겨야겠다는 경쟁심, 남보다 부자가 되어야겠다는 투기심이 과열화되면서 '엿의 시대'에서 '복부인의 시대'로 내달렸다. 한편, 서울 시대는 서울에 국한된 이야기 또한 아니다. 서울 시대는 곧 대한민국의 '성장과 개발의 시대'였다. 전국의 사람들이 모여들고 행정구역이 확장일로를 걷던 '팽창의 서울 시대'에서는 변화무쌍했던 대한민국의 성장통까지 볼 수 있었다.

이 책은 산업화 시절 **서울의 자화상**이거니와, 동시대를 겪은 나에게도 **젊은 시절의 자화상**과 다름없다. 만시지탄이겠지만 20년이 지난 지금이라도 이 책의 서문을 쓰고 있으니 다행이 아닐 수 없다. 지난 여름은 유독 더웠다. 원고의 말미를 적는 동안 난생처음 겪어본 폭염으로 힘든 날을 보냈다. 그러나 여름은 가을을 이기지 못한다. 선선한 가을바람이 지쳤던 나를 다시 일으켜 세웠다. 지금까지 많은 것을 썼지만 아직 많은 것을 쓰지 못했다. 앞으로 남은 과제라면 민속과 풍속, 풍속과 유행을 다른 각도에서 살펴보고, 또 다른 지면을 통해 독자와 만나는 일일 것이다. 이 책이 나오기까지 아낌없는 성원을 해주신 생각의힘 출판사 사장님과 담당 편집자, 그리고 이모저모로 나를 진심으로 응원해 주고 살뜰히 챙겨준 여러분께 사랑과 감사를 드린다.

2025년 2월
유승훈

일러두기

1. 단행본은 겹꺽쇠표(《 》)로, 신문, 영화 등은 홑꺽쇠표(〈 〉)로 표기했습니다.
2. 사진의 게재를 허락해 주신 분들, 자료를 제공해 주신 분들에게 감사드립니다.
3. 이 책에 실린 일부 자료는 저작권자를 찾기 어려웠습니다. 저작권자와 연락
   이 닿는 대로 정식으로 게재 허가 절차를 밟고 사용료를 지불하겠습니다.

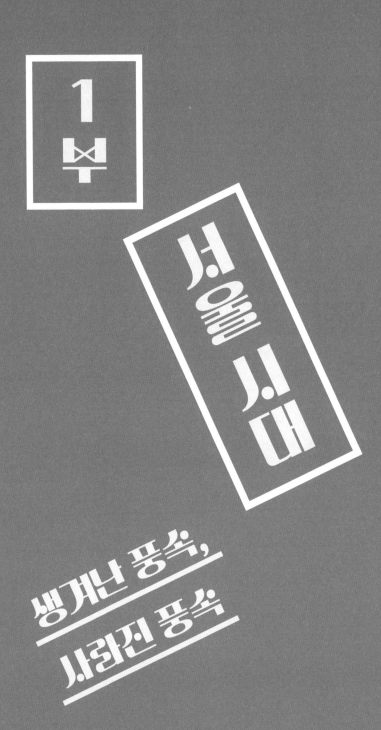

1부

서울 시대

생겨난 풍속,
사라진 풍속

● 서울 시대는 한국전쟁 이후 너도나도 서울로 상경하던 시절이다. 흔히 말하는 이촌 향도 시기이다. 전국에서 서울로, 서울로 올라오던 시대이므로 과거 서울의 경계는 깨졌고, 기존 서울의 문화는 재편되었다. 옛 서울의 풍속은 급속히 사라지고, 새로운 풍속이 등장하는 혼란의 시대였다. 혼란의 시대에는 전국의 이질적 문화가 서울에서 뒤섞이면서 '혼종의 풍속'이 탄생하였다. 그리하여 1부는 '서울 시대: 생겨난 풍속, 사라진 풍속'으로 편성해 보았다. 다시 1부는 '달동네로 간 사람들(1장)', '아파트 숲이 된 서울(2장)' 등 두 분야로 나눴다.

도시화 시절의 서울에서는 거주 공간의 변화가 매우 컸다. 무작정 서울로 올라온 사람들은 서울의 천변과 야산에 판잣집과 같은 임시가옥을 짓고 살았으니 이것이 달동네의 시작이다. 좁고 불편한 임시가옥에서 전통적인 가옥 구조가 흔들리면서 사람과 함께 집에 살던 가신家神도 자취를 감췄다. 푸세식 변소가 수세식 화장실로 바뀐 때도 산업화 시절이다. 푸세식 변소가 사라질 즈음, 번창했던 기생충 왕국도 막을 내렸다. 폭력적인 토건 개발은 서울의 달동네를 없애고 그 자리에 고층 아파트를 세웠다. 젊은 세대의 기호에 맞았던 아파트의 편리한 주거환경은 생활 혁명으로 이어졌다. 요컨대, 공간의 변화는 새로운 생활양식을 일으켰고, 일상의 풍속도 크게 달라졌다. 하지만 서울의 아파트는 경제적 목적에 따라 거주보다 투기의 대상이 되었으며, 이득을 챙기고자 하는 복부인들이 양산되었다.

1장

달동네로 간 사람들

1 왕십리 똥파리와 기생충 박멸

– 푸세식 시대가 저물다

난데없는 이 주제에 오감이 불편해질 수도 있겠다. 하지만 분뇨의 사용과 처리는 당대의 생활양식을 잘 보여주는 사례로서 꼭 짚고 넘어가야 할 문제다. 내가 초등학교에 다니던 시절만 해도 서울 변두리 동네에는 푸세식(재래식) 변소가 많았다. 서울에서 똥지게를 들고 다니는 사람을 보는 것도 그리 어렵지 않았다. "똥-퍼"라며, 그 특유의 목소리로 주민들을 독려하는 인분 수거업자들이 달동네 좁은 골목길을 지나다녔다.

건강한 서울 사람이라면 하루 어림잡아 대변 1회, 소변 5회 정도를 볼 것인데, 그 많은 변은 도대체 어디로 흘러가는 것일까? 1960년대 말 우리나라 국민 전체가 하루에 누는 똥의 양은 3만 5,000m³이었다고 한다. 그 정도면 웬만한 큰 창고를 가득 채울 부피였다. 사람들이 눈 똥의 90%는 농사를 짓는 비료로 사용되었다.* 그 시절 강남의 넓은 들은 여전히 채소밭이 주를 이뤘다. 그 채소밭 사이로 이따금 인분 냄새가 바람을 타고 밀려오기도 했을 것이다. 강남에서 사람 똥이 귀한 비료로 사용되었던 만큼 강남 사람들도 전근대의 생활양식에서 벗어나지 못했던 때였다.

나는 전근대적 풍속의 한가운데서 고약스러운 일을 당해봤다. 1990년대는 서울에서 푸세식 변소를 찾아보기 어려운 시기였으니 더 황당한 일이었다. 1991년 군에 입대하여 논산과 대구에서 훈련을 마치고 자대로 배치 받기 전에 경기도 모 사단 교육대에서 잠시 대기 중이었다. 군에서 사병들을 그냥 놀리는

---

* 1968년경 우리나라의 인구는 약 2,900만 명이었다. (《경향신문》 1968년 10월 23일 '기생충왕국 그 불명예 씻어지려나')

법은 없으므로 우리는 각종 작업에 동원되었다. 뙤약볕이 내리쬐던 한여름의 어느 날, 우리는 뒷산 중턱에 자리한 변소에서 인분을 제거하라는 작업 지시를 받았다. 그런데 우리가 받은 도구는 달랑 똥지게와 똥바가지가 전부였다. 똥을 퍼서 똥지게로 나르는 풍속을 몸소 체험하던 중에 나는 그만 비스듬한 산길에서 발을 헛디디고 말았다. 아, 그 난감함이란. 그런데 어디선가 인분 냄새를 맡고 똥파리들이 계속 날아오는 것이었다. 똥파리들은 인분이 묻은 내게도 인정사정없이 달려들었다. 나는 입대 직전 왕십리 바로 윗동네인 신설동에 살고 있었는데, 말로만 듣던 '왕십리 똥파리'로 변모하는 순간이었다.

일제강점기에는 왕십리에 사는 것 자체를 창피스럽게 여기는 사람도 있었다. 왕십리에는 토막민土幕民들이* 많이 살고 있었고, 가난한 그들은 추운 겨울이 와도 땔감이 없어서 벼의 겉껍질인 왕겨를 태워서 몸을 녹였다. 이 왕겨를 태우면 연기가 독해서 목이 칼칼하고 몸에서도 탄 냄새가 났다. 그런데 똥 냄새에 비하면 왕겨 타는 냄새는 차라리 나았다. 경성 시내의 똥을 다 왕십리로 퍼왔던 터라 왕십리 똥내는 구리기로 유명하였다. "왕십리 사람들은 똥 냄새를 하도 맡아 인이 박였다"는 말까지 나돌았다. 그래서인지 왕십리에 사는 어느 학생은 친구들이 "너 지금 어디 사니?"라고 물으면 차라리 청량리에 산다고 대답했다고 한다.[1]

고등학생 시절 간혹 친구들을 놀리거나 어떤 사람을 비하할 때 "야, 너, 왕십리 똥파리"라고 불렀다. 그러면서도 그 의미는

---

*   흙과 짚 등으로 만든 움집에서 사는 빈민을 일컫는다.

서울 채소밭에서 분뇨를 사용하는 모습(1962). 서울기록원 제공.

잘 몰랐다. 왕십리와 똥파리가 어떤 문화적 배경에서 상호 결합
했는지는 생각지도 못했다. 그도 그럴 것이, 내가 중·고등학교
를 다닐 때는 '왕십리 똥파리'의 시대는 이미 저물었고 왕십리
는 주택이 가득 찬 동네였다. 하지만 시대를 조금만 거슬러 올
라가면 왕십리는 조선 이후로 오랫동안 서울 장안 사람들에게
채소를 공급하는 채소밭의 기능을 하였다. 도성 안에는 풍부한
인적 수요가 있었다. 비교적 넓은 평지가 조성되었으며, 북쪽에
는 청계천과 서남쪽에는 중랑천이 흐르는 왕십리는 채소를 심
기에 적격인 곳이었다.
　그러나 이런 지리적 배경만으로 왕십리 똥파리를 설명하기
에는 뭔가 부족하다. 과거 서울 외곽의 채소밭은 인분 냄새가

코를 찔렀고, 이를 찾아 헤매는 똥파리들을 쉬이 볼 수 있었기 때문이다. 왕십리 똥파리를 떠올리는 사람들의 강렬한 기억에는 동대문과 뚝섬을 오가는 '기동차'라는 특수한 매개체가 있었다. 기동차는 좁은 철도를 달리는 협궤 전차였다. 기동차는 뚝섬유원지로 가는 행락객들만 태우는 게 아니라 채소와 땔감, 그리고 얼음까지 다양한 물건을 실어 날랐다. 그런데 기동차는 이따금 인분 수송차가 되기도 하였다. 기동차는 낮에는 사람과 물자를, 밤에는 서울 도심에서 생긴 오물을 운반했다고 한다. 동대문의 인분저장소에서 기동차를 통해 운반된 똥은 왕십리나 뚝섬의 채소밭으로 보내져 거름으로 변모했다.* 그런데 이 기동차에 사람들이 탔을 때도 똥파리들이 새까맣게 달라붙어 차량 이미지를 완전히 먹칠했던 모양이다. 똥 냄새가 조금이라도 나면 기가 막히게 맡고 알을 까려고 달라붙는 놈들이니 사람이 탄 기동차도 먹잇감이 된 것이다.

1957년 한 신문에서는 "미국에서 새로 들여온 최신형 차에 페인트칠까지 해놓고도 동대문과 뚝섬을 왕래하는 기동차에 새까맣게 달라붙는 똥파리를 없애지 않는다"라고 하면서 불만을 토로하였다. 주무관청인 궤도청**에게 "이거 이러다간 왕십리 똥파리만 태우고 다니겠어"라는 손님들의 불평도 귀담아들어 볼만 한 일이라고 하였다.[2] 강남 토박이들의 구술담으로 본

---

* 인분저장소는 왕십리와 동대문구 용두동을 잇는 청계천 검정다리 근처에 있었다고 전해진다. (서울역사박물관, 2009,《왕십리 뉴타운 조사보고서1 - 왕십리 공간 · 경제 · 문화》, 26쪽)

** 일제시기에는 '경성궤도주식회사'였으며, 한국전쟁 이후로 '서울특별시 궤도사업관리청(운수사업청)'으로 변경되었다.

성동교와 기동차(1963). 서울역사아카이브 제공.

왕십리 똥파리 이야기도 위 기사와 비슷하다.[3] 서초구 잠원동
에서 농사를 지었던 한 토박이는 "서울 장안 똥이 왕십리 탱크
에 쏟아졌고, 서울 장안의 파리가 기동차에 새까맣게 달라붙었
다"고 하였다. 덧붙여, 뚝섬까지 오는 기동차에 서울 장안의 파
리가 빈틈이 없도록 새까맣게 앉아서 '왕십리 똥파리'라는 말이
생겼다는 것이다. 그러면 종착지인 뚝섬에 붙여 '뚝섬 똥파리'
라고 불러야 할 텐데, 왜 '왕십리 똥파리'라고 불렀을까. 왕십리
사람들에게는 억울한 별명이 아닐 수 없다. 그러나 인분을 필요
로 하는 채소밭 하면 뚝섬보다는 왕십리를, 뚝섬은 행락객들이
몰리는 풍광 좋은 나루터로 떠올려졌을 공산이 크다. 게다가 왕
십리 인근에는 서울 장안의 똥을 운반하여 보관해 두는 탱크가
있었다고 한다. 똥이 거름으로 쓰이던 시대니 보관 탱크는 드넓

은 채소밭의 주요 시설이었을 것이다. 그래서 강남의 농부들까지 왕십리 똥 탱크에 달라붙은 똥 딱지를 걷어 가지고 와서 논밭에 뿌렸다고 한다. 겨울에는 장화도 없이 탱크에 들어가서 비교적 가볍고 운반이 수월한 똥 딱지를 수거했다고 전한다. 서울 시내의 똥이 모이는 왕십리 탱크에도 장안의 똥파리들이 새까맣게 모였을 생각을 하기란 어렵지 않다.

그렇다면 그 똥파리의 정체가 대충이라도 밝혀진다. 기동차에 달라붙건, 탱크에 달라붙건 그놈들의 고향은 왕십리가 아니라 대부분 서울 장안이었다. 실제로 왕십리와 뚝섬의 채소밭으로 옮겨진 똥은 서울 장안의 사람들이 눈 것이다. 알에서 구더기, 그리고 성체인 파리로 자라기까지의 토양은 서울 장안 사람들이 제공했을 가능성이 농후하다. 이렇게까지 왕십리 똥파리의 정체를 추적하는 이유는 과거 장안의 똥(거름)과 왕십리 채소의 선순환을 생각해 보자는 뜻이다. 실상 왕십리 똥파리란 개념에는 다소 거칠고 깔보는 의미도 있겠지만 이보다 더 중요한 의미도 있다. 그 속을 보면, 장안 사람들은 왕십리에 거름을 공급하고, 왕십리 사람들은 성안 사람들에게 채소를 공급함으로써 성안과 성 밖이 상부상조하는 생태계를 찾아볼 수 있다.

서울에서 똥을 둘러싼 순환적 생태계는 1960년대까지도 지속되었다. 똥과 채소의 순환 구조는 서울 장안과 왕십리 사이에서만 이뤄진 것은 아니었다. 서울 강북과 강남도 마찬가지였다. 1963년 서울로 편입되기 전 강남의 행정구역은 경기도(광주군 등)였다. 강남은 서울 사람들의 채소 공급지였다. 강남 사람들은 참외, 오이, 토마토, 호박 등을 재배하는 것을 '초식 농사草食農事'라고 불렀다. 초식 농사에서 인분은 빠질 수 없는 주요한 거

24

논밭으로 둘러싸인 서초구 양재동(1978). 서울역사아카이브 제공.

름이었다. 인분을 쓰면 채소를 잘 자라게 할 뿐만 아니라 참외, 수박 등 과일을 달게 만들었다고 한다.[4] 강남의 농부들은 강북 사람의 똥을 얻기 위해 소매를 걷고 나서야 했다. 직접 생철통, 똥지게를 수레에 싣고 똥물을 받으러 강북으로 갔다. 이는 된통 고역이었다. 강북으로 가는 것도 힘들지만 다시 똥물을 싣고 모래사장을 지나려면 수레를 끄는 소나 사람이나 모두 힘이 들었다. 이 똥물로 키워낸 채소와 과일은 다시 한강을 건너 강북의 청과물 시장으로 팔려갔고, 강남의 농부들에게 짭짤한 이윤을 남겨준 것은 물론이다. 그때만 해도 똥도 나름의 쓸모가 있었던 것이다.

전근대 사회에서도 똥은 더럽고 냄새나는 물질이었지만, 지금처럼 불필요한 요소는 아니었다. 거름으로 사용되었던 똥은 재생 가능한 에너지였다. 인류학자 전경수는 제주도의 통시와 분뇨하수처리장을 통해서 생태계의 순환 구조에 대해서 살펴봤다.*
통시는 돼지의 축사이자 사람의 변소이다. 이른바 돗통시, 제
주도 똥돼지를 길러내는 공간이다. 이곳에는 사람의 똥, 돼지의
똥, 그리고 밑에 잡초가 깔려 있다. 사람의 똥을 돼지가 먹고,
다시 돼지의 똥은 잡초와 섞여 퇴비가 되고, 이는 채소를 길러
내는 자양분이 된다. 이처럼 '통시의 시대'에는 생태계의 선순
환이 가능했으나 현대적 분뇨하수처리장의 시대에는 똥의 순환
구조가 깨지고, 사람이나 돼지의 똥은 사용할 수 없는 쓰레기가
되어 생태계를 오염시키는 주범이 된다.

하지만 똥을 거름으로 쓰던 순환 구조가 마냥 좋은 것은 아
니었다. 그 이유는 서울 사람을 숙주로 삼은 기생충 때문이었
다. 이 기생충을 온전히 살아가게 만들어 주고, 숙주와 연결한
토대는 똥을 거름으로 사용하는 전근대적 시비법施肥法이었다.
이런 거름법과는 동떨어진 삶을 살아가는 오늘의 서울 사람은
기생충이라면 세계를 뒤흔들었던 영화 〈기생충〉을 떠올릴 뿐이
다. 그러나 산업화 시절의 서울 사람들에게 기생충은 계층 간
모순을 드러내는 상징성과 무관한, 아주 현실적인 건강의 문
제였다. 우리나라는 세계적으로 가장 유명한 "기생충 왕국"이
었다. 해방 후 미군이 조사한 바에 따르면 우리나라 사람들의

---

*   전경수는 열역학의 '엔트로피'라는 개념으로 똥의 순환 구조를 설명했다. 엔
    트로피는 사용 가능한 에너지가 사용할 수 없는 형태로 얼마나 변했는가를 살
    펴보는 척도가 된다. 통시는 저엔트로피 문화, 분뇨처리장은 고엔트로피 문화
    를 보여주는 사례로 보았다. 고엔트로피 문화에서는 재생 불가능한 에너지가
    쓰레기로 대량 발생하게 된다. (전경수, 1995, 〈통시와 분뇨하수처리장: 환
    경문제와 생태민속지〉, 《한국문화인류학》제28집, 한국문화인류학회)

95%가 기생충의 성체나 유충을 몸에 지니고 있었다.[5] 20여 년이 지나 우리나라 정부가 조사했을 때에도 사정은 크게 나아지지 못했다. 국민의 80%가 기생충에 감염되어 있었다. 당시 세계의 기생충 감염률을 살펴보면 미국은 5%, 일본과 브라질은 15%였고, 높은 편인 필리핀도 70%였다. 그러니 기생충 왕국이란 자조적 표현이 틀린 말은 아니었다.

1960년대까지 우리나라 사람들 대부분이 몸속 기생충에게 영양분과 피를 빨리면서 하루하루를 살아갔다.[6] 외국인들은 "미국의 원조를 다 합쳐도 한국인이 뱃속에 기르는 기생충의 피해를 보상 못 할 것"이라고 비아냥거렸다. 한편, 서독으로 파견된 한국 광부들이 기생충 때문에 전염병 환자로 취급되어 격리 수용되면서 국제적 창피를 당하기도 하였다.[7] 또한 외국의 의과대학에서 기생충 표본이 필요할 때는 우리나라로 주문하였다. 예전에는 초등학교 과학실에 포르말린에 담긴 기생충 표본이 하나쯤은 전시되어 있었다. 외국으로 이런 기생충 표본이 수출되었을 때 한국은 기생충 왕국으로 소개되었을 것이다.

1960년대는 전국적 통계와 마찬가지로 서울 학생들의 약 80%가 기생충을 가지고 있었다. 그 시절에는 아이들이 기생충으로 겪는 고통이 흔했다. 어린이들이 음식을 잘못 먹거나 급체에 걸려서 토하면 회충 한두 마리가 입 밖으로 튀어나오는 일이 다반사였다.[8] 아이들이 회충으로 인해 배가 아프면 할머니들은 '횟배 앓이'를 한다면서 배를 쓰다듬어주고, 심한 경우 담배 연기를 맡게 하였다. 아예 기생충과 공존하려는 모색도 있었다. 민간에서는 회충을 '거위'라고도 불렀다. "거위가 없으면 말을 못한다" "거위가 없으면 밥맛이 없고 거위가 하나도 없으면 죽는다"라는 엉뚱한 관념도 생겨났다.[9] 회충을 모조리 제거하면 되레 몸에 좋지 않다고 여겼으므로 치료를 받을 때도 왕회王蛔만은 남겨달라고 했다. 회충을 제거하기 위해 안간힘을 쓰기보다는 억지로라도 공존을 모색한 이유는 똥을 거름으로 쓰는 농경법 때문이었다. 사람 똥을 거름으로 쓰는 농사 체계에서 채소에 붙은 기생충 알을 완전히 제거하기란 애당초 불가능하지 않은가. 그런 불가피한 상황에서 기생충의 제거보다는 공존을 꾀한 것이다.

기생충 왕국이 성장한 배경에는 김치 없이 못 사는 한국인의 식생활 문화가 작동하고 있었다. 배추, 파, 무 등의 채소는 기생충에게 좋은 서식처를 마련해 주었다. 과거에는 방역연구소에서 남대문시장을 비롯한 상점에 방문해 채소를 조사해 보면 유충들을 쉽게 발견할 수 있었다. 뜨거운 여름에도 김치에 들어간 이 유충들은 강한 생명력으로 살아남았다. 특히 회충은 10여 일이 넘도록 죽지 않았고, 입을 통해 몸속으로 들어가 성충으로 자랐다. 우리의 식생활에서 김치를 먹지 않을 수는 없으니, 기생충 없는 김치를 만들기 위해서는 잘 씻는 방법밖에 도리가 없었다. 두 번 채소를 씻으면 유충의 80% 이상이 씻겨나가고, 세 번을 넘게 씻으면 완전히 사라진다는 실험 결과를 통해 정부는 채소를 3~4회 이상 씻어서 먹으라고 권장하였다.[10]

산업화 시절 우리 국민들의 몸속에서 활동한 기생충의 종류는 40여 종이나 되었다. 그중 흔한 놈들은 회충, 십이지장충, 촌충, 요충, 편충 등이다. 기생충 왕국 시절 우리나라 사람들은 이런 기생충을 한 놈만이 아니라 여러 놈을 같이 가지고 있었다. 가장 감염률이 높았던 기생충은 우리가 잘 아는 지렁이처럼 생긴 회충蛔蟲이다. 한때 우리나라 사람 80%가 회충을 몸에 지니고 있었는데, 여러 장기를 돌아다니는 이놈은 주로 복통을 일으킨다. 감염률이 거의 50%에 달했던 십이지장충은 작지만 못된 놈이었다. 1cm 크기의 실오라기같이 생긴 십이지장충은 창자 점막에 갈고리 모양의 머리를 붙이고 사람의 피를 빨아먹었다. 십이지장충은 채소에 붙은 유충이 사람의 입으로 들어가기도 하지만 피부를 통해서 감염되기도 한다.[11] 채소밭에 인분을 뿌리고 맨발로 걸어 다니다가 피부를 통해 기생충에 감염되는 사례가 꽤 많았다.

우리 정부가 기생충 왕국의 오명을 끊고자 적극적으로 나서기 시작한 때는 1960년대 중반이었다. 당시 언론에서는 기생충으로 인한 피해를 집계하여 보도하는 일이 잦았다. 예컨대, 회

기생충 예방 강조주간 기념식(1972). 국가기록원 제공.

❶ 기생충 예방 포스터. 국립민속아카이브 제공.
❷ 기생충 구제 포스터. 대한민국역사박물관 제공.

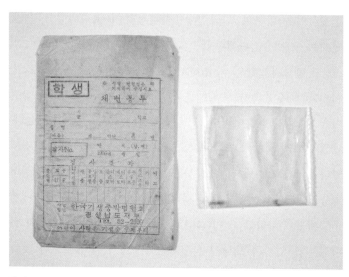

학생용 채변봉투. 대한민국역사박물관 제공.

충만으로 일 년에 약 2,000명이 죽고, 십이지장충으로 인해 매일 560드럼의 피가 빨려지고 있다는 기사들이다. 가끔 충격적인 사건들도 소개되었다. 일례로, 한 어린이가 심한 복통으로 병원을 찾았는데 회충 덩어리가 창자를 꽉 막고 있었고, 수술을 해 보니 1,000마리 이상이 발견되었다는 것이다. 그런데 이 어린이는 장폐색증으로 끝내 숨지고 말았다.[12] 이런 충격적이고 선정적인 기생충 기사를 확인하는 것은 어렵지 않았다. 근대화가 진행될수록 인간에게 큰 피해를 주는 기생충은 도저히 공존하지 못할 해악의 존재가 되었다. 비록 기생충 왕국이라 불린 나라였지만 기생충은 과학과 의학의 발전을 통해서 완전한 박멸이 가능하다고 여겼다.

기생충에 대한 대반격이 시작되었다. 1964년에는 기생충

구제사업을 위하여 '한국기생충박멸협회'가 조직되었고, 1966년에는 '기생충질환예방법'도 제정되었다. 1968년 정부는 '기생충박멸장기계획'을 수립하였다. 매년 감염률을 5%씩 감소시키다가 15년 후(1983년)에는 완전히 박멸한다는 목표를 삼았다.[13] 기생충 박멸 사업의 가장 중요한 대상은 학생들이었다. 1970년까지 서울의 초중고 학생 80% 이상이 기생충에 감염되었다는 결과가 나왔다.[14] 정부는 매년 봄·가을 두 차례에 걸쳐 초중고 학생 전원에게 집단 검변을 하였고, 감염된 학생들에겐 구충제를 투약하였다. 이 검변과 투약 사업은 감염률이 거의 사라진 1995년까지 25년이나 지속되었다.[15] 위의 계획보다 늦은 감이 있지만 1990년에 이르면 기생충 감염률이 1%대로 떨어졌으니 정부의 기생충 박멸 사업의 목표는 성공을 거둔 셈이다. 그런데 기생충을 완전히 박멸하다 보니 기생충박멸협회는 역설적으로 자기 부정이 되었으며, 건강관리협회로 흡수·통합되고 말았다.[16]

내가 초등학생이던 시절은 기생충이 왕성하게 활동하였던 시기였다. 그때는 기생충, 쥐, 공산당을 박멸하자는 표어나 포스터를 도심 곳곳에서 볼 수 있었다. 기생충박멸협회가 실제로 학생들의 검변 사업을 주도했지만 학생들은 학교나 보건소의 주관으로 채변 봉투를 내고, 구충제를 받았던 사실로 기억할 게다. 학생 시기 검변에 대한 추억은 누구나 하나쯤 갖고 있다. 학교에서는 채변 봉투를 학생들에게 나눠주었고, 학생들은 변을 봉투에 담아서 학교에 제출했다. 이런 일련의 과정이 웃기기도 하고 창피하기도 하였다. 똥 냄새에 코를 막거나 키득거리면서 아이들은 자신의 손톱만 한 똥이 든 채변봉투를 제출했다. 하지만 혹시라도 검변에서 기생충 알이 검출되어 선생님으로부터 호출되면 친구들로부터 따가운 시선을 받을까 걱정하였다. 의무실 선생님이 검출된 몇 명을 불러서 조심스럽게 구충제를 주었음에도 소문은 삽시간에 퍼져 놀림의 대상이 되기도 하였다.

학생들에게 구충제를 투약하는 것은 제한적인 방법이었다. 분뇨를 쓰는 전근대적인 농사법이 지속되는 한, 기생충의 완전한 제거가 사실상 불가능하였다. 그래서 푸세식 화장실을 수세식으로 바꾸고, 분뇨가 아닌 화학비료를 사용하도록 생활양식 자체를 개선해야 했다. 1967년 정부는 서울을 비롯한 5개 도시에서 인분의 사용을 금지하였다.[17] 하지만 이것은 충분히 준비되지 않은, 설익은 시책이었다. 우습게도 서울시가 나서서 정부의 방침에 반대하여 농작물 인분 사용금지를 해제하자고 건의하였다.* 그 이유는 서울에 똥이 넘쳐나기 때문이었다. 서울 사람의 똥을 모아서 경기도의 분뇨처리장에 저장했다가 비료로 사용하고 있었는데, 농작물의 인분 사용이 금지되자 서울의 똥을 해소할 방안이 없었던 것이다.

그런데도 정부는 서울시의 건의를 받아들이지 않고 점차 전국으로 인분 사용 금지구역을 확대해갔다. 물론 농민들이 장구한 세월 동안 지속되었던 거름 풍속을 버리고 정부의 방침에 순순히 따른 것은 아니었다. 1969년 '오물청소법'까지 생겨 인분 사용이 금지되었지만 1970년대 초반에도 서울 근교의 채소밭

---

* 1968년 서울에서는 하루 평균 1만 6,000석의 인분이 방출되었다. 이를 흡인차를 비롯한 분뇨수거차가 수거하여 경기도 고양군 등의 분뇨처리장에 저장했다가 비료로 사용하였다. (《동아일보》 1968년 8월 21일 '농작물 인분 사용 금지 서울시 해제건의')

에서 인분은 여전히 거름으로 사용되었다.[18] 이외에도 채소에서 기생충을 분리하기 위한 각종 방안이 마련되었다. 왕십리를 비롯하여 청량리, 뚝섬 등에 채소세척장을 설치하였고, 기생충이 없는 깨끗한 채소만을 파는 청정 채소 보급센터도 서울 시내에 등장했다.

푸세식 화장실이 개량된 것도 기생충이 제거된 배경이었다. 서울이 도시화하면서 푸세식 변소가 점차 수세식 화장실로 바뀌기 시작했다. 1973년 서울 변소 중 수세식은 약 8.7%에 불과했으며, 그나마 수세식 중에서도 불량변소가 많았다. 정화조가 없는 불량변소는 아주 골치 아픈 존재였다. 정화조가 없는 상태로 하수도와 직결이 된 불량변소에서는 똥 찌꺼기가 침전되지 않고 바로 한강으로 흘러가고 있었기 때문이다. 그리하여 서울시는 강남의 신도시 지역에서 새로 건축하는 건물은 의무적으로 수세식 화장실을 설치하도록 하는 등 기존의 푸세식 변소를 강제로 바꾸어 나갔다.[19] 1973년 7월에는 '서울 변소 개량에 관한 조례'까지 제정 공포함으로써 더욱 강력하게 푸세식 화장실과 불량변소를 제거하는 사업을 시행하였다.

서울에서 수세식 화장실이 보편화한 때는 1980년대 즈음이다. 1980년대를 지나면서 수세식 화장실이 대종을 이루고 서울 근교의 채소밭도 자취를 감추었다. 기생충이 사라진 것과 아울러, 똥의 재생 가치도 사라졌다. 똥은 그저 똥일 뿐이다. 오물로 전락한 똥은 해체되고 분해되어야 할 요소였다. 현대인의 똥은 정화조를 거쳐 하수종말처리시설로 모이게 되었다. 과거에는 '하수처리장'이라고 했는데 지금은 그럴듯하게 '물재생시설'이라고 부른다. 물재생시설이 똥을 처리하는 오늘에는 왕십리 똥파리도 옛말이 되었다. 골목길을 은근히 진동시키는 "똥-퍼"라는 인분 수거업자의 목소리도 더는 들리지 않는다. 강남에서 강북의 똥을 얻어 농사를 지었다는 얘기도 사라져가는 토박이 기억의 마지막 편린이다. 군을 제대하고 취업을 한 아들에게 똥지게를 지고 똥을 날랐던 군대 이야기를 이따금 들려주지만 먼 옛날 일로 생각하는지 별 호응도 없고 시큰둥할 뿐이다.

2 달동네의 탄생

– 폐허와 고통의 시대에 탄생한 발명품

이촌 향도의 시절, 서울 도심 곳곳은 판자촌으로 얼룩져 있었다. 판자와 각목, 종이 상자로 얼기설기 지어진 판잣집은 아무 대책 없이 상경한 시골 사람들의 삶과 닮아 있었다. 서울 판자촌의 생활은 험하고 고된 삶이었지만 그래도 판잣집은 그들을 벼랑 끝에서 구해 준 소중한 보금자리였다. 판잣집은 그들의 임시적 생활을 껴안으며 눈비를 피하게 하였고, 노동으로 노곤해진 육체를 잠시라도 쉬게 하였다.

　판잣집은 한국전쟁 시절, 폐허와 고통의 시대에 탄생한 발명품이었다. 누구의 발명품인지 특정하기는 어려우나 전쟁이라는 특수한 상황에서 유행하였다. 폐허의 시대에 발명된 판잣집은 살 곳이 없었던 많은 이들을 구했으나 보기 흉한 형태로 인하여 늘 철거의 위협에 당면하였다. 전쟁 시절 판자촌이 크게 발달한 곳은 부산이었다. 피란민들로 홍수를 이룬 부산에서 살림집은 매우 부족할 수밖에 없었다. 주택 빈곤의 시대에 판잣집 재료가 흘러나온 곳은 미군 부대였다. 미군들이 임시막사에 사용하려던 목재와 종이 상자가 비공식적 경로를 통해서 피란민들에게 유출되었다. 그래서인지 판잣집을 군인들이 생활하는 막사의 뜻을 빌려 '바라크baraque'라고 불렀다. 또, '하꼬はこ箱(상자)'와 닮았다고 해서 '하꼬방'이라고도 했다. 그래도 상자와 같은 이 작은 판잣집은 피란민들에게 "하루의 괴로움을 덜어주는 안식처였고, 그날의 끼니를 찾아 움직여야 하는 심신 활동의 생활 근거지"였다.[20]

　전쟁이 끝난 후 정부가 서울로 환도했듯이, 부산에서 들불처럼 번졌던 판잣집도 서울로 올라왔다. 폭격이나 전투가 없었던 부산에 비해 서울은 그야말로 폐허였다. 치열한 전투로 인하

37

용산구 서부이촌동 판잣집(1966). 서울역사아카이브 제공.

여 크게 피해를 본 것은 다름 아닌 건축물들이었다. 한국전쟁이 끝나자 서울의 주택 중 28.8%, 거의 3분의 1가량이 파괴되거나 반파된 실정이었다. 주택보유율은 극히 저조한데 오갈 데 없는 월남 피란민들은 서울로 몰려들었다. 거리에서 노숙하는 사람들도 있었고, 거적때기와 나무, 그리고 돌과 흙으로 아무렇게나 움막을 짓고 사는 사람들도 있었다.

그 시절의 삶이란 사는 게 아니라 버티는 것이었다. 살기 힘든 서울에서 사람 수는 갈수록 늘어만 갔다. 경제발전과 공업화를 소명으로 생각했던 정부는 농촌과 농업을 희생의 대상으로 삼았다. 저곡가를 버티지 못한 시골 사람들이 서울에 올라와서 풍부한 저임금 노동시장을 형성하였다. 서울 인구는 1955년 157만, 1960년에는 244만 명을 넘기면서 주택부족률은 50%에 도달했다. 서울 사람의 반은 집이 없는 폐허와 빈곤의 시대에 직면한 것이다.

이러한 시대에 판잣집만 한 주거공간도 딱히 없었다. 집을 이고 사는 달팽이를 부러워하는 사람들은 불편하고 좁은 집이라도 어서 들어가야 했다. 판자는 임시거주지, 무허가 건물에 가장 적합한 재료였다. 판잣집은 건축이 쉬울뿐더러 재건축도 어렵지 않다. 판자는 짜개져도 어느 정도 크기가 된다면 떼었다 붙였다 할 수 있는, 재활용이 가능한 재료였다. 철거반이 들이닥쳐 한순간에 무너진다 해도 다시 세우기 적절한 재료가 판자였다. 1954년 무렵 무허가 판잣집이 서울 곳곳에 난립하였다. 대체로 사대문을 벗어나 낮은 산록과 하천 주변에는 판자촌이 마치 벌집처럼 조성되었다. 서대문구 홍제동, 마포구 아현동, 용산구 효창동과 한남동, 중구 약수동, 성동구 옥수동, 성북구

돈암동, 동대문구 전농동, 동작구 흑석동 등. 국유지와 공유지에 빈 땅이 있으면 어김없이 판잣집이 들어섰다.*

판잣집에서의 삶은 한마디로 '임시적 생활'이었다. 평생을 판잣집에 산다고 생각한 사람들은 없었다. 판잣집에 사는 모두는 이곳을 잠시 거쳐 가는 '나그네의 숙소'요, '임시거주지'라고 생각하였다. 도시화 시절에 판잣집에 살았던 사람들은 대개 시골에서 도시로 떠나온 가난한 농민이었다. 농민은 피폐해진 시골에서의 삶을 접고 일자리를 얻을 것이란 기대를 품고 서울을 찾았다. 이때 비좁고 누추한 판잣집은 서울 생활의 보금자리였다. 판자촌에 기대어 산 이주민들은 서울에서 다양한 직업군을 형성하였다. 행상, 건설 노동, 운전사, 목수, 가게 점원, 청소부 등. 그들 직업의 공통된 점이 있다면 정규직이 아닌 일용직이며, 주로 하루를 벌어 하루를 사는 날품팔이였다는 사실이다. 그들의 임시적 고용 상태는 그들이 사는 판잣집과 비슷하였다. 언제라도 일자리에서 잘릴지 모르듯이 그들이 머무는 판잣집도 금방이라도 철거될지 모르는 긴박한 경계였다. 날 선 경계 위에 선 판잣집 사람의 하루는 녹록지 않았지만 그럼에도 판자촌은 그들이 돌아갈 수 있는 최후의 안식처였다.**

---

* 1961년 서울 주택 27만 5,436호 중 판잣집은 2만 9,589호, 천막과 토막이 1만 1,629호로 무허가주택이 15%를 차지하였다. (김광중, 1996,《주택개량재개발 연혁연구》, 서울시정개발연구원, 16쪽)
** 전쟁 직후인 1954년부터 서울시는 넘쳐나는 판잣집을 감당하기 어려웠고, 철거하기 시작했다. 권세가의 눈에 판잣집은 도시경관을 해치는 불량주택으로 보였고, 제거하지 않으면 계속 커지는 종양처럼 여겨졌다.

인현동 판잣집 철거(1966). 서울역사아카이브 제공.

1960년대 청계천淸溪川은 판자촌의 대명사였다. 청계천 변을
따라 판자촌 벨트가 긴 띠를 이루고 있었다. 청계천이 복개되
고, 청계천 고가도로가 건설된 이후에도 판자촌은 사라지지 않
은 채로 이농민들을 흡수하였다. 청계천이란 이름으로 불린 때
는 일제강점기였다. 깨끗하고 맑은 물이 흐른다는 뜻이 무색하
게도 흐리고 더러운 물인지 오래였다.

조선 시대 사람들은 청계천을 그냥 '개천開川'이라 불렀다.
개천이 사대문을 통과하다 보니 하천을 오고가며 통행할 수 있

도록 다리를 세우는 일이 불가피해졌다.* 교량이 건설되자 다리 아래에서 사는 사람이 생겨났다. 다리가 준 그늘을 반기는 사람은 신분이 천한 음지의 사람임을 예상하기란 어렵지 않다. 대표적으로 거지와 땅꾼이었다. 뱀을 잡아 생계를 유지하는 사람들을 '땅꾼'이라 부르는데, 이들이 청계천에 기대어 산 역사는 꽤 깊었다.**

한국전쟁 시절 잠시 청계천이 그 이름처럼 맑은 적이 있었다. 전쟁이 발발하고 피란민이 되어 시민들이 떠나간 서울의 인적이 드물어지자 깨끗한 물이 청계천으로 흘러 송사리 떼들이 유유히 헤엄치고 다녔다고 한다.[21] 그런데 한국전쟁이 끝나고 가난한 사람들은 청계천 변으로 몰려들었다. 천변은 물이 흐르는 곳이라 생활상 이점이 많았다. 이들은 천변을 따라 임시가옥인 판잣집을 세웠고, 엄청난 규모의 판잣집 군락이 형성되었다. 판잣집과 사람들로 가득해진 청계천에는 예전처럼 탁하고 더러

---

* 임금이 머무는 한양 도성이므로 그 격에 맞도록 튼튼한 석재로 아름답게 장식된 다리들이 세워졌다. 광통교(광교), 장교, 수표교, 하랑교, 오간수교, 영도교 등이다. 이처럼 조선 시대에는 여러 교량이 있었지만, 청계천 복개 공사 때 철거 또는 이전되거나 아예 물속에 묻히기도 하였다. 나도 청계천 복원 공사가 시작되기 직전에 문화재 확인 차 복개도로 밑으로 내려간 적이 있었다. 그때 광통교 석물들이 하수에 숨죽인 채로 박혀 있는 것을 보고 매우 놀랐다.

** 청계천은 흙과 오물이 쌓여 잘 흐르지 않았으므로 이를 파내는 준설 작업이 필요했다. 영조 때 대규모로 준천濬川하여 쌓아 둔 흙을 '가산假山'이라 하였다. 말이 산이지 흙무더기나 다름없었다. 이 흙산에 붙어사는 거지들이 먹고살 수 있도록 열어준 길이 뱀을 잡아 파는 일이었다. 이때부터 뱀 장수에게 땅꾼이란 이름이 붙게 되었다. 산업화 시절까지도 청계천 판자촌에 '살무사, 구렁이' 등 뱀 장수 간판이 걸려 있었던 사진들을 볼 수 있다. (서울특별시, 2002,《청계천의 역사와 문화》, 21쪽)

1960년대 청계천 변의 판자촌. 서울역사아카이브 제공.

운 물들이 흐를 수밖에 없었다.

　1960년대 청계천 판자촌을 기록한 《판자촌 일기》를 살펴보면, 1969년 당시 청계천 판잣집은 여러 개의 방이 다닥다닥 붙어 있는 구조였다.* 이 판잣집은 두세 평에 불과한 방과 작은 부엌이 딸린 구조이므로 실은 판자방으로 부르는 게 나았다. 이 단칸방에는 한 가족이 모여 살았다. 대여섯 명이 모여 사는 이

＊　《판자촌 일기》는 40년 전 인류학도 최협이 청계천(마장동) 판자촌에 직접 거주하면서 관찰하고 썼던 일기이다. 1969년의 기록인데 2012년이 되어서야 책으로 출간되었다. 청계천 판잣집 내용은 이 책에 기록된 것이다. (최협, 2018, 《판자촌 일기 - 청계천 40년 전》, 눈빛)

판잣집은 사생활은 커녕 숨쉬기조차 불편한 면적이었다. 벽체가 판자로 되어 있으므로 밤에 코를 고는 소리까지 다른 집에 들릴 정도였다. 그래도 가족이니 한 방에서 붙어사는 것은 참을 수 있지만 참기 어려운 것은 변소(화장실)와 식수 문제였다. 물가에 위치한 변소는 10가구 이상이 함께 사용하는 공동화장실이었다. 아침마다 볼일을 위해 변소 앞으로 길게 늘어선 줄에 참여하는 것도 부끄럽지만 빈틈이 많은 변소에 앉으면 건너편 변소의 사람과 서로 보이는 것도 민망한 일이었다.

이 엉성한 판잣집에도 주인은 따로 있었다. 판잣집에 사는 사람은 대개 세입자들이었다. 판잣집 주인은 전직 공무원, 동대문시장 가게 주인, 좀약 공장 사장 등으로 비교적 경제적 여유가 있었다. 이들은 판잣집 몇 채를 사서 월세를 받았다. 주인들은 판잣집에 대한 수요가 끊이지 않기 때문에 판잣집을 계속 증축하고자 하였다. 목수나 친지들을 동원하여 기존 판잣집에 연이어 새로운 판잣집을 구축함으로써 수입을 늘리려 하였다. 이런 증축 공사는 천변에 나날이 판잣집이 증가하는 배경이 되었다. 또, 판잣집이 하천으로까지 튀어나와 홍수 시에 기둥이 무너지고 한꺼번에 화재에 휩쓸리는 원인이 되었다. 한편, 한정된 공간에서 몸집이 불어나다 보니 옆집 지붕까지 침범하여 이웃과 싸우기도 하였다.

판자촌의 생활은 시골에서의 삶보다 나아진 것은 별로 없었다. 그런데도 그들은 왜 도시에서의 좁고 누추한 삶을 선택했을까? 이주 농민들은 현재보다 미래를 선택하였다. 과거 속으로 저무는 농촌보다는 기회의 땅인 서울이 훨씬 낫다고 여겼다. 또, 판자촌에서는 '세상에서 가장 귀한 자리'인 '일자리'를 얻을 수 있었다. 서울은 도시 재건과 산업화의 열기가 크게 진작하고 있는 상황이라 잡다한 일자리의 수요가 증가하였다. 주민들은 서울에 먼저 온 가족, 친지와 이웃의 소개로 판자촌으로 들어왔던 터라 이들로부터 일자리 소식을 들었다. 이처럼 판자촌 거주민의 네트워크는 생업의 연결망이요, 사회적 안전망으로 작용하였다. 그리하여 판자촌에서는 친척이 이웃도, 친구도, 동료도 되는 연결망이 형성되었고, 낯설고 불안정한 서울에서의 생활을 이겨내는 기반이 되었다.*

1970년대까지 서울의 판자촌은 줄기는커녕 확산되었다. 다른 점이 있다면 판자촌이 점차 고지대로 올라가서 '달동네'가 되었다는 것이다. 도시화가 진행되면서 기존의 판자촌들이 철거되었고, 판자촌 사람들은 철거 위험이 덜한 산 위로 올라갔다. 가난하고 힘없는 사람들을 도심에서 폭력적으로 쫓아낸다고 해도 그들이 합법적인 주택을 짓고 살기란 불가능하였다. 한편, 서울로 계속 들어오는 이주민들도 달동네로 들어갔다. 농촌에서 서울로 향하는 거대한 이촌 향도의 파고는 꺾이지 않았다. 1970년 46%였던 우리나라 농업인구가 1980년에는 29%로 떨어졌다. 시골의 농민들이 줄어든 만큼 도시 주변부를 찾는 이농민은 늘어났다. 이농민을 품어줄 수 있는 곳은 서울 외곽의 고지대에 조성된 달동네였다.

---

* 　고용주에게 판자촌의 네트워크는 풍부한 저임금 인력시장이 되었다. 반실업 상태이자 열세의 판자촌 사람들은 정부나 기업이 원하는 대로 구할 수 있는 인력풀이었다. (이소정, 2006 겨울, 〈판자촌에서 쪽방까지-우리나라 빈곤층 주거지의 변화과정에 대한 연구〉《사회복지연구》제29호, 한국사회복지연구회, 178쪽)

1990년대까지도 서울의 달동네는 서민들의 삶과 애환을 담은 보금자리이자 가난한 동네를 뜻하는 대명사로 불렸다.* 실제로 달동네가 풍미한 시절은 1960~1970년대인데 이 용어가 유행하기 시작한 것은 1980년대이다. 이런 시간적 차이는 어떻게 해서 생긴 것일까? 1970년대까지는 달동네를 판자촌, 불량주택주거지, 재개발지 등으로 일컬었다. 그런데 1980년부터 동양방송에서** 〈달동네〉란 연속극이 상영되면서 '서민들이 사는 고지대 마을'을 달동네라고 부르기 시작한 것이다. 이 드라마는 시청률이 거의 60%대로 그야말로 대히트였다. 〈달동네〉가 상영되는 날이면, TV가 있는 집에 달동네 사람들이 함께 모여 웃고 떠드는 모습이 하나의 달동네 풍속이 되었다. 이 연속극이 공전의 히트를 한 배경에는 가난한 사람들의 일상을 재밌게 연출한 점도 있지만 실제로 달동네가 한국 사회의 밑바닥을 넓게 다지고 있었기 때문이었다.

달동네는 '높은 산자락에 위치해 달이 잘 보인다'는 뜻으로 그 유래는 '달나라 천막촌'에서 비롯되었다고 한다. 도심에서 쫓겨난 판자촌 주민들이 정부가 정한 지역에서 임시 천막을 치고 살면서 밤에 누우면 밤하늘의 달과 별이 보인다고 해서 생겨

---

* 통일운동가 백기완 선생은 달동네라는 신조어를 본인이 만들었다고 주장했다. 그는 1950년대 중반 남산 아래에서 야학 운동을 하였다. 당시 남산에도 피란민 주거지가 형성되어 있었고, 그때만 해도 '하꼬방 동네'라는 말을 많이 썼다. 어느 겨울날 마을을 덮은 하얀 눈에 비친 달빛을 보며 '달동네'를 떠올린 그가 〈달동네 소식지〉라는 야학 소식지를 만들었고 이후 같은 제목의 드라마가 방영되며 '달동네'라는 말이 정착되었다고 한다. (《경향신문》 1998년 4월 20일 '나의 젊음 나의 사랑 재야운동가 백기완⑤, 내가 만든 신조어 달동네')

** 이후 동양방송은 KBS1 방송으로 통폐합되었다.

흑석동 달동네 전경(1971). 서울역사아카이브 제공.

났다.[22] 그런데 왜 '별동네'라 하지 않고 '달동네'라고 했을까? 추측건대, 밤하늘을 작게 수놓은 별보다는 크고 둥그렇게 뜬 달의 상징성이 훨씬 강했을 것으로 보인다.

달동네란 개념이 유행하자 이를 다양하게 해석하기도 했다. 누군가는 "시계 하나 살 돈이 없어 달을 보고 시간을 알고, 달을 보고 일터로 나가 달을 보며 돌아오는 사람들"이 사는 곳으로 풀이했다. 동사무소 직원 가운데서는 "달라는 게 많아서 달동네지"라고 말하기도 하였다.[23] 또 어떤 사람은 달동네를 "달세(월세)를 내는 사람들이 많이 사는 곳"이라 해석하기도 하였다. 이처럼 달동네는 '불량주택지'와 같이 딱딱한 제도적 용어에서 벗어나, 가난한 자들이 당면한 삶의 괴로움과 아픔을 담은 서정적 개념으로 널리 사용되었다.

서울 달동네가 조성된 밑바닥에는 철거와 강제 이주가 도사리고 있었다. 정부는 서울 도심에 있던 판자촌들을 허물고 서울 외곽의 정착지를 정해서 가난한 사람들을 집단 이주시켰다. 예컨대 1965년 중구 양동*에 살았던 주민들을 동작구 사당동으로 이주시켰던 상황을 살펴보면 생존권의 문제는 안중에 없었다. 철거반원들은 양동 주민들을 트럭에 태우고 한강 다리를 지나서 한강의 백사장에다 그냥 내려놓았다. 철거민들은 알아서 사당동까지 가야 했다. 그들은 산등성이를 정리한 후 줄을 쳐서 10평 정도의 정사각형 대지를 만들고, 추첨으로 각자 살 자리를 정했다. 네 가구당 한 개의 천막을 치고 한 달간 지내니 곧 겨울이 왔다. 추위가 닥치자 사람들은 흙벽돌을 굽고 슬레이트 지붕을 얹은, 한 칸의 방을 마련하여 살았다. 변소는 산꼭대기 갈대밭에다 임시로 만들었고, 물은 10분 거리에 떨어져 있는 배나무골**까지 얻으러 다녔다.[24]

이처럼 강제적이고 집단적인 이주방식을 통해서 서울에 생긴 무허가 집단 주거지는 20여 개 지구, 4만 3,509가구에 달하였다. 노원구 상계동과 중계동, 도봉구 도봉동, 구로구 구로동,

---

* 현재는 남대문로5가동. 쪽방촌 재개발 사업이 진행 중이다.
** 동작구 사당동에 있던 마을로, 배나무를 많이 재배했던 데서 이름이 유래되었다. 이목동梨木洞이라고도 불렀다.

48

마포구 신정동, 관악구 봉천동과 신림동, 동작구 사당동, 금천구 시흥동, 송파구 거여동과 오금동 등 서울의 대표적 달동네들이 정부의 재정착사업이란 명목으로 생겨났다.[25] 정부와 서울시는 도시 미관을 우선시하여 불량주택지를 철거한다고 했지만 실은 눈앞의 판자촌을 눈 밖으로 옮긴 것에 불과했다. 판잣집에 사는 사람들을 쫓아 보낸다 해도 그들이 짓고 살 수 있는 건 판잣집밖에 없었다. 판잣집 사람들은 폭력적인 철거와 이주를 겪으면서 되레 생명력이 강해졌다. 몇 번의 철거를 당하면서도 마치 유목민의 천막처럼 허물고 짓고를 반복하는 적응력이 생긴 것이다. 그렇다고 철거를 편안한 기분으로 맞을 수 있지는 않았다. 얼기설기 지었다 해도 자신의 보금자리가 뜯겨갈 때는 자신의 살이 뜯기고 피가 튀는 아픔을 느껴야 했다. 철거민들도 참지 못하고 철거반원들과 극한 싸움에 나선 경우도 비일비재하였다. 1971년 성남민권운동(광주대단지 사건)은 대책 없는 집단 이주의 문제점을 적나라하게 드러냈다.

누군가 말했듯이, 철거는 행정력과 생존력의 싸움이었고 행정력이 생존력을 이기는 것은 불가능하였다.[26] 아무리 거친 도시 생태계라도 살기 위한 몸부림은 그 누구도 막을 수 없었다. 정부는 무작정 철거와 강제 이주에 나서기보다 그들의 경제적 욕구를 파악하고 장기적 대책을 마련했어야 했다. 무허가주택의 주민들은 무엇보다 생계 안정이 중요했다. 그들은 주거비용을 아껴서라도 먹고 쓰는 생활비용을 안정적으로 확보해야만 했다.

눈 가리고 아웅 식의 도시 미관 정책은 결과적으로 불량주택지를 전 서울로 확산하는 계기가 되었다. 서울의 고지대를 터

49

전으로 핀 달동네는 가난한 사람들을 계속 포용하면서 점차 과밀화 양상을 띠었다. 두세 평의 작은 집들이 산비탈에 가득 모인 달동네는 급격히 커진 서울의 주름진 얼굴과 같았다. 달동네를 가보면 집들의 배열과 높낮이가 들쭉날쭉하고 좁은 골목이 그 사이로 실핏줄처럼 지나고 있다. 불규칙하고 너저분한 이런 달동네의 모습은 급속도로 과대해진 서울을 상징하였다. 구와바라 시세이秦原史成를 비롯한 외국의 사진작가들이 달동네를 자주 찍었던 이유도 막막하고 가팔랐던 시절 서울의 도시경관을 규정하는 모습이었기 때문이다.

달동네도 나이가 들어가면서 나름 새로운 재료를 통해 변화를 꾀하였다. 나무를 덧대 만든 판잣집에서 블록과 벽돌, 그리고 시멘트를 사용한 집으로 나아졌다. 지붕은 루핑에서 슬레이트로 바뀌었고, 기와를 얹어 그럴듯하게 마감한 집들도 생겨났다. 멀리서 보면 도시 미관을 저해하는 불량 노후 주택지에 불과하지만 가까이서 보면 좁은 공간에 최적화의 생활을 도모했던 삶의 지혜도 엿보인다. 마당이 없으니 지붕 위를 옥상으로 개량하여 장독대로 사용하였으며, 대문 위의 자투리 공간을 물건을 보관하는 장소로 활용하기도 하였다. 둘이 지나기도 비좁은 골목은 이따금 아이들의 놀이터로, 여름날 동네 사람들의 야외 사랑방 기능을 하기도 하였다.

1970~1980년대 달동네는 블록block과 시멘트의 시대를 맞이하였다. 내 어렸을 적에 서울 변두리 공터에는 블록과 벽돌 공장이 많이 세워졌다. 건설 경기가 급격히 성장하던 시기였으므로 건자재 공장들도 따라 커진 것이다. 어른들의 말마따나 '보로코 공장'에서는 인부들이 시멘트와 모래를 섞은 후 성형

틀에 넣어 끊임없이 블록을 생산하였다. 이 블록을 말리기 위해 쌓은 담은 길고 높고 복잡해서 마치 미로와 같았다. 내가 초등학교 입학하기 전 우리 집 근처에도 보로코 공장이 있었다. 나는 여기서 동네 친구며 형들과 술래잡기, 다방구 등을 했다. 시멘트 블록은 벽면을 쌓기에 적당한 장방형의 구조였고, 몸체 가운데는 3개의 구멍이 있었다. 나는 이 구멍 사이에 딱지나 구슬 등을 몰래 넣어 감춰두었다. 그런데 갑자기 시멘트 블록이 출하하면서 소중한 물건들이 사라지는 아픔을 겪기도 하였다. 그 출하된 시멘트 블록은 확인할 수 없으나 서울의 어느 달동네 집을 짓는 데 사용되었을지도 모르겠다.

구릉지에 무계획적으로 집들이 밀집된 달동네에서 가장 불편한 시설은 수도와 변소였다. 주민들은 공동수도와 공동변소를 활용해야 했다. 이 점은 판잣집에서의 생활보다 나아진 게 없었다. 공동수도는 좀 불편해도 괜찮지만, 공동변소를 이용하는 일은 여전히 참으로 난감한 일이었다. 아침마다 변소 앞에서 줄서기도 그렇지만 빨리 나오라는 이웃의 재촉을 듣는 것은 부끄러운 일이었다. 관악구 봉천6동* 달동네 주민들의 이야기에서도 이런 아픔이 묻어나온다. 봉천6동 달동네는 1965년 용산구 이촌동 한강 쪽방 동네에서 쫓겨난 사람들이 살기 시작하면서 조성되었다. 1990년대 초반까지 달동네 주민들은 8평 남짓한 집에 평균 3세대 12명 정도가 살고 있었다. 그야말로 바짝 붙어서 가족의 숨소리까지 들어야 하는 좁고 거북한 공간이었다. 그런데도 변소에 비한다면 차라리 좁은 집이 나았다. 산

---

* 현재는 행운동.

꼭대기 20여 가구가 조립식 변소 세 곳을 공동으로 이용하는데 아침마다 공동변소 앞은 장사진을 이뤘다. 고지대이기 때문에 물을 많이 쓰는 여름철에는 수도꼭지도 마르기 일쑤였고, 장마철에는 낡은 하수관이 터져 악취가 풍겼다. 그럼에도 봉천동 달동네 주민들은 대부분 막노동이나 노점상들이었으므로 힘겨운 달동네를 벗어나기란 만무했다.[27]

동작구 사당동도 서울을 대표하는 달동네 중 하나였다. 아파트 단지 재개발로 인해 주민 간 갈등, 철거 투쟁까지 맞물려 사당동은 혹독한 아픔을 겪었다. 사당동舍堂洞은 지명에 따르면 큰 사당이 있던 마을이었다. 과거에는 '원당元堂', 원댕이'란 지명도 전래되어 왔다.[28] 관악산의 가파른 산줄기가 낮아지는 곳을 따라 고갯길이 있고, 고개 부근에는 제당이 있었던 것으로 보인다. 그런데 언제부터인가 사당동을 '가마니골'이라고 불렀다. 이곳에서 빈민들이 가마니를 덮어서 만든 움막집을 짓고 살았기 때문이었다. 중구 양동에서 쫓겨난 철거민들이 정착하면서 사당동은 큰 사당이 있는 마을보다 빈민들이 사는 가마니골로 인식되었다. 관악산 북동쪽으로 사당동 외에도 관악구 봉천동과 난곡동, 금천구 시흥동까지 달동네가 조성되면서 이 일대가 달동네 군락으로 변하였다.

여느 달동네처럼 사당동 달동네도 결국은 재개발로 사라졌다. 조세희의 소설 《난장이가 쏘아올린 작은 공》처럼 달동네는 철거를 이기지 못하였고, 난장이 가족은 건설회사를 이길 수 없었다. 그렇다면 난장이가 쏘아 올린 '작은 공'은 도대체 무엇이고, 무슨 의미가 있는가? 비록 동화적 묘사로 세상을 그려냈지만 냉혹한 현실을 보여주는 이 소설은 끝까지 읽기가 마음이

52

재개발된 사당3동 일대(1982). 서울역사아카이브 제공.

. 봉천동 일대(1982). 서울역사아카이브 제공.

불편하다. 이 소설처럼 마음을 불편하게 하는 영화가 또 있다. 〈사당동 더하기 33〉은 조은 교수가 사당동에서 살았던 한 가족을 33년 동안 살피고 조명하여 촬영한 작품이다. 리얼리즘의 관점으로 어느 가족의 역사와 현실을 가감 없이 보여준 것인데, 이 영화를 본 관람객은 대부분 "마음이 불편하고, 가슴이 답답하다"고 토로했다. 나 역시도 이 영화를 보고 나서 찜찜한 기분을 지울 수가 없었다. 사당동 가족이 겪었던 가난을 우리가 외면하고 있다는 생각, 그리고 가난의 대물림은 쉽게 끊길 수 없다는 체념으로 가슴이 먹먹해졌다.

달동네 주민들은 거의 하루 벌어 하루 사는 사람들이다. 조은 교수가 조사한 사당동 달동네 가구주 직업을 살펴보면 일용 건설노동자, 잡부, 행상, 우유배달, 청소부, 파출부, 가내하청업(부업), 가게 주인, 운전사 등이 있고 이중 일용직 건설근로자가 40%를 차지하고 있었다. 달동네에 사는 몇 명의 십장(우두머리)을 중심으로 이웃과 이웃을 잇는 고용 연결망이 끈끈하게 형성되어 특별한 기술이 없는 달동네 남자들은 이 고용 연결망을 벗어나지 못하고 쳇바퀴처럼 돌고 돌았다. 비가 오는 여름날, 눈바람이 치는 겨울날에는 이 고용 연결망도 제 기능을 못 하고 공치기가 일쑤다. 마찬가지로 여성들은 마을의 가내하청업 연결망에 속해 있었다. 가죽 오려 붙이기, 은행 까기 등 단순하고 반복적인 일은 매우 적은 소득을 얻는 부업에 불과하다. 그래도 이런 부업에 종사함으로써 가계 소득에 조금이라도 보탤 수 있었다.[29]

하루 벌어 하루 사는 사람들의 가난이 대물림된다는 사실은 매우 불편한 진실이다. 우리는 입버릇처럼 가난은 대물림된다고 말하지만 실제로 이를 증명하기는 요원하다. 왜냐면 이것은 단순히 통계적 수치보다는 3대, 4대로 이어지는 가족의 역사로 증명해야 하기 때문이다. 그런데 이 영화에서는 한 가족을 수십 년 동안 지켜보며 촬영한 끝에 달동네 가족의 가난이 4대까지 이어지는 대물림 현상을 적나라하게 증명한다. 그들은 제대로 교육받지 못했고, 정규직 일자리를 얻을 수 없었다. 특히 장남인 영주 씨는 고등학교를 졸업하고 자동차 정비, 단무지 공장, 미용실, 도장집, 태권도 체육관, 오토바이 배달 등 안 해 본 일이 없도록 일했건만 안정적인 생활을 얻지 못했다. 그의 유일한 꿈인 목회자의 길도 무허가 신학교를 졸업한지라 물거품이 되었다.[30] 그가 한 인생 최고의 선택이라면 필리핀 여성인 지지 씨와 결혼한 것이었다. 생활력과 교육열이 강한 지지 씨는 아이들에게 "너희들 공부 안 하면 공장 가서 시다(견습생) 해야 돼"라고 얘기한다. 이주여성 지지의 말은 공업화 시절 우리네 엄마들이 말썽꾸러기에게 자주 하는 말이었다. 대학교를 졸업하지 못하고 번듯한 일자리를 얻지 못하면 달동네의 아이들은 결국 가난의 수레바퀴에서 벗어나지 못한다는 말이기도 하였다.

빈곤이 일상화될 때 희망을 잃으면서 삶을 체념하고 알코올에 빠지는 사람들이 많다. 멕시코의 빈민 마을을 조사했던 미국의 인류학자 오스카 루이스Oscar Lewis는 '빈곤의 문화'로 "아버지의 부재, 수다스러움, 약한 자기 정체성, 무절제한 감정 폭발, 미래에 대한 설계가 없는 근시안적인 생활 태도 등"을 들었다.[31] 오스카 루이스의 견해에 모두 공감하는 것은 아니지만 경제적 빈곤에 찌든 달동네 사람들이 부정적 생활 관습에 빠지는 사례들도 적지 않았다. 〈사당동 더하기 33〉에서도 이를 잘 보여

56

주고 있었다. 둘째인 은주 씨는 자신들을 버리고 집을 나간 어머니처럼 아이들을 돌보지 않았다. 중이염에 걸려 아파하는 아이를 놔두거나 가출하는 일이 빈번했다. 교육비와 생활비는 극히 부족하지만 성형수술을 하거나 유흥업소에 가서 돈을 썼다. 나는 이를 보면서 '보호받지 못했던 사람은 보호해 주지도 않는다'라고 생각했다. 그들을 보호하지 않은 것은 가족만이 아니라 사회도 마찬가지였다. 자본과 경쟁만이 난무하던 시절이었으므로 사회적 복지망이 가동될 리가 없었다. 그들 곁에는 유흥, 폭력과 범죄, 가출, 동거와 임신, 교통사고 등 늘 사회적 위험이 도사리고 있었다.

관악구 신림7동 난곡마을은 서울의 거의 마지막 달동네였다. 난곡蘭谷은 1960년대 이촌동, 대방동 등의 철거민들이 이주하여 생긴 마을로 주민들은 '낙골, 낙굴'이라고도 불렀다. 1990년대 말까지 달동네에서 철거당한 사람들은 이 낙골로 모여들었으니 이곳은 쫓겨난 달동네 사람들의 마지막 둥지와도 같았다. 그러나 난곡도 2001년부터 시작된 재개발 사업으로 사라지고 말았다. 그렇다면 삶의 막장으로 내몰린 그들은 어디로 갔을까? 양지와 음지는 결합되어 있기 때문에 도심의 그늘은 완전히 사라질 수 없는 법이다. 일부 주민들은 도심 주택의 지하 셋방을 얻었으며, 몇백만 원의 보증금조차 없는 주민들은 쪽방이나 비닐하우스촌으로 가야 했다. 산업화 시절의 달동네는 자취를 감추었지만 화려한 서울의 그늘에서 또 다른 이름의 달동네가 자라고 있었다.

3 부둥켜안고 함께 탔던 연탄의 시대

- 연탄을 갈아본 사람만은 안다

서울의 겨울은 춥다. 산업화 시절, 추운 겨울 배부르고 등 따스운 삶을 살 수 있는 서울 사람은 그리 많지 않았다. 많은 사람이 아파트에 살면서 도시가스로 난방을 하는 지금이야 난방비만을 걱정하지만, 예전에는 겨울을 무사히 나기 위해서는 걱정거리가 여럿이었다. 그중 연탄을 준비해 두는 일이 제일 시급했다. 잘사는 사람들은 찬바람이 불기 전부터 광에 연탄을 가득 채워서 겨울을 날 채비를 마쳤다. 반면, 하루 벌어 사는 서민들은 연탄 몇 장씩을 사 와 시린 겨울밤을 간신히 넘기곤 했다. 그래도 부잣집이든 가난한 집이든 한겨울의 풍경은 비슷했다. 하얗게 타버린 연탄재가 문 옆에 층층이 쌓인 채로 청소차가 오기를 기다렸다.

그런데 서울 동네마다 이 연탄재가 많기는 많았나 보다. 당시 외국인 관광객들은 서울을 돌아보면서 "이상한 물체를 봤습니다. 머리통만 하고 구멍이 여럿 뚫려 있는 흙덩이 같은 것, 가는 곳마다 그것을 발견했습니다"라는 말을 했다고 한다. 연탄을 때지 않았던 외국의 관광객들이 이 연탄재를 알 리도 없지만, 해골처럼 하얗고 머리통만 한 게 집 앞에 있으니 기괴해 보인 것이다. 연탄을 한창 땠던 시절 서울시 쓰레기의 80% 이상이 연탄재였고, 서울시민이 한겨울에 배출하는 연탄재가 1만 3,000톤이 넘었다. 이쯤 되니, 수거가 안 된 연탄재들이 쌓이고 쌓여 "서울시 뒷골목이 해골바가지의 야전장"이 되었다는 해괴한 소리까지 나온 것이다.[32]

요즘 젊은이들은 TV에서나 연탄을 봤지 실제로 연탄을 만져본 이들은 거의 없다. 겨울을 맞이하여 봉사자들이 불우이웃돕기 운동의 일환으로 가파른 달동네에서 연탄을 나르는 모습을 TV에서나 볼 수 있을 뿐이다. 나는 '연탄을 갈아본 사람'과 '연탄을 갈아보지 않은 사람'으로 분류하는 방식도 나름의 의미가 있다고 생각한다. 이것은 "나 때는 말이야"로 시작되는 꼰대식 분류가 아니다. 연탄이라는 키워드로, '연탄 갈기'라는 체험을 통해 현대사의 궤적을 삶의 경험치로 나타낼 수 있다는 뜻이다. 연탄이 가정의 주 연료였던 시절은 1960~1980년대로 우리나라가 산업화를 겪었던 시기와 거의 일치한다. 연탄은 전통적 온돌 구조에 적합했던 마지막 연료일지 모른다. 연탄을 갈아봤다면 그의 삶에는 전통과 현대, 도시와 시골의 삶이 혼재되었던 산업화의 흔적이 녹아 있을 게다.

연탄은 한때 '연료의 왕자, 검은 노다지'로 불리기도 했지만 '검은 사신死神, 살인탄'이란 오명을 얻기도 했다. 연탄은 자신을 불태워 방안 가득 온기를 주었는데, 연소하며 생기는 부산물인 유해가스는 막을 수가 없었다. 한 장의 연탄에 25명의 목숨을 앗아갈 수 있는 일산화탄소가 저장되어 있다니 연탄은 언제든 살인탄으로 변할 수 있었다. 그리하여 연탄은 따뜻함을 주는 고마운 연료이면서도 언제든 생명을 앗아가는 가스를 배출하는 사고뭉치로 인식되었다. 그러나 연탄이 긍정적 존재인지 부정적 존재인지는 사람의 입장일 뿐 물질 자체로 가치 판단을 할 수 없다. 연탄은 열기를 내주다 생을 마감하는 연료일 뿐이다. 그 과정에서 분출되었던 일산화탄소는 화학적 작용의 결과물로 음식물이 장에서 분해되면서 암모니아 가스가 나오는 것과 다름이 없다.

1940년대까지 서울에서 주로 사용된 땔감은 나무였고 대부분 경기도나 강원도 등지에서 가져왔다. 낙엽이 지는 무렵이면 청량리 등지의 신탄장*에는 타지에서 이송해 온 땔감들이 쌓이기 시작했다. 조선 시대에는 종로5가에 나무전田이 있었고, 일제강점기에는 청량리와 마포의 신탄장이 유명했다. 신탄장 근처에는 동경성역과 동막역이 있으므로 경원선, 경부선, 경의선 등 철도를 통해서 장작을 운반하기가 쉬웠다. 대개 장작은 일정한 면적으로 쌓아두기 때문에 팔 때도 한 평 단위로 팔거나, 화차貨車로 운반하는 경우 한 차판으로 팔았다.[33] 구한말까지는 장작을 '한 바리' 단위로 팔기도 했다. 이때의 바리는 소와 말이 실은 장작 다발을 가리켰다.[34] 청량리 신탄장은 1950년대까지도 통나무를 가득 쌓아두고 겨울 채비를 하려는 손님을 기다렸다. 신탄장에서는 도끼꾼들이 품삯을 받고 장작을 패는 소리가 우렁차게 들렸다. 이들은 1m 남짓의 통나무를 적당한 크기로 톱질한 뒤 모탕 위에 올려두고 도끼로 뻐개서 손님에게 넘겨줬다.**[35]

그런데 땔감 시장과 나무전을 뜻하는 신탄장薪炭場(또는 시탄장柴炭場)이지만 거래되는 품목은 장작 외에도 숯, 즉 목탄木炭이 있었다. 우리 민족은 오랫동안 숯을 써왔음에도 오늘날에는 숯에 대한 기억이 가물가물해졌다. 일제 말기, 서울에서 사용되는 장작이 3,000만 관貫(가격은 3,400만 원)이었고, 숯은 70만 관(가격은 700만 원)이나 되었다.*** 일 년 동안 한 사람당 숯 한 섬을 사용하였다고 하니 결코 적은 쓰임은 아니었다. 어렸을 적, 겨울에

---

* 　장작과 숯 같은 땔감을 거래하는 연료 시장.
** 　청량리 신탄장은 동대문구 용두동 옛 오스카 극장 뒤편에 있었다고 전한다.
*** 　1관은 3.75kg에 해당한다. 〈조선일보〉 1939년 11월 6일)

경기도 양평의 할머니 댁에 가면 방안에는 숯이 담긴 화로가 늘 있었다. 할머니는 화로에서 익힌 군밤을 까 주고는 했다. 장작이 주로 아궁이에서 태워져 온돌을 데우는 난방용 연료라면 숯은 방안을 따뜻하게 할 뿐만 아니라 취사를 하거나 다림질을 하는 등 다용도로 사용되었다. 그뿐이 아니다. 아기를 낳았을 때 금줄에 매단 것도 숯이요, 장을 담글 때도 숯을 넣었다. 숯은 부정한 잡귀가 범접하지 못하도록 하는 물질로 여겨졌다.

석탄은 오랜 세월 땅속에 묻힌 식물이 탄화되어 광물질로 변한 것이고, 목탄은 사람이 나무를 적당히 태워 연료로서 기능성을 높인 것이다. 화학적으로는 목재가 불완전 연소되어 탄화炭火된 상태다. 강원도에서는 화전민들이 숯가마를 만들고, 숯을 굽는 일을 했다. 이렇게 숯 굽는 곳을 '산판'이라고 하였다. 간혹 오동나무나 소나무도 썼지만 주로 참나무를 사용하기에 '참숯'이라 부른다.[36] 일반 민가에서도 숯을 만들어 썼다. 장작이 완전히 다 타기 전에 물을 부었다가 말린 이후에 항아리나 통에 보관하며 나중에 쓰는 방식이었다. 이를 '뜬 숯'이라고 했다. 숯은 연탄과 생김새는 다르지만 태우면 일산화탄소가 배출되는 속성은 동일하다. 예로부터 숯에서 나오는 가스로 인해 머리가 아픈 것을 '숯머리'라고 불렀다.[37]

돌이켜 보면, 연탄 외에도 우리는 여러 종류의 석탄을 때서 추운 겨울을 버텨왔다. 내가 다니던 서울의 한 초등학교에서는 반마다 주번이 있었다. 겨울에 이 주번이 맡은 일은 바케스(양동이)를 들고 학교의 연료 창고에 가서 조개탄을 배급받아 오는 것이었다. 조개탄은 오일 찌꺼기와 무연탄을 섞어서 조개 모양으로 만든 것인데, 당시 서울 학교에서는 교실 난로의 주 연료로 썼다. 눈싸움을 할 때 이 조개탄을 몰래 빼돌려 눈덩이 안에 넣고 던지는 말썽쟁이도 있었다. 세월이 흘러 군에 입대한 후, 경기도의 한 포대에 배치를 받았을 때는 조개탄보다 더 오랜 역사를 가진 분탄粉炭 때기를 체험해 봤다. 1960년대에 지어진 우리 내무반 막사에는 여전히 실내에 페치카(벽난로)가 있었다. 이 페치카의 연료가 분탄이었다. 분탄은 석탄 가루인데, 흙과 물을 약간 섞어 갠 뒤에 페치카에 넣고 땠다. 내가 근무하던 지역은 한겨울이면 소주병이 얼어서 터지는 곳으로 냉기가 만만치 않았다. 겨울에는 페치카 당번병의 난방 업무가 중요했기에 경험이 많은 고참 상병이 이 일을 맡았다. 그들의 옷과 얼굴은 거우내 검게 칠해져 방금 탄광에서 나온 광부와 다름없었다. 이들은 이따금 맘에 드는 동료에게는 군용반합을 냄비 삼아 펄펄 끓는 페치카에서 금방 라면을 끓여 줬다. 그 고들고들하고 따뜻한 라면 맛을 지금도 잊을 수 없다.

연탄煉炭은 석탄을 원통 모양으로 압축 성형하여 만든 것으로 구멍이 뻥뻥 뚫려 있다. 그래서 원래 이름은 '구멍탄'이었다. 구멍이 몇 개인가에 따라 9공탄, 19공탄, 22공탄 등으로 나뉘었다. 제작 시기에 대해서는 여러 설이 있지만 대체로 19세기 전후로 큐슈 지방의 일본인이 처음 사용했다고 전한다.＊ 초창

＊　《대한석탄공사 50년사》(2001, 대한석탄공사)에서는 19세기 말 일본 큐슈 지방의 모지시門司市에서 처음 연탄이 사용되었다고 보았다. 각 가정에서 목탄 대용으로 주먹 크기의 석탄에 구멍을 뚫어서 사용하였으며 이를 '연꽃연탄蓮花炭'이라고 불렀다고 한다. 반면 연탄연구가 김만종 씨는 1911년 큐슈 모지의 고가메 다로古龜太郎가 무연탄에 구멍을 뚫어 생산한 연탄으로 발명 특허를 받았다 하였다. (〈조선일보〉 1972년 1월 11일 '연료의 장 ⑤석탄')

기 구멍탄은 지금처럼 원통 모양이 아니라 벽돌처럼 생긴 것들도 있었으며, 아궁이에서 사용하기보다는 화로용으로 쓰임새가 많았다. 지금과 같은 모습을 가진 연탄의 시조 격은 구멍이 9개였던 구공탄이었다. 구공탄은 1930년대부터 본격적으로 생산 체제를 갖춘 것으로 보인다. 부산에서는 일본인이 운영하는 삼국상회에서 프레스기를 이용하여 구공탄을 제작하였고[38], 서울의 청량리에서는 일본인이 경영하는 조선무연탄공업주식회사에서 생산했다고 한다.[39] 그러나 일제강점기 가정에서 사용하는 주요 연료는 역시 목재였으며, 석탄은 가정보다는 산업 시설에서 주로 사용되었다. 다만, 다른 지역에 비한다면 서울의 가정에서 석탄 사용이 많은 편이었다.*

석탄이 연료의 화두로 등장한 때는 광복 이후였다. 광복과 함께 찾아온 분단은 곧 석탄 공급의 단절을 가져왔다. 일제는 만주 침략과 중일전쟁 시기에 전쟁과 군수 목적으로 북한 지역에 적극적으로 탄광을 개발하였다. 하지만 곧 이어진 분단으로 인하여 북한의 석탄은 남한에는 언감생심이 되었다. 연이어 한국전쟁이 터졌고, 석탄의 중요성은 더욱 커지게 되어 1950년 11월, 대한석탄공사가 발족하기도 하였다. 피란 수도 부산에서는 연탄의 역사에서 획기적인 사건이 발생하였다. 다른 지역에 비해서 석탄을 구하기 수월했던 부산의 일부 가정에서 석탄, 흙, 물을 개어서 틀에 넣은 다음 나무망치로 구멍을 내서 구멍

---

* 일제 말기의 석탄 생산량은 600만 톤이었다. 이 가운데 가정용 연료로 60만 톤이 사용되었는데, 경성에서는 40만 톤이 쓰였다. (《조선일보》 1939년 11월 6일 '각지의 장작 체화 부내 2년간 수급은 충분')

수동식 연탄 제조기. 대한민국역사박물관 제공.

탄을 제조하여 사용하였다. 대한석탄공사는 무연탄 사용을 장
려하기 위해서 가정의 온돌을 개량시켜야 한다는 사실을 대대
적으로 선전하고 있었다. 그러던 중 1952년경에 바케스식 연탄
아궁이가 발명된 것이다. 19공탄이 개발된 것도 이때였다. 이
연탄아궁이로 인하여 온돌 구조의 큰 변경 없이 간단한 아궁이
개조만으로도 연탄 사용이 가능하게 되었다. 연탄아궁이는 연
탄의 시대를 본격적으로 여는 신호탄이었다.[40]

　　1950년대 서울의 겨울은 참 추웠다. 한기가 밀려올 때면 서
울시민은 겨울 살림을 걱정하고, 서울시는 연료의 확보를 위해
뛰어다녀야 했다. 연료 수급 문제에서 서울시는 철저히 을〻의
입장이었다. 석탄이든 장작이든 특별한 연료 생산지가 없었던
서울시의 담당 공무원은 가을이 돌아오면 연료 확보를 위해 분
주히 지방을 돌면서 읍소했다. 그런데 한국전쟁이 끝날 무렵 산

65

림 보호 육성 명목으로 서울시 등 7개 도시에 장작의 반입을 엄금한다는 정부의 발표는 그렇지 않아도 전쟁 시절 혹독한 추위를 겪었던 국민들을 더 춥게 만들었다. 전쟁으로 인하여 산림이 황폐해졌고, 전후 재건을 위해 목재가 부족하다는 이유였지만 이에 대한 뚜렷한 대책이 마련된 것도 아니었다. 정부는 장작 대신 토탄土炭과 무연탄無煙炭을* 대용 연료로 사용할 것을 장려한다고만 하였다.[41]

서울로 들어오는 장작의 유통이 원활하지 못한, 연료 부족의 시절을 맞이하여 그 틈새를 채운 것은 다름 아닌 연탄이었다. 서울에서 주요 연료로 기지개를 켜던 연탄이 활개를 치게 된 때는 1960년대였다. 서울에서 연탄을 생산하기 위해서는 주 재료인 석탄을 산지인 강원도 태백 등지에서 서울 인근까지 운반할 산업철도가 필수적이었다. 1950년대 중반부터 여러 산업철도가 개통되었고, 1964년에는 서울로 연결되는 망우선이 건설되었다. 게다가 무연탄을 원활하게 공급할 수 있는 시설인 무연탄 저탄장도 동대문구 이문동에 설치되었으니 서울 주변에서 연탄 산업이 활성화되는 기반이 구축된 것이다.[42] 하지만 주택가가 밀집된 서울에서 시커먼 분진이 날리는 연탄 공장이 계속적 성장을 하기란 어림없는 일이었다. 1960년에는 서울 시내에

---

* 무연탄은 연기가 없는 석탄으로 잘 알려졌지만 토탄은 무엇일까? 토탄은 탄화작용이 잘 안 된 탄으로 갈색을 띠고 있다. 토탄은 지표면에 묻혀 있는데, 논밭에서도 캘 수 있었다. 잘 타지 않아 연료로는 적합하지 않지만 해방 후 연료가 극심히 부족했던 시절에 정부가 개발을 장려했다. 한때 서울의 많은 가정에서도 장작 대신 이 토탄을 사용했다고 한다. (〈조선일보〉 1972년 1월 14일 '연료의 장 ⑧토탄연탄')

연탄 공장이 200개를 넘었지만 1980년에는 17개로 급속히 축소되었고, 1995년에는 5개밖에 남지 않게 되었다.[43]

　연탄이 서울시민의 주요 연료로 자리를 잡기까지는 어려움도 적지 않았다. 연탄은 공기 오염과 가스중독, 쓰레기의 주범으로 여겨져 정부는 1965년부터 석유를 주요 연료로 삼고자 하는 '주유종탄主油從炭'으로의 정책 전환을 시도하였다. 1966년에는 생필품인 연탄 가격을 억제하려고 하다가 되레 광업소가 문을 닫고 광부들이 해고되면서 공급이 달려 가격이 치솟는 '연탄 파동'이 발생하였다.[44] 이러한 연탄 파동에도 불구하고 주유종탄으로의 정책 전환은 쉽지 않았고, 주탄종유主炭從油로 돌아가기 일쑤였다. 우리 국토에서는 한 방울의 석유도 나지 않아 전량을 중동에 의지하던 터라 이따금 터지는 '오일쇼크'는 "그래도 연탄밖에 없다"는 인식을 강화할 뿐이었다. 서울의 인구 증가와 함께 연탄 소비량도 꾸준히 늘어 1972년경 소비된 연탄의 수량은 약 12억 개가 되었다. 연탄을 한 줄로 세우면 18만km였다. 서울과 부산을 200여 회 왕복할 수 있는 거리에 해당하는 분량이었다.[45]

　1978년 서울에서 난방용으로 연탄을 사용하던 가구는 전체 가구의 93%였다. 이는 연탄아궁이 외에도 연탄보일러까지 합친 수치이다. 당시 서울에는 아궁이에 직접 연탄을 넣기보다는 연탄보일러를 사용하여 난방을 하는 가구도 점점 늘어나고 있었다. 연탄아궁이든 연탄보일러든 당시 통계로 볼 때 서울 사람들은 전적으로 연탄에 의존하였던 셈이다. 연탄은 난방용뿐만 아니라 취사용으로도 대세였다. 1970년대 말 연탄을 사용하여 취사를 하는 가구가 전체 가구의 77%였다.[46] 나머지 가구는

❶ 서울의 한 연탄 공장 내부 모습(1966). 서울역사아카이브 제공.

❷ 연탄업체에서 운반 준비 중인 장면(1966). 서울역사아카이브 제공.

❸ 연탄 공장 작업 광경(1963). 국가기록원 제공.

LPG(액화석유가스), 유류, 도시가스 등을 사용하였다. 서울 사람의 집은 여전히 아궁이와 온돌이 연결되는 구조를 갖추고 있던 터라 난방과 취사는 별개가 아닌 한 몸이었다. 연탄은 난방과 취사를 책임지는 시민 연료로서 귀한 대접을 받았다. 새벽에 잘못해서 연탄불이라도 꺼져버리면 차가운 구들장에서 떨어야 할 뿐만 아니라 밥도 못 먹고 출근을 해야 하는, 가히 '연탄의 시대'였다.

연탄의 시대에는 사람이 생산한 연탄에 역으로 인간의 생활 양식이 지배를 받았다. 그때 그 시절을 떠올린다면 힘들었던 일이 '연탄 갈기'였다. 장작에 비한다면 규격도 일정하고 불을 붙이기도 편리한 연탄이었지만 불편한 점도 적지 않았다. 활활 타는 장작은 재로 변하더라도 불씨가 남아 있어 은근히 오래가는 속성이 있다. 반면, 연탄은 적당한 화기로 타는 것 같아도 재로 변한 뒤에는 급속도로 꺼져버린다. 대개 한 아궁이에 아래위로 두 장의 연탄이 들어가 서로 마주하면서 활활 타들어 간다. 아래 연탄이 연소하면서 위 연탄으로 불이 붙는데, 위 연탄불이 완전히 꺼지기 전에 연탄 갈기를 해야 한다. 요컨대 재로 식어버린 아래 연탄을 빼고, 위 연탄을 아래에 놓고 다시 새 연탄을 위에 넣는 연탄 갈기를 하지 않으면 연탄불이 꺼지고 마는 것이다.

그런데 연탄을 갈아본 사람만은 안다. 다 타버린 아래 연탄과 불이 조금 남은 위 연탄을 분리하는 일이 얼마나 어려운가를. 마주하여 불이 붙은 연탄은 부둥켜안고 타다가 결국은 한 몸이 되어 버린다. 그래서 딱 붙은 연탄을 꺼내 연탄집게로 툭툭 쳐보지만 소용이 없었고 잘못하여 세게 치다가 몽땅 깨뜨려

아궁이 주변을 아수라장으로 만들었다. 결국, 가게에 가서 번개
탄을 사 들고 와 연탄불 붙이는 작업을 처음부터 다시 해야 했
다. 그러나 연탄과 씨름하다 보면 나름 요령이 생기기 마련이
다. 어떤 이는 삽이나 칼을 이용하여 달라붙은 연탄을 깔끔하게
이별시키기도 하였다. 또 어떤 이는 신문지를 사용하기도 했다.
새 연탄을 올리기 전 신문지를 깔면 재가 되면서 연탄이 달라붙
는 것을 방지할 수 있는 노하우였다.[47] 이 정도의 요령이 생길
정도면 수백 번 연탄을 갈아야 했고, 머리가 띵해지도록 연탄가
스도 마셔야 했다.

그런데 연탄 갈기는 세월이 흐를수록 쉬워지는 것이 아니라
더 힘들어졌다. 정부는 쌀과 함께 연탄을 생필품으로 보고 가격
을 억제하려는 정책을 썼다. 국가의 입장에서는 서민들의 노동
력을 한껏 동원해야 하는 경제개발의 시대였으므로 적어도 주
식인 쌀과 연료인 연탄 두 가지는 안정적 가격으로 공급해야 했
다. 그러나 이를 계속 수용할 수 없는 연탄 제조업체는 규모를
작게 하여 원재료 가격을 낮추는 편법을 썼다. 한편, 서울에서
는 1970년대 중반부터 19공탄을 바꿔 22공탄을 주로 보급하
게 되었다. 구멍이 늘어나면서 연소는 잘 되었으나 연소 시간이
6~7시간으로 짧아졌다. 그러자 연탄 두 장으로 하루를 넘겼던
시절도 있었는데, 이제 연탄 3부제도 모자라 4부제가 되었다며
서울 사람들의 볼멘소리가 커졌다. 연탄 갈기 위해 세상을 사는
것 같다는 주부들의 불만도 터져 나왔다. 실제로 하루에 4회 연
탄을 갈려면 밤중에 깨야 했고, 새벽에도 일어나야 했으니 서울
사람들의 수면의 질이 더 악화한 게다.[48]

그러나 연탄 갈기보다 훨씬 괴로운 것은 사람의 목숨을 앗

아갈 수 있는 연탄가스였다. 색깔도 냄새도 없는 연탄가스는 사람이 자는 시간에 조용히 다가와 생명을 빼앗아 가기에 '검은 사신死神'이라고 하였다. 이 검은 사신은 한 사람의 목숨만이 아니라 일가족의 목숨을 통째로 거둬가곤 했다. 산업화 시절 가난한 시골 사람들이 서울의 달동네로 이사를 와서 가족이 한방에 함께 자다가 검은 사신에 의해 비명횡사하는 일이 적지 않았다. 한 언론에서 연탄가스 중독사를 싱겁고 허무하고 억울한 개죽음으로 묘사한 것도 이 때문이었다.[49] 매년 수백 명의 서울 사람이 검은 사신에 의해서 숨을 거두자 다급해진 서울시는 이 검은 사신의 목에 현상금을 걸기도 하였다. 1968년 서울시는 연구자들의 분발을 호소하면서 연탄가스의 완전 해독제를 발명한 사람에게 1,000만 원의 현상금을 걸었지만 검은 사신의 목을 제대로 잡아 온 이는 없었다.[50]

연탄가스 중독 사고는 아궁이가 있는 곳에서 문틈으로 가스가 들어오거나, 갈라진 방바닥의 틈으로 가스가 새는 것이 주요 원인이었다. 연탄이 연소하며 배출되는 가스를 원천 차단할 수는 없고, 집 구조를 고쳐서 예방할 수밖에 없었는데 이조차 쉽지 않았다. 1977년 서울시의 한 조사에 따르면 서울 시내 가옥의 96%가 연탄가스 중독 사고의 위험을 안고 있음이 밝혀졌다. 그 이유는 건축업자들이 건축비를 줄이기 위해 연탄가스 방지를 위한 시공을 철저히 하지 않았고, 동물이나 곤충들이 뚫은 구멍을 제대로 보수하지 않았던 것으로 분석되었다.[51]

초등학생 시절 나도 한번 연탄가스에 중독된 적이 있었다. 잠을 자다가 다행히 깼다. 머리가 띵한 증상이 있었으나 몸을 움직일 수 없었다. 그때 같이 있던 외사촌 누님이 동치미 국물을 얼른 떠 와서 마시도록 하였다. 당시 민간치료법이라는 게 동치미 국물이나 김칫국을 마시는 거였는데 실제로는 별 효과가 없었다. 한때는 빙초산을 솜에 묻혀 코에 대고 숨을 쉬면 회복될 수 있다는 치료법이 유행하였다. 그런데 가스중독으로 인해 생사를 오가는 것을 보면 다급한 마음에 그냥 빙초산을 코에 확 뿌리는 경우도 왕왕 있었다. 이로 인해 얼굴에 큰 화상을 입고 평생 연탄가스의 흉터를 지고 사는 사람이 있었다. 나중에는 빙초산 치료법이 효과가 없음이 밝혀졌으니 빙초산을 뿌린 사람도 일생 미안한 마음을 갖고 살아야 했을 것이다.

연탄이 활활 타던 시대를 통과해 본 사람이라면 연탄에 얽힌 한 장의 추억은 있기 마련이다. 연탄 위에 라면을 끓이거나 쥐포를 구워 먹던 추억, 연탄불이 중간에 꺼져서 밤잠 설치며 연탄을 갈던 기억, 연탄가스에 취해서 동치미 국물을 마셨던 고통스러운 회상 등등. 그 무엇이든지 연탄을 갈아본 사람만이 갖고 있다. 즐겁고 시리고 아팠던 연탄 한 장의 이야기를.

❶ 연탄가스 위해방지 전시회 포스터(1970). 서울역사아카이브 제공.
❷ 연탄가스 예방지침 리플릿(1970). 대한민국역사박물관 제공.
❸ 연료 현대화 전시회(1966). 서울역사아카이브 제공.

4 사라진 신과 함께

– 개발의 시대에 집 나간 신은 돌아오지 않는다

2018년 개봉된 〈신과 함께 2: 인과 연〉은 1,200만여 명이 본 영화다. 2017년의 〈신과 함께 1: 죄와 벌〉에 연이어 관람객 1,000만 명을 훌쩍 넘기면서 호사가들의 입방아에 자주 올랐다. 나는 그저 그렇게 1편을 보았던 터라 2편을 보면서도 큰 기대를 하지 않았다. 그런데 이 영화에서 흥미로운 장면이 나왔다. 우리나라 영화에서 처음으로 '성주신'이 출현한 것이다. 물론 저승과 이승을 오가는 사자와 신들의 이야기이므로 집안을 지키는 신들의 등장이 대수로운 일은 아니다. 하지만 눈이 밝은 사람들은 이 영화에서 집이 철거됨과 동시에 '신과 함께'했던 풍속도 사라지게 된다는 사실을 보았을 것이다. 서울의 혹독했던 재개발 사업은 고층 아파트를 세우는 대신 전통적 신앙 풍속을 그렇게 매장했다.

영화 〈신과 함께〉에서 저승차사들이 철거를 목전에 둔 낡은 집에 내려온 이유는 집주인 허춘삼을 저승으로 데리고 가기 위해서이다. 산동네의 주택들은 대부분 철거되었고 주민들도 뿔뿔이 흩어졌는데, 남아 있는 허춘삼의 집은 건축회사와 용역 깡패들의 눈엣가시다. 병약한 허춘삼과 그의 어린 손자를 성주신이 지켜주지 않는다면 당장에라도 깡패들의 함마질에 대들보가 날아갈 태세다. 이 허춘삼과 성주신은 염라대왕에게도 눈엣가시이다. 허춘삼의 영혼을 거두러 간 저승차사들이 번번이 성주신의 주먹 한 방에 함흥차사가 되었으니 그 지엄한 염라대왕의 저승 율법이 통하지 않기 때문이다. 아무튼, 새로 임무를 받은 저승차사들은 어떻게 해서든 성주신을 제거하고 허춘삼을 저승까지 인도하지 않으면 그들의 환생도 보장받지 못하게 되었다. 이 영화가 영화답다고 느낀 이유는 성주신을 인간으로 현신하

북아현동 재개발지구(1974). 서울역사아카이브 제공.

게 만들었다는 점이다. 그것도 우락부락한 얼굴과 근육질의 몸을 가진 남성 배우였다. 영화니까 가능한 얘기인데 성주신이 그 집과 가족을 지키는 가택신이자 그중에서도 우두머리라는 점에서 보는 이에겐 강한 인상을 주었다.

집안에 신이 있다는 관념은 우리나라의 오래된 전통 중 하나다. 예전에는 '가신家神'이라 많이 썼고, 지금은 가정신, 가택

신, 집안신 등의 용어를 사용한다. 가정신앙의 풍속을 보면 몇 가지 특징이 있다. 먼저 가택신은 하나가 아니라 거주 공간에 따라 여럿이다. 서울의 전통 가옥에서도 공간별로 신이 있다고 여겼다. 성주신, 터주신, 제석신, 조왕신, 수문신, 측신 등 영역별로 존재하는 신이 있었다.[52] 가택신의 우두머리는 단연 성주신으로 마루에 산다고 믿었다. 이따금 서울·경기 지역의 가옥에서 마루의 대들보에 흰 종이를 감싼 것을 볼 수 있는데 이것이 성주신을 상징하는 신체神體이다. 또, 안방에는 조상님을 모신 조상단지가 있고, 부엌에 가면 조왕신竈王神에게 기도하기 위해 매일 갈아 놓는 정화수 그릇도 있었다. 마당 한쪽에는 터주신으로 생각하는 짚으로 짠 주저리가 있고, 화장실에는 이따금 사람을 괴롭히는 측신厠神이 존재한다고 믿었다. 이외에도 문을 지키는 문신門神, 태아를 점지하고 산모의 건강을 지키는 삼신三神 등 집안 곳곳에는 사람뿐만 아니라 신들이 함께 살았다. 이 가택신들을 모시는 주체는 여성이었다. 안주인이라 불리는 가정주부는 차례를 지내기 전 간단히 가택신에게 제물을 바쳐 비손하였고, 10월 상달*에 가택신을 위한 고사를 올리기도 하였다. 유교 제사가 남자 몫이라면 가정신앙의 의례는 여성 몫이었다.

집은 단지 사람만이 사는 살림집이 아니라 신이 거주하는 신성한 공간이기도 하였다. 물론 어떤 공간이든지 성聖과 속俗은 때에 따라 바뀐다. 예컨대 사람이 사는 세속적 공간도 제사를 지낼 때는 신성한 공간으로 변하기 마련이다. 사람이 거주하는 집은 그 의미가 남달랐다. 집은 사람이 태어나고 죽는 공간으로 사람의 인생은 집에서 시작하고 끝을 맺는다. 인간의 일생, 사람의 운명과 함께하는 신성한 집에 신이 있다고 여기는 믿음이 당연할지 모른다. 그런데 일찍이 서울의 집에서는 가택신의 지위와 믿음은 기반부터 흔들리게 되었다. 집이 허물어진, 집을 잃어버린 가택신은 상상할 수조차 없었다. 마루가 없는 성주신, 부엌이 없는 조왕신은 공중누각과 같지 않은가. 가택신의

---

* 음력 10월을 '상달'이라 했고, 신성한 달로 여겼다.

존재를 특히 위태롭게 한 것은 서울의 재개발 바람이었다. 오래된 집을 철거하고 아파트를 세우는 재개발, 그리고 서울 사람들의 잦은 이사와 이동은 신과 함께 했던 신앙 풍속을 과거 속으로 사라지게 하였다.

영화 〈신과 함께〉의 해원맥과 덕춘 차사差使 역시 성주신의 막강한 힘 앞에서 당해내지 못했다. 두 차사가 생각한 방법은 성주신의 신체를 찾아서 부수는 것이다. 그런데 차사들은 성주신의 신체를 잘 모르는 듯하다. 벽장에서 찾아낸 요강을 성주단지(신주단지)로 오해하다 못해, 요강의 용도도 잘 몰라 오줌까지 마신다. 엄마는 죽고 아빠는 도망가고, 할아버지가 홀로 손자를 키우는 집안 사정을 눈으로 본 차사들은 사람 냄새 진한 성주신과 타협책을 찾기 시작한다. 차사와 성주신이 아이를 외국으로 보내고 허춘삼을 저승으로 데려가는 방안을 모색할 무렵, 난데없이 들이닥친 철거 깡패들이 집안을 난장판으로 만든다. 이때 장독대 항아리 사이에 숨겨놨던 성주단지도 깨지고 말았다. 신체가 부서진 성주신은 더는 인간으로 현신하기 어려워졌다. 가쁜 숨을 몰아쉬던 성주신도 그만 성주단지의 운명처럼 사라지고 말았다.

아무래도 영화의 진행상 긴장감을 높이는 데는 산산이 깨질 수 있는 단지가 제격이다. 그런데 실제로 서울·경기 지역에서 성주신의 신체는 전통적으로 단지보다 한지로 모신다. 성주단지를 모시는 집안도 간혹 있지만 대부분 한지를 둘둘 말아서 대들보에다 고정해 둔다. 한지 안에는 쌀을 넣어두는 경우도, 돈을 넣어두는 사례도 있으며, 북어와 함께 매달아두는 집도 있다. 이 성주신을 상징하는 한지는 새로 집을 지으면서 상

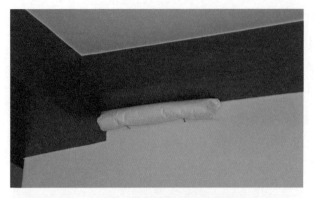

한지로 만든 성주신 신체. 국가유산청 무형유산기록관 제공.

량을 할 때 달아둔다. 성주신은 가택신 중에서 지위가 제일 높다. 성주신을 마루 대들보에 모시는 이유도 모든 가택신을 거느리는 최고의 신이기 때문이다. 산마루나 용마루의 쓰임에서 보이듯이 마루는 높은 곳이자 신성한 공간이다. 여기에 좌정한 성주신은 가족의 길흉화복을 관장한다. 차례나 제사상을 차릴 때 먼저 성주신에게 제물을 올리고 생일 때도 성주상을 먼저 차린다. "성주가 있어야 삼신도 있고, 조상도 있다"라든가 "성주가

없으면 조상도 없다"라는 옛말도 같은 맥락이다.[53]

　　최고 어른 신인 성주신은 곧 집안의 가장을 상징한다. "성주가 곧 대주大主"라는 말도 그래서 생겨났다. 성주신의 운명과 집주인 대주의 운명은 직결된다. 성주는 집을 새로 짓거나 이사를 하거나 대주가 죽었을 때 새로 받아야 한다. 아무 때나 받는 것이 아니라 대주의 나이가 홀수가 되었을 때 성주를 새로 받으며, 이전의 성주는 불을 사른다.[54] 성주신은 집 자체를 의미하기도 한다. 집을 이사하거나 새로 지었을 때는 성주굿(성주풀이)을 한다. 성주풀이는 성주신의 탄생기를 읊은 무가로, 성주신이 고생 끝에 신으로 자리를 잡는 얘기다. 그들이 처음부터 신이었던 것은 아니다. 그들은 사람으로 태어났으나 기울어진 궁을 수리하였고, 솔씨를 심어 집을 짓는 일을 완수한 뒤 비로소 성주신이 될 수 있었다. 그 과정은 순탄하지 않았다. 금기를 어긴 탓에 부인을 악인에게 뺏기거나, 귀양을 가는 등 고초를 겪어야 했다.[55] 사실 집을 지을 때 아무 문제도 없이 순조롭게 건립되는 경우는 거의 없다. 땅을 파보니 드러난 암반을 뚫어야 하고, 물이 솟아올라 흙을 메워야 하거나 인부가 말썽을 부려 공사가 지체되는 일들이 비일비재하다. 그런 가시밭길을 걸어 탄생한 집은 성주신의 탄생기와 다름없다.

　　오직 사람의 손과 연장으로 집을 짓던 시대에 믿고 의지할 대상은 바로 신이다. 속계에서 그 집의 가족을 거느리는 대주와 신계에서 그 집의 신들을 관장하는 성주신의 운명을 일치시킴으로써 성과 속이 통하고, 가정은 만사형통하게 된다고 믿었다. 이처럼 성주신과 집, 그리고 가장은 강하게 연결되어 있으므로 이들은 생사고락生死苦樂을 같이하는 공동체다. 집이 지어지면 집

81

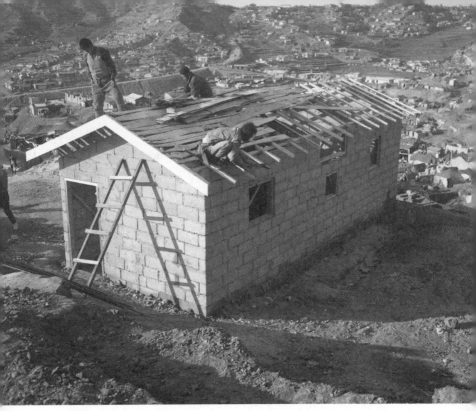

봉천동 난민 수용 주택(1966). 서울역사아카이브 제공.

주인과 아울러 성주신도 태어나고, 집이 허물어지면 집주인과 더불어 성주신도 사라져야 한다. 성주신은 집안의 신들을 관장하지만 집에 예속되어 있으므로 집이 사라지는 시점에 그 생명도 끝나게 된다. 영화 〈신과 함께〉에서 단번에 차사들을 제압하는 성주신이 집을 철거하려는 깡패들에겐 얻어맞는 이유도 비슷하다. 성주신은 집을 살리고, 사람을 살리는 신격이므로 사람을 때리거나 해를 입힐 수 없도록 설정한 것이다.

　서울이 '재개발의 시대'로 진입함으로써 오래 지속되었던 '성주신의 시대'도 막을 내릴 운명에 처했다. 재개발의 시대에는 따뜻하게 살기 위한 집의 원리보다는 집을 짓고 팔아서 남는 가치가 더 중요해졌다. 집은 행복과 생명을 보전해 주는 건축물이 아니라 막대한 이윤을 올릴 수 있는 부동산이 되었다. 오래된 주택은 한순간에 부서지고, 그 위에 아파트가 마치 거대한 성처럼 지어진다. 큰 성이 건립되기 위해서 사람들은 집을 사거나 팔고, 그리고 집에서 떠난다. 돌아갈 고향집은 옛말이 되었고, 집을 매매할 때는 지리적 조건보다는 이득을 따져본다.

그리하여 이제 성주신을 생각하는 사람은 거의 없다. 오래된 한옥과 산동네의 불량주택을 철거할 때마다 성주신도 하나씩 자취를 감추었다. 영화 〈신과 함께〉에서 성주신의 죽음은 이미 예견된 일이었다. 새로 지어진 아파트에 이따금 조상단지를 모시고 가는 주민이 있었으나 그마저도 오래가지 못했다. 전통가옥에서 땅 딛고 살았던 어르신들이 아파트 생활의 고독과 불편을 견디지 못하듯이, 가택신도 낯선 아파트의 새로운 공간을 감내하지 못하고 떠났다.

집안에 가택신이 있다면 마을에는 마을신이 있다. 집안의 가택신이 가족의 평안을 지켜주는 신이라면, 마을신은 마을의 평화를 지켜주는 신이다. 서울의 마을에도 신이 있다니. 최첨단의 현재를 사는 서울 사람들에게 마을신이란 낯선 이름이다. 구름보다 높은 고층 빌딩을 짓고, 치타보다 빨리 움직일 수 있는 서울 사람들에겐 마을신의 위력은 대단해 보이지 않는다. 하지만 지금도 '마을신을 잘 모시면 복을 주지만 잘못하면 해를 입는다'고 믿는 서울 사람도 있다. 마을 제사를 불손하게 치르거나 제물이 깨끗하지 못하면 마을신이 노여워하여 벌을 내린다는 믿음을 지녔었다.

❶ 용산구 서빙고동 부군당
❷ 용산구 한남동 작은한강 부군당

서울의 마을신은 지역에 따라 다양한 이름으로 불린다. 서
울의 마을신을 모신 대표적 마을 제당이 부군당府君堂과 도당都堂
이다. 여기에서 모신 신을 '부군신, 부군할아버지, 도당신, 도당
할아버지, 도당할머니' 등으로 부른다. 그리고 이 신을 모시는
의례를 부군당굿(부군당제), 도당굿(도당제)이라고 한다. 이 중에
서 옛 서울을 대표하는 마을신을 꼽으라면 부군신을 들 수 있
다. 도당을 모시는 마을은 과거 경기도 지역이었으나 이후에 서
울로 편입된 곳이 많다. 부군신을 모신 부군당은 한강, 용산강,
서강 즉 조선 이래 삼강三江*이라고 불렀던 지역에 집중적으로
분포되어 있었다.[56] 이 부군당은 지금까지 한강 주변에 존재하
며, 해마다 부군당굿을 벌이는 마을들도 있다.

　나는 2000년 전후로 서울의 부군당과 부군당굿을 조사하러
다녔다. 성주신의 위력이 다 빠질 즈음이었는데도 부군신의 힘
은 여전히 대단하였다. 서울에서만 거의 20여 개의 부군당이
존재하였고, 대부분 굿이나 제사를 지내고 있었다. 부군당굿은
음력 정월과 10월 초하룻날에 큰 굿을 하는 마을이 많았고, 간
혹 3월과 4월 초에 하는 곳도 있었다. 나는 당굿 일정표를 짜서
용산구 이태원 부군당, 보광동 부군당, 용문동 남이장군 사당
제, 영등포구 당산동 부군당 등을 현장 조사하였다. 부군당굿을
본격적으로 하기 전 마을을 한 바퀴 도는 돌돌이를 할 때 고층
아파트가 눈앞을 가렸다. 뒤돌아보면 고층 아파트 사이에 낀 부

---

*　조선 시대에는 서울의 한강 구간을 나누어 여러 이름으로 썼다. 남산에서 노
량진까지를 한강, 노량진에서 마포까지를 용산강, 마포에서 양화진까지를 서
강이라고 하였다.

현 도곡동 느티나무

군당이 아슬아슬해 보이지만, 한편으로 세계적 대도시 서울에
서 이런 부군당굿이 지속되고 있다니 놀랄 수밖에 없었다.

　　물론, 부군신의 위력도 점차 쇠퇴하고 있었음이 사실이다.
부군신의 힘은 곧 서울 토박이의 힘과 같았다. 토박이들이 사라
진 부군당은 풍전등화이다. 2000년대 초반만 하더라도 한강 주
변이 아파트 숲으로 완전히 변하지 않은 데다 대대로 살아온 토

박이들이 꽤 있었다. 이들은 부군당굿의 전승에도 강한 의지를 보였다. 밤섬 부군당굿은 밤섬 토박이의 의지로 지속한 사례이다. 1968년 한강의 밤섬의 폭파될 때 밤섬 사람들은 먼저 부군당부터 철수시켰고, 부군님을 모신 채 얼어붙은 한강을 건너 마포구 창전동으로 넘어왔다. 고향을 잃고 실향민이 된 그들은 밤섬향우회를 조직하여 부군당굿을 꾸준히 이어왔다.[57] 하지만 고향을 생각했던 토박이들도 세상을 떠나고 부군당의 의례도 명맥이 약해지고 있다. 얼마 전 20여 년 만에 창전동 밤섬 부군당과 재개발을 앞둔 한남동 부군당에 가봤더니 신과 함께 했던 옛 정취는 사라지고 썰렁하기 이를 데 없었다.

강남의 도당신은 한강의 부군신보다 일찍 서울을 떠났다. 강남의 도당굿은 과거에는 굿 음악도 뛰어났고, 줄타기도 하는 등 마을 주민들에겐 축제와 같았다.* 이 도당굿을 맡아 하던 김의신 씨와 그 가족들은 예술적 기량이 뛰어난 세습 무당으로 유명했던 이들이다. 일제강점기 때 위기를 맞았던 도당굿은 해방 후 부활하였으나 강남 개발 당시 불도저의 힘을 이기지는 못했다. 대표적으로 청담동 청수골** 도당제는 1971년을 마지막으로 끝이 났다.[58] 도곡동 역말*** 도당제는 원래 2년에 한 번씩 3일 동안 진행하는 큰 굿이었다.[59] 당집이 사라지는 위기가 있었

---

*   서울·경기 지역에서는 도당신을 산신으로 여긴다. 특히 북한산과 인왕산 일대에서 전승되는 도당굿과 산제는 주로 산신을 위했던 제사이다. 강북구 우이동에서 전승되는 삼각산 도당제처럼 무형문화유산으로 지정되거나 보존회가 잘 꾸려진 곳은 도당신을 모시는 사람들이 여전히 많다.
**   현재의 강남구 압구정동에 있던 마을.
*** 현재의 강남구 역삼동과 도곡동에 있던 마을.

으나 지금은 군웅신으로 모신 느티나무에서 역말향우회가 중심이 되어 도당굿을 지내고 있다. 하지만 강남의 젊은 세대가 이 도당굿을 계속 이어받아 지낼지는 장담할 수가 없다.

신은 사람이 모시는 공간이 있어야 존재한다. 집이 철거되고 마을이 사라지는 서울 개발의 광풍으로 사람도 사라지고 신도 사라졌다. 주택의 철거로 인해 성주신이 집을 나갔고, 마을의 재개발로 인해 마을신도 동네를 떠났다. 집 나간 며느리는 돌아올 수 있어도 의례 공간을 떠난 신은 돌아올 수가 없다. 신은 자신을 모시고 대접하는 사람이 없는 곳에는 감응하지도, 좌정하지도 않는다. 신과 함께 했던 서울이 기억 속에서 아득해지고 있는 오늘, 영화에서라도 등장하니 반가울 따름이다.

2장

아파트 숲이 된 서울

1 손 없는 날 이사하기

이사하기

– 서울 대이동 시대의 길고 힘든 이사 길

요즘은 돈만 주면 편히 이사하기 쉬운 호시절이다. 포장이사 업체에서 미리 방문하여 짐을 살펴보고 견적을 내준다. 이사 날 아침에는 큰 탑차가 와서 짐을 다 포장한 다음 이사 가는 집까지 안전하게 옮겨준다. 이사가 끝난 뒤에 자질구레한 짐 정리가 남아 있긴 해도 그렇게 힘든 일은 아니다. 1990년대만 하더라도 이삿짐을 스스로 싸는 사람들이 많았다. 거의 일주일 전부터 집안에 신문지나 박스를 잔뜩 준비해 놓고 일일이 노끈으로 물건을 싸서 작업을 해뒀다. 큰 가구들이야 이삿짐센터에서 옮긴다 해도 대개 짐을 나르기 위해 가족들의 힘이 동원되어야 했다. 한번 이사를 하고 나면 파김치가 되기 일쑤였다. 가까운 거리로 이사할 때는 트럭만 부르고 친척, 지인들까지 동원하여 직접 모든 짐을 옮기는 사람들도 있었다. 이런 이사는 끝나고 나면 몸살이 나서 일주일 정도 앓아야 하는 중노동이었다. 짐이 별로 없는 가난한 집에서 같은 동네로 이사를 하는 경우에는 리어카에 짐을 싣고 앞에서 끌고 뒤에서 밀며 다녔다. 고갯길이라도 넘을라치면 아슬아슬한 장면이 연출되기도 하는데, 가까스로 이사를 마치고 나서 짐을 풀어보면 깨진 물건들이 여기저기서 발견되었다.

이사移徙는 살던 집을 다른 곳으로 옮기는 일이다. 집을 옮기는 것과 더불어 집안 살림까지 이동해야 하므로 해야 할 일이 만만치가 않다. 1960년대 서울에서 이사는 그렇게 자주 볼 수 있는 장면이 아니었다. 지방에서 서울로 올라오는 이주민이 많았으나 혈혈단신이거나 식기와 옷가지 조금 챙겨서 상경하는 정도였다. 한국전쟁 이전으로 거슬러 올라간다면 서울 사람의 이사는 일평생 한두 번 정도 있을까 말까 하는 일이었을 게다.

그때 그 시절에는 이사보다 더 중요한 일은 집터를 고르는 것
이었다. 흔히 말하는 '양택풍수陽宅風水'이다. 지관을 불러 주변의
산세와 물길 등 지리적 상황이나 자손에게도 미칠 길흉을 꼼꼼
히 살펴보았다. 하지만 대규모 아파트 숲이 생겨나는 산업화 시
절에는 이런 양택풍수가 별로 의미가 없어졌다. 이미 건립된 아
파트에 들어가는 일이었으므로 교육 환경이나 편의시설 등 주
변 인프라를 따져야 했고, 어느 단지인지 또는 몇 동 몇 층 몇
호 인지가 더 중요해졌다.

그런데 우습게도, 세계적 대도시가 된 서울에서 이사 날을
잡을 때 변하지 않는 게 있었다. 혹자는 미신이라 일컫는 '손 없
는 날' 이사하기 풍속이다. 아파트의 삶이 대세가 된 시기에도
여전히 사람들은 이사 날을 잡을 때 손 없는 날이냐를 따진다.
실은 '손 없는 날'에서 '손'이 무엇인지는 제대로 아는 사람은
적다. 하지만 손을 모른다고 해도 나쁜 일은 가능한 피하고 싶
은 마음은 예나 지금이나 인지상정이었다. 그리하여 지금까지
도 많은 사람들이 이사 업체와 논의하여 손 없는 날을 골라 이
사를 하고자 한다.

서울에서 이사가 급격히 늘어난 때는 1970년대였다. 1977
년의 경우 750만여 명의 서울시민 가운데 271만여 명, 즉 36%
가 이동을 하였고, 이삿짐 트럭 54만 대가 동원되었으며, 복덕
방에 주는 복비만 해도 540억에 달하였다. 대략 봐도, 서울시
민 세 명 중 한 명이 일 년에 한 번은 이사했다는 증거이다. 거
의 '서울 대이동'이라 할 만한 수준이었다. 서울 사람의 잦은 이
사는 단순히 인적 · 물적 이동에 끝나는 것이 아니라 여러 사회
적 여파가 있었다. 일례로 서울시 전화 중 3분의 1가량의 번호

가 바뀌었고, 주인을 찾지 못한 70만여 통의 우편물이 폐기 처분되었으며, 월부 외상으로 장사하는 상인들이 돈을 제대로 받지 못해 망하는 일도 있었다고 한다. 그나마 아이들의 교육 환경 때문에 전학은 자제하려고 하였으나, 아파트 단지 인근에서는 학생 절반 이상이 전학하는 학교가 생겨났다. 같은 학교를 오래 다니면서 형성된, 끈끈한 동창생의 관념은 서울에서 옛말이 되었다.[60]

전근대 시절에는 손 없는 날 이사하기가 그리 어려운 일이 아니었다. 하지만 한 해 수백만 명이 이사하는 '서울 대이동의 시대'에 손 없는 날 이사하기란 곧 치열한 이사 경쟁을 의미하였다. 손 없는 날을 따지지 않고 일요일에 이사하는 사람들도 점차 늘어나고 있었다. 그래도 이삿짐센터의 말을 빌리면 1970년에는 손 없는 날에 이사한 사람들이 3~4배 더 많았고[61], 1996년에도 10가구 중 4가구가 손 없는 날 이사를 하였다.[62] 이처럼 손 없는 날에 이사하는 풍속은 대세였다. 손이란 도대체 무엇이며, 손 없는 날이란 어떤 날이기에 서울 사람들의 이사 풍속을 좌지우지하였던 것일까?

우리 문화에서 손처럼 다중적 의미로 사용되는 말도 없다. 때로는 중의적이기도 때로는 모순적으로 사용되는 손은 카멜레온과 같은 용어다. 먼저 손은 사람을 뜻하기도 한다. 예컨대 인력이 모자랄 때 "일손이 모자란다"고 하며, "손아랫사람"이라 하면 사람 간 서열을 나타낸다. 종일 가장 많이 쓰는 내 신체의 일부인 손은 때로는 멀리서 오는 사람이 되기도 한다. 오랜만에 멀리서 우리 집을 찾아오거나 가게의 상품을 사러 오는 손님이 되기도 한다. 그래도 이런 손님은 반갑고 도움이 되는 사람이다. "손탔다"와 "손버릇"의 손은 도둑이 될 수도 있었으니 반갑지 않은 불청객도 손이다. 폭력배들이 "손봐줘라" 한다면 폭력을 가하라는 말이므로 얼른 도망가는 게 상책이다.[63]

먼 곳에서 찾아오는 손님은 역병이기도 하였다. 손님굿에서 손님은 아이들을 괴롭혔던 천연두(마마)를 가리켰다. 손님굿은 천연두가 창궐할 때 하는 굿으로 손님을 잘 대접하여 보내고자 하는 굿이다. 손 없는 날의 손도 사람에게 해를 끼치는 귀신을 말한다. 손은 날에 따라 동서남북을 돌아다니며 사람의 일을 방해하는 귀신이다. 즉 1~2일에는 동쪽에, 3~4일에는 남쪽에, 5~6일에는 서쪽에, 7~8일에는 북쪽에 있다가 9~10일에는 하늘로 올라간다.[64] 1~8일까지는 어느 방위에나 손이 있으므로 손 있는 날, 9~10일에는 하늘로 올라가기 때문에 손 없는 날이 되는 것이다. 손 없는 날 중에서도 윤달이면 더할 나위가 없다.* 4년마다 돌아오는 윤달은 '공달, 남은 달, 썩은 달'로도 부른다. 윤달은 가외로 더 있는 달이기 때문에 어떤 일을 하더라도 문제가 없다고 믿는다. "윤달에는 송장을 거꾸로 세워놓아도 아무 탈이 없다"는 속담도 있지 않은가.

우리나라 사람들은 손 있는 날에 무슨 일을 하는 것을 불길하다고 여겼다. 일례로 손이 머무르는 방위에 집을 수리하거나 못을 박으면 눈병이 나거나, 그 방향으로 길을 떠나거나 이사를 하면 해를 입는다고 믿었다. 그래서 집안 어른이나 이웃 사람,

---

* 1993년 윤달 그믐(양력 5월 20일, 음력 3월 29일)에는 이사하고자 하는 사람이 평소보다 배가 늘었다고 한다. (《동아일보》 1993년 5월 20일 '오늘은 이사하는 날')

94

점쟁이들에게 물어서 길일吉日을 택하거나 손 없는 날을 맞아 이사하려고 했다. 가급적 액厄이 있는 날은 피하거나 복덕이 있는 날을 택해서 큰일을 치르려는 마음은 누구나 매한가지였다.

이사를 할 때도 옛 관습을 지켜 액을 피하고 복을 부르고자 하였다. 지금도 이삿짐이 들어가기 전에 미리 소금이나 곡물을 방안 곳곳에 쫙 뿌리는 어르신들을 쉬이 볼 수 있다. 요새 젊은 이들도 이 정도는 이해할 수 있다. 그런데 솥 안에 요강을 넣어서 이사 가거나, 예전 집에서 사용하던 불씨를 그대로 가지고 가는 풍속은 이해가 잘 안 될 것이다.

솥은 주식인 밥을 짓는 식생활 용기인 데 반해, 요강은 노폐물인 오줌을 담아 버리는 배설 용기이다. 요컨대 솥과 요강은 함께 두기 모순적인 생활 도구이다. 이렇게 양립할 수 없는 솥에 요강을 담아서 가는 것은 일종의 주술 행위이다. 잘 먹고 잘 싸는 것은 사람의 생리이면서 순탄한 삶을 상징한다. 모순적 도구가 같이 어우러지듯이 이사 가는 집에서의 모든 생활이 탈 없이 순조롭게 진행되기를 바라는 풍속이다.

다음, 아궁이의 불씨는 집안의 운명을 상징하였다. 불씨는 곧 부엌의 조왕신이요 화신火神이었다. 불씨를 꺼뜨리면 집안이 망한다는 속담, 불씨를 목숨처럼 소중히 지키는 며느리 전설도 이와 같은 맥락이다. 불씨를 집안의 명운命運으로 여기는 관념 때문에 조상들은 예전 집의 불씨를 꺼뜨리지 않고 화로火爐에 담아 새집으로 들어갔다. 이 불로 팥죽을 쑤어 안방의 네 구석에 담아 두고 가신家神에게 고하는 풍속이 전해지기도 하였다.

서울에서 이사가 급증한 1970년대는 옛것과 새것이 공존하는 시대였다. 주말에 쉬는 샐러리맨들도 휴일보다는 손 없는 날에 맞추어 결근하며 이사를 했다. 어떤 집에서는 이사를 나가며 문 창호지나 장판지까지도 찢고 가는 경우가 있었다. 이런 사람은 꼭 자린고비여서는 아니다. 우리나라에서는 살던 집을 떠날 때 복을 가져간다고 하여 문이나 방바닥의 재료를 찢어가는 풍속이 있었다. 이런 풍속이 여전하여 못이나 전등까지도 다 떼어가는 사람들 때문에 이사 오는 사람이 찢어진 곳을 때우고 보수하느라 골머리를 앓기도 하였다.[65] 아궁이가 사라진 주택에서 과거의 불씨는 연탄불로 대체되었다. 전기밥솥, 세탁기, 냉장고 등 현대의 이기를 모두 갖춘 부잣집에서도 연탄불을 꺼뜨리지 않고 가져가는 장면을 보는 것은 어렵지 않았다. 하지만 핵가족이나 신혼부부가 이사할 때는 팥죽을 쑤어서 집안 곳곳에 뿌리는 풍속은 거추장스러워 거르는 경우가 많아졌다.[66]

그런데 1970년대 서울에서 이사가 급증한 배경은 무엇일까? 먼저 서민층의 셋방살이가 많아진 탓이다.* 월세든 전세든 일정 기간이 지나면 집을 옮겨야 했으니 셋방살이하는 사람은 이사가 잦을 수밖에 없다. 서울은 인구가 급증한 반면 주택 보급이 원활하지 않았기에, 1973년의 경우 서울시민 중 46%가량이 무주택자였다. 서울의 셋집 상황을 보면 전세가 많아지는 것과 함께 전세를 쪼개는 현상도 늘어났다. 집값 상승으로 인해 집 구하기가 어려워지자 집값의 30~40% 선에서 전세를 구

---

* 물론 서민층에서도 아껴 쓰고 저축해서 자기 집을 장만하여 이사하는 경우도 있었다. 1974년 서울 시내의 2,000호를 대상으로 한 주택은행의 조사에 따르면 3년간의 이사횟수에서는 호당 1회 정도 이사를 했으며, 이사 동기로는 자기 집 장만이 32%, 집이 좁아서가 17.2%, 직장 관계 상이 10.9% 등으로 나타났다. (〈매일경제신문〉 1974년 6월 5일 '이사 잦은 서울 사람들')

하는 사람들이 많았다. 하지만 독채 전세도 값이 만만치 않으니 두 가구가 함께 쓰는 "1주택 2전세"의 경향도 증가하였다.[67] 서울에 대규모 아파트 단지가 조성된 것도 배경 중 하나다. 당시 서울 사람의 이동 추이를 살펴보더라도 강북에서 강남으로, 도심의 주택지에서 한강 이남 개발지로, 즉 아파트 숲 지역으로 이동하는 경향이 뚜렷하였다.[68]

한편, 집이 상품으로 취급받는 '아파트 세상'에서는 낡기 전에 파는 회전율이 중요하였다. 당시에도 부동산 업계에서는 "아파트를 3시간 만에 팔아버리면 '꾼', 3일 만에 팔아버리면 '업자', 3개월 만에 팔면 '실수요자', 3년 만에 팔면 '바보'"라는 말까지 나돌았다.[69] 아파트 주인이 자주 바뀌는 것만큼 이사 횟수가 증가하는 것은 필연적이다. 대대로 한집에서 살아온 시골 사람들이 가문의 오랜 삶이 담긴 주택을 팔고 이사가는 일은 특별한 경우이다. 하지만 상품으로서 아파트는 내외관이 낡기 전, 금전 가치가 최고치를 찍었을 때 바로 팔고 이사를 나가야 했다. 그리하여 아파트촌에서는 휴일마다 이삿짐센터의 트럭이 행렬을 이루고 가구들이 아파트 창문으로 들락거리는 것이 일상이 되었다. 물론 이런 이사 행렬 가운데는 세입자들도 상당수 끼어 있었다.

서울의 대이동 행렬과 더불어 이삿짐 운송을 전문으로 하는 업체도 성업하였다. 1964년 D통운 내에서 이삿짐센터가 생긴 것을 이사 업체의 첫출발이라 보고 있다. 여기에서 일하던 직원들이 회사를 나와 여러 이삿짐센터를 차리면서 본격적으로 이삿짐 운송업이 기지개를 켰다. 1969년에는 5개밖에 안 되던 이삿짐센터가 1970년도에 20여 군데로 늘었으며, 2424라는 전화

중앙청에서 정부종합청사로 떠나는 이삿짐 운송 차량(1983). 국가기록원 제공.

번호를 돌리면 거의 이삿짐센터라고 답하였다. 초창기 이사는
손수레 등으로 하다가 낡은 일제 닛산 트럭을 이용하게 되었다
고 한다. 점차 운송수단도 나아져 국산 삼륜차를 이용하게 되었
으나 이 차를 이용하기 위해서는 적지 않은 비용이 들었다. 무
거운 피아노나 냉장고, 가구 등에는 웃돈이 붙었고, 차가 들어
가지 못하는 골목길, 2층 이상의 아파트에서의 이사는 수고비
가 증가하였다. 이삿짐센터의 대목은 역시 손 없는 날이었다.

이삿짐센터 웃돈뜯기 횡포(《경향신문》 1989년 10월 9일).

업체 사무실의 달력에는 음력 9일, 0일 즉 손 없는 날에 동그라미를 표시해 두었다. 이사 건수가 밀려드는 손 없는 날에 업체들은 한몫을 잡기 위하여 철저히 준비하기 마련이었다.[70]

이런 업체의 등장은 이사 풍속에 큰 변화를 가져왔다. 기존의 이사는 자신과 가족의 손으로 하는 일이었는데, 이제는 외부의 손을 빌리게 되었다. 외부의 손을 빌린다면 결국 여러 손을 불러일으키는 것과 다름없었다. 그 손은 과거의 귀신과 같은 재

앙은 아니지만 인간적 다툼과 피해, 시비와 분쟁이라는 점에서
부정적이기는 마찬가지였다. 1970년대 후반부터 서울 사람의
이사 길은 "힘든 길"이었다. 서울 사람의 이사도 꾸준히 늘어
서울 시내 이사 업체도 100여 개로 증가하였다. 이제 삼륜차는
옛말이고 용달차 혹은 타이탄 트럭이 주요 운송수단이었다. 하
지만 이사 비용은 해마다 늘어서 부담이 커졌고, 길일에 이사하
기 위해서는 미리 앞서 계약을 해야 하는 등 이사 경쟁도 치열
해졌다.[71] 1980년대 서울 사람들은 이사 날은 "짜증 나는 날"
이요, 이사 길은 "짜증 길"로 생각하였다. 1989년의 조사에 따
르면 이사하는 사람들의 60%가량이 이삿짐센터와 분쟁을 벌
이거나 추가 요금 강요, 물품 파손 등으로 피해를 본 것으로 나
타났다.[72]

　이사 길이 짜증 길이 된 시대의 손은 초월적 재앙이 아닌 인
간적 다툼이 되어버렸다. 봄가을 이사 철, 손 없는 날 또는 주말
에 이사를 나가려는 풍속은 지속되었다. 그러다 보니 이삿짐센
터는 대목을 맞아 많은 이사를 한꺼번에 하려고 했고, 이리저리
부당한 웃돈을 요구했으니 고객과 파열음이 나는 게 당연하였
다. 이사 시간을 안 맞추거나 시작 전부터 팁을 요구하거나, 아
끼던 집기 등이 깨지거나, 골목길에서 수고비를 추가로 달라고
하는 등은 당시의 이사에 나타나는 비일비재한 손이었다.[73] 그
렇지 않아도 새집으로 이사하는 어수선하고 착잡한 기분은 이
삿짐센터의 불쾌한 대응으로 인해 더 엉망이 되었다. 물론 이런
부작용이 발생한 탓을 전적으로 이삿짐센터로 돌릴 것은 아니
었다. 운임산정이 어렵다는 이유로 정부 당국에서 적극적으로
항목별 비용 기준을 정하지 않았기 때문에 업체별로 들쑥날쑥

한 이삿짐 운임이 책정되었다. 이런 상황에서 이삿짐센터는 좁은 길이나 무거운 짐, 고층 등 힘든 이사의 요소에는 추가 비용을 받고자 했다.[74]

새로운 손이 등장하는 서울 대이동의 시대에 진정 사라진 풍속은 이사 후 이웃과의 교감이었다. 예전에는 새로 이사를 들어가면 붉은 팥을 고물로 한 시루떡을 해서 이웃에게 돌리며 인사를 하였다. 우리 문화에서 붉은 팥은 귀신을 쫓는 축귀逐鬼의 뜻이 담겨 있고, 떡은 특별한 의례나 풍년이 들었을 때 먹을 수 있는 음식이었다. 그러기에 떡 돌리는 일에는 풍요와 행복을 기원하는 마음이 깃들어 있었다. 시루떡을 이웃과 나누는 풍속은 미리부터 손을 예방하고 상호 친목을 도모하자는 공동체 풍속의 하나였다. 나의 학창 시절만 하더라도 아파트에서도 새로 이사를 오면 옆집뿐만 아니라 위아래 집까지 시루떡을 돌리는 사람들이 적지 않았다. 그러나 현재는 시루떡 돌리기는커녕 옆집 사람의 얼굴도 모르고 지낸다. 아파트에서의 층간 갈등, 이웃과의 불화는 이런 공동체 정신이 사라지고 그 고독한 틈새를 새로운 손이 채웠기 때문인지도 모른다.

2 아파트살이와 생활 혁명

– 공간의 변화가 새로운 문화로

조정래의 장편소설 《비탈진 음지》에서는 농촌을 떠나 서울에 온 복천 영감이 아파트를 보고 깜짝 놀라는 장면이 나온다.[75] 초가집이나 기와집 등 단층 주택만을 봤던 영감에게 6층 아파트가 집이라는 사실은 놀라웠다. 게다가 사람들이 층층이 포개져 살림을 살고 있었다. 사람 머리 위에서 불을 때서 밥을 먹고 똥을 싸고, 그 사람 머리 위에서 또 다른 사람이 자식을 낳고 키웠다. 사람 위에 사람이 포개지고, 살림 위에 살림하는 적층積層 주택은 시골 영감에겐 정말 놀라운 건물이었다.

내가 아파트를 처음 가까운 거리에서 보게 된 것은 우리 집이 강북에서 강남으로 이사를 오게 되면서였다. 그 이름은 개나리아파트. 영문의 첫머리를 따서 화려하게 치장된 지금의 아파트 이름보다 얼마나 친근하고 예쁜 이름인가. 그러나 단독주택에 살았거니와 키 작은 초등학생이던 내겐 10층 정도 높이의 개나리아파트가 압도적인 덩치로 보였다. 눈으로만 본 아파트에서 직접 살게 된 것은 2년 뒤 금천구 시흥동으로 이사를 하면서였다. 신생기업으로 주택사업에 뛰어들어 인기를 몰았던 H회사가 건립한 아파트였다. 나는 늘 사방팔방으로 뛰어다니는 버릇이 있었던 터라 아파트에서의 답답한 생활이 그다지 마음에 들지 않았다. 그래도 H아파트에는 제법 넓은 놀이터가 있었으므로 공차며 놀다가 날이 어둑해질 무렵에야 집에 들어가곤 했다.

1970년대 아파트에 살아본 서울 사람은 많지 않다. 1972년 서울의 100만 가구 가운데 4%만이 아파트 생활을 하고 있었다. 하지만 1980년대를 통과하면서 아파트는 점차 서울시민의 주거 형태에서 중요한 위치를 차지하게 된다. 1982년 즈음에는 서울 사람 네 명 중 한 명이 아파트와 연립 등 공동주택에 살고 있었다.[76] 이제, 서울 사람들은 누구나 아파트에 살거나 아파트에 잠시라도 들어가 본 경험이 있다. 윤수일의 히트곡 〈아파트〉가 불린 때도 이 시절이다. 이 노래는 1990년대까지도 야구장에서든 축구장에서든, 대표적인 응원가로 불렸다. 목청을 높여 이 노래를 부르면서도 쓸쓸한 가사 때문에 왠지 응원가로는 생뚱맞다는 생각을 했다. "오늘도 바보처럼 미련 때문에 다시 또 찾아왔지만 아무도 없는 아무도 없는 쓸쓸한 너의 아파트"라는 가사 말이다. 이 노래의 화자는 떠나간 애인을 찾아서 아파트에 들어와 쓸쓸함을 느꼈다지만 아파트에 살면서 외로움을 느끼는 주민도 많았다. 수천 명이 사는 공동주택에서 느끼는 고독한 감정은 과연 어디에서 나오는 것일까.

서울 사람들은 오랫동안 단독주택에 살았으며, 마을의 집들은 수평적으로 연계되었다. 이에 반해 아파트의 가구는 층층이 수직으로 거주한다. 이로써 이웃과의 물리적 거리가 밀착되고 주택 구조상으로는 공동체에 가깝게 변화되었지만 실제로 이웃과 삶의 간격은 전보다 멀어졌다. 아파트에 입주한 사람들은 농경사회의 토대였던 대가족보다 단출한 핵가족의 생활을 선호하였다. 서구식 생활을 적극적으로 받아들였으며, 삶의 프라이버시를 중요시하였다.

서울에서 아파트의 대유행은 주택 구조의 변화를 넘어서 서울살이의 변혁을 가져온 계기였다. '아파트 공화국, 아파트 천국, 신거석 문명, 콘크리트 닭장, 벌집, 성냥갑 주택' 등 서울의 아파트를 이르는 수식어가 숱하게 양산되기도 하였다. 1990년대를 거치면서 아파트는 곧 서울집이라 해도 무방하게 되었다.

서울 사람의 반 이상이 사는 아파트, 아파트는 뭐라 해도 서울 집으로 정착한 것이다. 실제로 거주하든 아니든, 근대화 이후로 서울 사람의 인생에서 아파트는 가장 중요한 삶의 키워드가 되었음은 분명한 사실이다.

서울에 아파트가 건립된 때는 오래전으로 거슬러 올라간다. 일제강점기 서울에는 미쿠니아파트, 유림아파트 등 여러 채의 아파트가 있었다. 나는 가끔 신촌 쪽으로 가는 길에 낡은 충정 아파트를 봤다. 그때는 충정로를 확장하면서 일부가 헐린 상태였는데 아파트보다 상가 건물과 비슷했던 인상으로 기억한다. 이 오래된 충정아파트는 2020년 넷플릭스 드라마 〈스위트홈〉의 무대가 되기도 하였다. 그런데 일제강점기의 아파트는 오늘날 일반 주거용 아파트와는 좀 다른 의미였다. 기숙사, 호텔을 비롯한 주거시설을 아파트라고 하였으며 심지어 서대문형무소를 "죄수 아파트"라고 부르기도 하였다.[77]

1958년 중앙산업이 서울 성북구 종암동에 17~20평형의 아파트(152가구)를 처음으로 완공하면서 가족 단위 공동 주거시설에 대한 개념이 싹텄다. 그러다 1962년 대한주택공사가 마포구 도화동에 최초의 단지식 아파트 마포아파트를 건설하였다. 마포아파트의 건립은 우리나라 아파트의 역사가 본격적으로 시작되는 신호탄이자 서구식 생활 문화가 출발하는 기점이었다. 이 마포아파트를 건립하기 전 우여곡절이 많았다. 공공기관에서 고급 아파트를 짓는다면서 "전기사정이 나쁜데 엘리베이터가 무엇이냐, 기름 한 방울 안 나면서 중앙난방이 무엇이냐, 마실 물도 부족한데 수세식 변소가 웬 말이냐" 등 반대 여론이 많았다. 결국에는 10층 높이가 6층으로, 중앙난방 시설이 가구별

금화아파트 건설 전 천연동 판자촌 전경(1968). 서울역사아카이브 제공.

연탄 난방으로 설계가 변경되어야 했다. 마포아파트가 싹을 틔운 이후로 종로구 숭인동의 동대문아파트, 서대문구 홍제동의 홍제아파트 등 소규모 아파트들이 연이어 건립되었다.[78]

아파트에 대한 권력가의 관심은 높았다. 이승만 대통령은 수세식 화장실이 처음으로 설치된 종암아파트에 와서 테이프를 끊었으며,[79] 마포아파트 준공식에는 당시 박정희 국가재건최고

금화아파트 공사현장(1968). 서울역사아카이브 제공.

회의 의장이 참석하기도 하였다. 그는 이 자리에서 "우리나라 의식주 생활은 비경제적이고 비합리적인 면이 많았음"을 지적하면서 "현대적 시설을 갖춘 마포아파트의 준공은 생활 혁명을 가져오는 한 계기"가 될 것이라고 연설하였다.[80] 그의 눈에 아파트는 조국 근대화의 상징이자 생활 혁명의 시금석으로 보였을 것이다. 서울 인구는 폭증하고 주택 건립을 위한 면적은 부

금화아파트 전경(1969). 서울역사아카이브 제공.

족하기만 하니 고층 아파트를 짓는 계획은 당연하다고 여겨졌
다. 아파트는 좁은 국토 면적을 효과적으로 활용하면서 주거공
간을 최대한 확보한다는 주택 계획에 적절히 부합하는 시설이
었다. 게다가 당시는 국토 개발에 대한 각종 청사진이 쏟아지는
토건의 시대였으므로 아파트 건립은 서울 개발과 부흥의 상징
이 되었다.

　해방 시절 90만 명에 불과했던 서울 인구는 1968년에 이르
면 400만까지 치솟았다. 서울로 무작정 상경한 이주민들은 살
림집을 구하지 못하고 청계천, 정릉천, 낙산, 응봉산 등에 판잣

집을 짓고 살았다. 판자촌으로 인해 도시경관이 엉망이 되었다고 생각한 서울시의 대안은 '시민아파트(시영아파트)'의 건립이었다. 1968년 12월, "불도저 시장"으로 불렸던 김현옥 시장은 13만 6,000여 동의 판잣집을 철거하고 그 지역에 2,000여 동의 시민아파트를 짓고, 철거민 10만 가구를 우선 입주시키겠다는 계획을 발표하였다.[81] 이후 불도저 시장답게 마구 밀어붙인 결과, 서울 도심을 둘러싼 산 중턱에는 우뚝우뚝 시민아파트들이 솟아오르기 시작했다.

그런데 철거민들의 입주를 위한 아파트라서 그런지 가구당 배당면적은 11평, 실제 입주면적은 8평에 불과했다. 게다가 지금과 달리 서울시에서는 골조 공사만을 해주고 내부 인테리어는 입주자가 별도로 진행하여야 했다. 내부 시설 비용은 당시 13만 원이라는 큰 비용이었다. 과연 이를 철거민이 분담할 수 있을까 하는 의문이 제기되었다. 그런데 1969년 4월 첫선을 보였던 금화지구아파트의 입주민 30%가 철거민이 아닌 것으로 파악되었다.[82] 그 후 점차 철거민들이 시민아파트를 떠나가고 반 이상은 외지인으로 채워졌다. '프리미엄'이 붙은 입주권이 외지인에게 팔렸고, 시에서는 이들을 가려내어 철거령을 내리기도 하는 등 시민아파트는 첫발 떼기부터 불안하였다.

불도저는 무작정 밀어붙이는 추진력만 강했다. 촉박한 기한의 시민아파트 건립 사업은 시작부터 "날림공사, 졸속추진"이라는 잡음이 일었다. 즐거운 나의 집을 꿈꾸고 입주한 철거민에게 시민아파트는 시련을 안겨주었다. 시멘트벽에 금이 갔고, 연탄가스 중독 사고가 잇따랐다. 어린이가 옥상에서 놀다가 떨어져 사망하는 낙상 사고도 발생했다. 각종 비판과 사고에도 불구

❶ 와우아파트 공사현장(1969). 서울역사아카이브 제공.
❷ 와우아파트 붕괴 사고 희생자 합동위령제(1970). 서울역사아카이브 제공.

하고 시동이 걸린 아파트 개발은 멈추지 않았다. 금화지구아파트 건립 이후로 2년간 시민아파트 431개 동(1만 5,636가구)이 지어졌다. 하지만 토대가 굳건하지 못한 날림 공사는 언제건 화를 부르는 법이다. 화를 당한 이가 애꿎은 입주민이라서 안타까울 뿐이다. 잘 알려진 대로 1970년 4월 8일에 발생한 와우아파트 붕괴 참사는 30여 명의 생명을 앗아갔다. 폭삭 내려앉은 와우아파트는 부실하고 무능한 토건 행정을 상징적으로 보여줬다. 와우아파트는 서강아파트로 간판을 바꿨고,* 시민아파트 추진 계획이 백지화되는 등 잠시 변화의 동력이 떨어지는 듯하였다. 하지만 이미 시작된 아파트 붐은 그 기세가 꺾이지 않았다.

시민아파트는 중산층 아파트가 정착하기 전에 탄생한 과도기의 주택이었다. 철거민들을 위한 아파트라 하지만 7~9평의 공간은 지나치게 좁았고, 당시 많은 가족이 살기에는 너무 불편하였다. 시민아파트는 작은 방 두 개가 좁은 거실을 두고 붙어 있는 구조였다. 세탁을 할 수 있는 다용도실이 있을 리 만무하였으며, 입주자들은 공중변소를 사용해야 했다. 시민아파트의 입주자들은 하루빨리 돈을 모아 이 하찮은 둥지를 떠날 궁리를 하였다. 와우아파트의 붕괴 사고 이후로 멈칫했던 아파트 사업은 중산층을 대상으로 새로운 길을 모색했다. 1971년 대한주택공사는 이촌동에 완전한 입식 구조를 도입한 한강맨션아파트를 건립하였고, 서울시는 12층의 여의도시범아파트를 지어서 고층 아파트 시대를 열었다. 중산층 아파트 시대의 서막이었다. 1970년대는 강남 개발이 본격화되었고, 민간 건설업체가 아파

---

* 아파트를 철거한 자리는 현재 홍익대학교 뒤쪽의 와우근린공원이 되었다.

개발이 완료된 동부이촌동 한강맨션아파트 단지(1973). 서울역사아카이브 제공.

트 건립에 뛰어들면서 서울이 그야말로 "아파트 공화국"으로 변하는 시기였다.[83]

출범 당시 한강맨션아파트는 고급 아파트였다. 일본에서 주로 사용하던 '맨션マンション'이란 용어는 고급 공동주택을 상징하였다. 10평도 안 되던 시민아파트에 비하여 맨션아파트의 평형

은 27평형, 32평형도 있지만 51평, 55평짜리가 대부분이었다. 이 고급 맨션의 건립비로 시민아파트 225개 동을 지을 수 있다는 비판과 함께 엄청난 입주금을 누가 내고 들어올 것인가에 대해서 많은 사람이 궁금해했다. 그런데 공고가 나자마자 고급 아파트의 입주권은 금방 동이 났다.[84] 서구식 생활 구조를 적극적으로 도입한 이 고급 아파트는 처음에는 논란이 되었어도 우리나라 중산층 아파트의 모델이 되었다. 그 후 50평형의 아파트 면적은 핵가족이 살기에는 효율성이 떨어지므로 1970년대 후반 33평으로 접점을 찾은 중산층 아파트들이 유행하였다.

특히 젊은 주부들이 아파트를 선호했는데, 이유는 아파트의 편리한 주거환경 때문이었다. 각 공간에 대한 접근성이 좋은 아파트의 구조상 당시 여성의 가사노동이 상당히 줄어들었다. 아파트는 거실을 중심으로 부엌, 목욕탕, 화장실, 침실 등이 연결되었으므로 실내 동선도 크게 줄었다.[85] 전통 한옥이 마당을 중심으로 공간이 상호 연계되었다면 한국식 아파트는 거실을 중심으로 연결된 구조였다. 한옥은 다른 방으로 이동하기 위해서는 마당을 통과해야 하니 신발을 신고 벗어야 하는 등 불편함이 있었다. 하지만 아파트 거실은 자유롭고 편리하게 이동하는 통로이자 식구들이 모여서 떠들고 노는 집안 광장의 기능을 하였다. 아파트의 '편리함과 안락함'이란 곧 아파트값과 비례하였다. 그 시절 고급 아파트는 호텔에 비해서도 손색이 없을 정도였다.

아파트에서 생활 혁명이 일어난 첫 번째 장소는 부엌이다. 한옥에서 부엌은 밥을 하고 음식을 조리하는 장소이므로 불을 다루는 아궁이 시설과 함께 있었다. 방과 부엌은 분리된 공간이

잠실시영아파트 주택 평면(1975). 서울역사아카이브 제공.

었으며 부엌에 가기 위해서 적어도 2개의 문을 통과해야 했다.
그런데 아파트에서는 전통 온돌과 아궁이가 사라지고, 부엌이
거실 한편으로 들어오면서 입식으로 바뀌었다. 입식 구조에 맞
게 개수대가 설치되고, 취사 연료도 가스나 석유로 변화하였다.
한옥의 부엌에서는 늘 허리를 구부려야 했던 반면, 아파트에서

2장 아파트 숲이 되다

잠실시영아파트 내부 모습(1978). 서울역사아카이브 제공.

는 허리를 편 상태에서 음식을 조리할 수 있었다.[86]

연료의 변화도 생활 혁명에 크게 영향을 미쳤다. 땔감이나 연탄은 모두 아궁이에 적합한 연료였고 일정한 시간에 갈아주지 않으면 불이 꺼지는 단점이 있었다. 하지만 단지형 아파트에서는 가스 시설이 설치되어 스위치 하나로 실내 온도를 높일 수 있었으며, 가스레인지를 켜기만 하면 손쉽게 취사를 할 수 있었다. 가스는 일제강점기에도 사용했으나 한국전쟁 시절 시설이 파괴되었다. 이후 1960년대 후반 이촌동에 부탄가스 공장, 목동에 도시가스 공장이 생기면서 시민들의 사용이 본격화되었다. 반포아파트 단지는 목동의 도시가스를 공급받아 활용하였다. 1970년대 잠실아파트 단지를 비롯한 큰 아파트 단지는 가스 플랜트를 설치하여 중앙공급식으로 가구마다 LPG 가스를 공급했다. 이처럼 도시가스 시설은 아파트 단지와 함께 발전하였다.[87]

생활 혁명이 급격히 일어나던 시절 아파트의 생활양식이 늘 만족감을 주는 것은 아니었다. 종래의 생활양식이 해체되고 새로운 생활양식이 구축되는 불안정한 시대였다. 과거와 현재가 부딪치면서 불협화음도 일어났다. 그 대표적인 풍속이 장 담그기와 김장이었다. 지금이야 아파트에서 장을 제조하고 대규모로 김장을 하는 풍속을 보기 힘들지만 산업화 시절만 해도 꼭 지켜야 하는 관습이었다. 서구식으로 입식 생활을 한다지만 서울 사람의 식생활에서 김치, 간장과 된장을 배제할 수 없다. 특히 김치는 주요 반찬으로 가정에서도 반드시 직접 담아서 먹어야 하는 음식으로 여겼다. 그런데 큰 발코니(베란다)를 보유한 고급 아파트는 좀 나은 편이었지만 좁은 시민아파트에서의 김장이란 정말 고통스러운 일이었다.

먼저, 김장할 배추를 씻고 양념을 하다 보면 집안이 물과 고춧가루 등으로 전쟁터가 되었다. 김장을 마치고도 김장독 처리가 문제였다. 독을 묻을 땅이 없으니 발코니에 두는 것이 최선의 방책이었지만 한겨울에는 애써 담근 김치가 얼어버렸다. 그래서 고육책으로 층마다 김치를 공동으로 보관하는 광을 두었고, 사용하지 않은 세탁장을 임시 저장소로 활용하기도 하였다. 몰래 김치를 훔치거나 남의 김치를 먹는 일도 종종 발생했다.[88] 발코니 외에 대안이 없었으므로 일찍이 개량 김장독이 출시되기도 하였다. 당시 한 조사에 따르면 아파트 한 가구당 항아리는 7~12개였는데 모든 독은 발코니에 놓였다고 한다.[89]

아파트에 마당이 없는 것도 큰 애로사항이었다. 서울에서도 상을 당하면 장례식장이 아니라 집에서 삼일장을 지내는 게 관례였다. 집 밖에서 사람이 죽으면 '객사客死'라고 하여 안 좋게 여기던 시절이었다. 그런데 부모님이 돌아가셔도 좁은 방에서 문상객을 받을 수 없으니 궁여지책으로 옥상을 빌려 장례를 치르기도 하였다. 아파트 생활이 정착하는 과도기에 옥상은 여러 기능을 하였다. 결혼식 피로연과 회갑 잔치까지 옥상에서 열리는 경우도 곧잘 있었다.[90]

"공간의 변화가 새로운 문화를 일으킨다"라는 문구는 아파트에 딱 맞는 말이다. 서울 아파트의 새로운 구조, 즉 전통 주택과 다른 새로운 공간은 과거의 생활양식을 완전히 바꾸게 하였다. 서울 사람들은 이미 서양식 주택 양식을 흡수하여 입식 생활에 대해 간을 보았던 터였다. 그 와중에 아파트는 생활의 변혁을 대중화하는 토대가 되었다. 우리나라 아파트 생활은 서구와 같이 완전한 입식 생활은 아니었다. 바닥에 앉아서 생활하는 좌식 생활이 여전히 주가 되었지만, 입식 생활의 진입은 생활용품에서부터 큰 변화를 가져왔다. 먼저 서양식 가구가 들어왔다. 즉 침대, 소파, 식탁, 의자 등 서구 사람들이 이용하는 가구들이 필요해졌다. 특히 침대는 부부가 자는 안방에 필수적인 가구

117

가 되었으며, 점차 아이들 방에도 침대가 놓였다. 방바닥에 바로 앉기보다는 의자에 앉아서 생활하는 시간이 점점 늘어났다. 거실에 푹신한 소파가 들어오자 가족들은 여기에 앉아서 TV를 보게 되었다. 바닥에 카펫이 깔리면서 슬리퍼를 신었고, 집안에서 편하게 입고 다니는 여성 홈웨어가 유행하였다.

주거문화의 변혁이 시작되던 시절, 돗자리 장수는 부자 동네라는 기대감을 품고 찾은 고급 아파트에서 핀잔을 당하고 쫓겨나야 했다.[91] 전통 주택에서는 돗자리 장수가 오면 들어오게 하여 좋은 물건이 있는지 주인장이 살펴보기라도 했다. 돗자리 장수가 아파트에서 문전박대를 당한 이유는 잡상인으로 대접을 받았기 때문만은 아니다. 아파트에서 돗자리는 불필요한 생활용품이었으며, 서구식 영향을 받아 바닥에 카펫을 까는 곳이 흔해졌기 때문이다.

아파트는 평수가 다를 뿐 비슷한 면적에서의 방 구조는 대개 같다. 아파트의 구조를 표준화된 틀, 규격화된 제품으로 보는 것도 이 때문이다. 아파트는 소비 증가에도 크게 이바지하였다. 이는 상품의 대량생산과 판매를 주목적으로 하는 대기업에 매우 유리한 체계였다. 아파트 구조와 주민의 수요를 이해하고, 그에 맞는 제품을 출시하면 엄청난 수량을 판매할 수 있기 때문이다. 중산층 아파트에는 집안을 꾸미고 생활용품을 사고자 하는 거대한 수요가 잠재되어 있었다. 반상회나 친목 모임을 통해 이웃집에 가서 좋은 물품을 보게 되면 같은 제품을 사려고 하였다. 과시욕이 강한 주부들은 집안 꾸미기와 제품 구매에 경쟁적으로 나섰다. 그들은 정보를 공유하며 아파트 생활에 필요한 가구, 가전제품, 소품 등을 구매하였다. 이는 아파트의 내부 구조

오리표씽크 광고지

가 획일화되었기 때문에 가능한 일이었다.[92]

    아파트에서의 생활은 싱크대와 가스레인지의 사용을 보편
화시켰으며, 나아가 가전제품을 크게 유행시켰다. 당시 '오리
표씽크'는 "부엌의 혁신"이라 부를 정도로 많이 설치되었다. 린
나이 가스레인지는 혼수품 1순위였으며 '린나이계'를 유행시키
기도 하였다.[93] 장독의 수는 점차 적어지고 냉장고의 사용은 폭
발적으로 증가하였다. 냉장고의 사용은 저장성이 높은 발효음
식의 수요를 낮췄고, 뒤이어 양식을 비롯한 다양한 식생활 문
화가 유행하였다. 이외에도 아파트 주민들은 TV, 오디오, 선풍
기, 에어컨, 전화 등 숱한 가전제품과 생활용품을 사들였고, 이

는 우리나라 대기업이 성장하는 밑거름이 되기도 하였다.

한편, 수입자유화에 따라 암암리에 뒷거래되던 외제품들이 아파트에서 활개를 쳤다. 아파트 상가에서 외제품을 거래하는 상인들이 생겨났으며, 아파트 안방에서 외제 식품류나 의류 등을 파는 이른바 '안방가게'도 등장하였다. 안방가게는 살림집에 불과하고 판매시설도 따로 없었으나 전화만으로 충분히 외제품 중개가 가능하였다. 이런 방식은 세금을 한 푼도 안 내니 오히려 득이 컸다.[94] '미제아줌마'의 아파트 방문도 활발해졌다. 미제 물건을 보따리에 싸 들고 와서 판매하는 미제아줌마가 지인들의 집을 방문하면 이웃들도 호기심에 들렀다가 단골이 되기도 하였다.

아파트의 편리한 공간 구조, 발달한 기술과 다양한 제품은 여성들의 가사노동을 상당히 줄여줬다. 젊은 여성들은 아파트를 가사노동의 해방구로 생각하였다. 이들이 전통 가옥보다 아파트를 선호한 것은 당연하다. 그로 인해 며느리와 시부모 사이의 세대 갈등도 커졌다. 1980년대 어른들이 신랑에게 해주는 충고 중의 하나는 "신혼살림은 아파트에서 시작하지 말라"는 것이었다. 이것은 다홍치마를 입고 부지런함을 배워야 할 새색시가 자칫 게을러질 수 있다는 이유였다. 또한 단독주택에 살았던 시어머니와 며느리가 아파트를 사려고 복덕방에 왔다가 의견 충돌이 생기는 경우도 자주 벌어졌다. 이는 편리한 아파트를 선호하는 젊은 여성과 아파트를 답답한 닭장으로 여기는 시어머니 간 피하기 어려운 세대 갈등이었다.[95]

하지만 언제나 그렇듯이 신구 갈등은 신세대의 승리로 귀결되었다. 가사노동이 줄어들고 생활이 편리해지는 아파트의 대중화는 필연적이었다. 아파트에서의 생활은 여성의 지위와 역할의 강화로 이어졌다. 농경사회의 마을 공동체에서 대개 남성의 입김이 컸다면 핵가족을 기반으로 하는 아파트에서의 생활은 여성의 권한을 강화하였다. 아파트 선정과 입주부터 시작하여 집안에서 필요한 물건을 구입하기까지 과정을 여성이 주도하였다. 게다가 여성은 권리를 찾기 위한 집단행동에도 발벗고 나섰다. 같은 아파트 단지 내 비슷한 환경에 사는 여성들은 부녀회를 조직하여 갖가지 주장과 행동을 하기에 이르렀다. 특히 하자보수와 관리비 문제로 건설회사와 관리사를 상대로 강한 투쟁도 불사하였다. 물건값이 비싸다고 생각하면 공동구매를 통해 주변 상가를 압박하는 일도 있었다.[96] 작은 권익도 소중히 여기는 여성들은 아파트를 넘어 거대한 소비시장을 주무르면서 '우먼파워'의 세계를 열게 되었다. 아파트에서의 생활 혁명은 결코 작은 것이 아니었다. 생활 문화는 작고 소소해 보이지만 그것들은 상호 연결되어 큰 네트워크를 이뤘다. 서울 사람은 전통적인 주택에서의 삶에서 나와 아파트 생활이라는 새로운 개념의 주거문화에 입주하였다.

3 너도나도 강남 복부인

– 투기의 블랙홀에 빠져드는 서울

일제강점기 복덕방. 서울역사아카이브 제공.

예전에는 마을 초입의 '복덕방福德房'에 들어가면 어르신들이 장기나 바둑을 두는 풍경을 종종 볼 수 있었다. 손님이 들어와도 장군, 멍군에 빠져 도시 쳐다볼 생각을 하지 않았다. 복덕방이 아니라 경로당으로 잘못 들어온 건 아닌지 의심되어 문밖으로 나갔다가 간판을 다시 확인해 보고 들어와야 했다. 용기를 내어 "집 나온 게 있나요" 물어보면 그제야 고개를 잠시 돌려 사람을 빤히 쳐다보는데 친절함이란 찾아보기 어려웠다. 이에 비한다면, 지금의 부동산 중개소는 훌륭하다. 손님을 친절하고도 깍듯이 맞아주거니와 주인장은 공인중개사 자격증을 가진 전문가로 지역의 부동산 시세를 꿰뚫고 있으니 말이다.

언제부터 복덕방이 부동산 중개소로 바뀌게 되었을까?

1970년대 강남 개발과 부동산 열풍은 서울 사람의 토지와 주택에 대한 인식을 크게 바꾸었다. 시대에 편승하여 떼돈을 벌고자 하는 투기자들과 이를 중개하여 역시 큰돈을 챙기고자 하는 중개소가 난립하여 그야말로 서울의 골드러시를 방불케 하였다. 이때 사회적 지탄을 받은 집단은 '복부인'이란 30대에서 40대의 여성들이었다. 복부인은 복덕방에서 탄생하였다. 이들은 국가 권력과 건설업체가 만들어낸 사회적 투기 열풍에 한몫했다. 복부인은 1970년대 후반 등장하여 1980년대 사라졌으나 그 투기 심리는 서울 사람에게로 깊숙이 파고들었다. 광풍처럼 서울을 휩쓸고 간 복부인과 복덕방의 풍속은 완전히 사라지지 않은 채 지금까지 여진처럼 존재한다. 복부인을 욕하던 사람들도 복부인의 욕망을 내면화했고, 서울 사람들의 투기 심리는 보편화되었다.

조선 시대에는 부동산을 중개하는 사람을 '집주름'이라고 하였다. 한자로는 '가쾌家儈' 또는 '사쾌舍儈'라고 하였다. 쾌儈는 '거간居間'이란 뜻이다. 또한 상품의 매매를 알선하고 중개하는 역할을 하는 객주를 거간이라고도 하였다. 조선 후기 서울의 인구가 늘어나고 집을 찾는 사람들도 증가하였으므로 집주름의 역할도 커졌을 게다. 조선 후기에 집주름은 1,000냥을 매매시키면 100냥을 받을 수 있었으니 중개 수수료가 거의 10%에 달하였다고 한다.* 구한말부터 집주름이 활동하는 장소인 복덕방

---

* 현대인이 이해할 수 없는 수수료인데 조선 시대 고리대금 연이자가 30%를 넘었다는 사실을 보면 어느 정도 수긍이 된다. (강문종 외, 2020, 《조선잡사》, 민음사, 286쪽)

이 등장하였다. 복덕방이 어떤 이유로 등장했는지는 확실치 않지만 그 의미는 대략 추정이 가능하다. 주택의 매매와 거래를 통해서 복과 덕이 만들어지는, 길^吉한 공간으로 그 뜻을 부여한 것이다. 일제강점기 복덕방은 주로 서울에서만 볼 수 있는 곳으로 '집주름의 집'을 가리키는 용어가 되었다.[97] 1920년대 서울에서 활동하던 집주름은 600여 명이었다. 그런데 '가옥중개인 조합'이라는 새로운 이익단체가 출현하면서 집주름과 충돌하기도 하였다.[98]

해방 이후에는 집주름이란 명칭은 사라지고, 복덕방이 대세 용어가 되었다. 중개 수수료의 변화는 있었어도 복덕방의 기능은 큰 변화 없이 1950년대까지 지속되었던 모양이다. 서울의 복덕방 사진을 보면 꾀죄죄하기 이를 데 없으며, 찾아오는 사람도 별로 없어 복덕방 부인은 신세타령이나 하였다고 한다.[99] 구한말처럼 복덕방 앞에는 '토지, 가옥, 매매, 소개' 등이 쓰인 천자락이 외롭게 흩날리고 있었다. 1950년대까지도 집과 토지를 지금처럼 투기의 대상으로 여기지 않았다. 땅은 농사를 짓고 집은 사람이 사는 건축물로 생각하였다. 부동산은 팔고 또 팔아서 이윤을 재생산하는 재산 증식의 도구가 아니었다. 설령 토지를 대거 사들이는 지주가 있더라도 곡물 생산량을 증식시키거나 도지세를 많이 챙기기 위한 것이었다.

나는 촌스러운 느낌은 있어도 복덕방이란 이름이 괜찮아 보였다. 그 이유는 토지와 집 거래를 중개할 때 필요한 철학이 내포되었기 때문이다. 토지와 주택을 사고팔 때는 금전복도 추구해야 하지만 남을 생각하고 배려하는 덕도 필요하지 않겠는가. 집을 팔고 사는 이들에겐 모두 복^福이 있어야 한다. 보금자리를

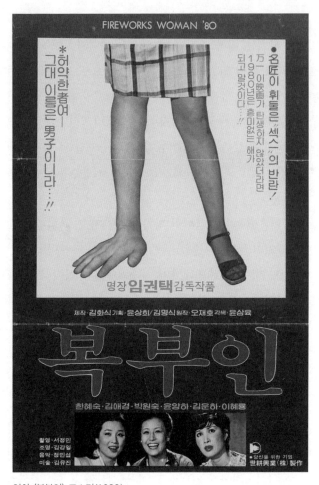

영화 〈복부인〉 포스터(1980).

팔고 사는 일은 인생사에서 매우 중요한 일이므로 행운과 행복이 따라야 한다. 전통적으로 복은 장수長壽, 부귀富貴, 다남多男 등 여러 가지의 의미로 풀이되었다. 이것은 인간의 힘보다는 하늘에 의해서 운수나 행운처럼 주어지는 것이다. 하지만 덕德은 사람이 지녀야 할 윤리적 인격으로 인간 스스로 노력하여 갖출 수 있다. 토지 거래를 할 때 본인의 행운만을 쫓는다면 상대에게는 불행이 될 수도 있고, 피해를 줄 수도 있기에 너그러운 덕의 관점으로 조정을 할 수 있어야 한다. 적어도 사람이 발 딛고 먹고 사는 땅이나, 가족이 오순도순 사는 주택은 그런 관점으로 보아야 했다.

복부인이란 이름이 생긴 때는 1978년경이었다. 당시 언론이 내린 복부인福婦人(또는 福夫人)의 정의는 "투기를 위해 복덕방을 무상출입無常出入하는 상류층 부인"[100] 또는 "복덕방을 들락날락하면서 아파트 투기를 하는 아낙네"[101]였다. 이처럼 복부인은 복덕방을 드나들며 부동산 투기를 하는 여성을 가리키는 용어였다. 복덕방에서 생겨난 용어지만 복만 붙고 덕은 떨어져 복부인이 되었다. 복덕부인 또는 덕부인이 아닌 복부인으로 낙점된 명명은 남을 배려하고 절제하는 전통적 미덕이 아닌 자신의 복만을 쫓고 금전을 우상시하는 여성의 탄생을 의미하였다.

한 대학교수는 서울을 중심으로 부동산 투기를 즐겨 하던 복부인을 이렇게 묘사하였다. "복부인의 연령 구조는 30대, 40대가 가장 많고 양장洋裝층이 대부분이다. 사철 테가 크고 굵은 안경을 즐겨 끼고 다니는 것이 특징이며, 의외로 학력이 높아 중졸 이하는 거의 없다. 복부인은 500만 원을 다섯 장이라고 표현하며 약간은 콧소리를 내는 듯하고 삿대질을 곧잘 하며 자신만만한 팔자걸음으로 흔히 걷는다. 복부인의 경제적 수준은 당초부터 상층에 속하며 남편의 사회적 지위도 상층에 속한다."[102] 당시 부동산 중개소를 출입하는 여성들의 사진을 보건대 양장 차림을 한 젊은 여성은 맞지만 테가 크고 굵은 안경을 낀 사람은 많지 않다. 콧소리를 내거나 삿대질을 하고, 팔자걸음으로 걷는다는 것은 복부인을 복부인답게 묘사하기 위한 수사일 뿐이다.

1970년대 한국 사회는 복부인의 등장을 두려워하고 있었다. 복부인의 등장은 가정의 경제권이 아내에게 넘어간 시기에 일어난 산물이라는 지적은 꽤 합리적이다.[103] 복부인을 투기의 주범이자 경제적 악인 양 설정하고 사회적 린치를 가하는 이면에는 기존 질서가 해체되는 것에 대한 두려움이 있었다. 오랫동안 한국 사회에서 돈을 벌어오는 경제의 주체는 남성이고, 여성은 남성이 주는 봉급을 받아 가정을 꾸려나가는 객체였다. 그런데 건설 경기의 성장을 배경으로 여성들이 투자에 전면 나서면서 오히려 남성의 경제력을 앞지르기 시작한 것이다. 남편이 일벌처럼 돈벌이에 전력하는 동안 아내는 아파트 투자를 통해 여왕벌처럼 경제적 역량을 키워나가자 남성 중심의 경제 질서가 흔들렸다. 1950년대와 1960년대의 여성이 동창회나 계모임을 위해서 바깥출입을 했다면 1970년대의 여성은 은행거래와 아파트 추첨을 위해 바깥에 나가게 되었다.[104] 특히 여성들이 부대를 이뤄 복덕방을 순례하면서 아파트에 집중투자하고 엄청난 이득을 올리게 되자 복부인을 보는 남성의 시선이 극히 불안해졌다.

그런데 복부인을 투기장에 나서게 만든 것은 사실 국가와 건설업체였다. 박정희 정부는 경부고속도로 건설을 계기로 강남 개발을 적극 추진하였으며, 강남을 아파트 공화국으로 만들었다. 강남이 개발촉진지구로 지정됨에 따라 각종 세금이 면제되었고, 아파트지구 제도를 도입하여 아파트 이외에는 아무것도 지을 수 없도록 만들었다. 강남 개발로 인하여 지주들이 엄청난 이득을 봤을 듯 하지만 실제로는 지주들은 건설 업체에게 울며 겨자 먹기로 땅을 팔아야 했다. 그뿐만이 아니었다. 정치자금 마련을 위한 투기까지 벌어졌다. 사전 정보를 통해 싼값에 땅을 매입하여 비싼 가격에 팔아 거대한 정치 자금을 마련하는 세력이 있었다고 한다.[105] 이 검은돈이 어디로 흘러갔는지는 대충 짐작이 가능하다. 1963년에서 1977년 사이 서울의 지가(주택)가 87배 수준으로 상승하였는데, 강남 지역은 176배 수준으로 폭등했다는 통계가 있다. 도대체 강남 지가 폭등은 누가 개입하여 만들어낸 것일까. 과연 복부인에게 돌을 던질 자는 누구인가. 화려하게 치장된 강남 개발을 뒤집어 보면 복마전(伏魔殿)이다. 강남이 단군 이래의 최대 투기장으로 변모한 배경에는 정부와 주택업자, 주택업자와 복덕방, 투기꾼과 복부인이 얽히고 설킨 공생관계가 있었다.[106]

복부인 풍속의 세계로 한 걸음 더 들어가 보자. 1977년은 부동산이 폭등하는 시절로 영동의 단독주택 가격이 1,000만 원에서 갑자기 2,000만 원을 상회하였다. 물가가 10% 오를 때 집값은 100% 이상 마구 뛴 것이다. 미국의 로스앤젤레스와 샌프란시스코 집값이 약 4,000만 원으로 폭등했다고 비판했던 시절이니 강남의 집값이 터무니없었다는 사실을 알 수 있다.[107] 하지만 모두 마음이 흔들리기 시작했다. 당시 회사원의 월급이 평균 15만 원 정도였는데 영동아파트 프리미엄이 1,000만 원, 2,000만 원이라는 소문이 팽배했다. 지금이라도 집을 안 사면 영원히 못 살 것 같은 불안감이 들었다. 보통 부동산 붐에는 집값 상승 시 한몫 챙기기 위하여 너도나도 주택 시장에 뛰어드는 심리가 원인으로 작용하였다. 하지만 주택부족률이 전국 평균보다 낮은 50%에 달하거니와 집값이 폭등하는 시절인 서울에서는 이러다 영영 무주택자로 살겠다는 불안감이 더 크게 작용한 것으로 볼 수 있다.

한번 당첨이 되면 수백만 원이 굴러들어오는 부동산 시장이 열렸으니 앞다투어 아파트 분양에 몰리고, 너도나도 복부인이 된 것은 당연한 일이었다. 투기의 대중화는 복부인의 등장을 알리는 신호탄이었다. 1970년대 말 언론이 묘사하는 부동산 시장의 풍경은 이러했다. "복부인은 혼자만이 아니고 가족들을 이끌고 나왔다. 잘 차려입은 복부인은 시아버지, 시동생까지 이끌고 아파트 청약 창구를 흥분해서 돌아다녔다. 아파트 추첨에는 투기꾼들이 더 몰려왔다. 신규 아파트 추첨이 있을 때마다 자가용을 동원한 부유층 부인들이 구름처럼 몰렸고, 당첨 결과에 따라 희비가 엇갈렸다."[108] 이런 풍경은 지금도 흔하다. 굳이 복부인을 도드라지게 묘사한 것은 과거와는 다른 경제적 풍경, 즉 여성들이 주도하는 부동산 시장에 놀랐기 때문이다. 1977년 여름에는 아파트 분양 창구에 1만여 명이 몰려 순식간에 500억 원이 넘는 돈줄이 들어왔다. 아파트 건축의 호황으로 재미를 본 정부도 이건 아니다 싶었는지 추적조사를 해서 되파는 사람을 찾아내 중과세를 부여했고, 청약예금우선권이라는 제도를 대안으로 내놓았다.[109]

그런데 복부인도 다 같은 복부인이 아니었다. 예컨대, 내 집 마련이라는 소박한 꿈을 실현하기 위하여 허리띠를 졸라매고 이리저리 뛰는 "또순이형"과 전문 투기꾼이 되어 돈도 벌고 재미도 보는 "탈선형"으로 구분해야 한다는 지적이 있었다.[110] 또순이형 복부인은 가족과 충분히 상의하여 집을 살 것인지를 결정하고, 성공한 다음에는 부동산에서 손을 뗀다. 하지만 탈선형 복부인은 부동산 투자로 돈을 번 뒤에 남편의 반대에도 불구하고 사채까지 끌어써 투기하다 패가망신할 뿐만 아니라 탈선까지 하는 유형이다. 이런 구분이 적절한지는 모르겠지만 복부인을 뭉뚱그려 사회적 악으로 설정하는 태도에 대한 문제점을 당시에도 인정한 것이다. 그러나 내 집 마련을 위해 노력하는 또순이형을 복부인으로 취급하는 것은 무리수이다.

복부인을 향해 수많은 사람이 돌을 던졌지만 실은 너도나도 강남의 아파트 분양에 당첨되기를 원했다. 생김새는 몰라도 마음만은 복부인과 다를 바 없었다. 복부인이 얻고자 하는 복은 행운과 같았다. 행운이란 신에게 의탁하여 얻거나 하늘에서 떨어지는 것이다. 자신이 의도하고 기획한다고 해서 얻어지지 않는다. 어떻게 보면 행운은 복권처럼 주어지는 것일지 모른다. 추첨 현장에서 이리 뛰고 저리 뛰는 복부인이 미워 보일지라도 그에게도 행운의 한 표가 쥐어졌을 뿐이다. 당시 아파트 추첨 현장에는 남녀 가릴 것 없이 구름 같은 인파가 몰려들었다. 흥미로운 점은 아파트 추첨에 은행알이 사용되었다는 것이다. 추첨 현장에 가보면 번호가 적힌 은행알이 나무판에 가득 줄지어 있고, 이를 보는 사람들의 눈매가 날카롭고도 긴장감에 차 있다.[111] 나는 이 은행알이 강북구 우이동 도당굿(삼각산 도당굿)의

131

아파트 추첨식에 몰린 사람들(1970). 서울역사아카이브 제공.

제관을 뽑을 때 사용되는 것을 봤다. 제관의 이름을 적은 은행
알을 뒤웅박에 넣고 기도한 후에 세 사람의 제관을 뽑는다. 아
파트 추첨이나 제관의 선정이나 모두 은행알을 매개로 신에게
처지를 의탁한다.

　그런데 신의 선택을 받은 복부인은 거기서 만족하지 않는
다. 신에게서 낙점을 받은 제관이 까다로운 금기를 지키는 것과
는 사뭇 다른 양상이다. 복부인은 이 아파트에 감사하고 거주하
는 길이 아니라 다시 파는 전매轉賣를 선택해 프리미엄을 추구한
다. 거주 목적이 아니라 전매를 한다면 아파트가 더는 주택이

132

아파트 추첨에 사용된 은행알(1970). 서울역사아카이브 제공.

아니라 투기의 대상이 된다. 요컨대, 살기 위해서 아파트를 사
는 것이 아니라 팔기 위해서, 양도차익으로 웃돈을 남기기 위해
서 아파트를 사는 것이기 때문에 투기로 변질되었다.

　투기의 세계에서 전매는 은어로 "눈사람"이라고 하였다.
눈덩이가 구르면 구를 수록 더 큰 눈사람을 만들 수 있듯이 아
파트나 택지도 구르면 구를 수록 커지게 마련이다. 자꾸 구르
는 원동력은 "프리미엄"이다.[112] 사실, 전매의 과정에서 프리미
엄이 없다면 굴러가지도 않는다. 가령 원소유자가 2,000만 원
에 아파트를 팔았다면 이 계약자는 프리미엄 100만 원을 붙여

영동신시가지 개발사업계획 조감도(1970). 서울역사아카이브 제공.

2,100만 원, 다음 계약자는 2,200만 원에 팔면서 전매를 계속
하면 아파트 가격은 눈덩이처럼 불어난다. 잠실의 한 고층 아파
트는 15회나 전매를 했거니와 다른 아파트도 대개 7~8회 전매
되는 일이 일상적이었다. 법적으로 일 년간 전매를 하지 못하도
록 제한되어 있는데 어떻게 이런 일이 가능할까? 당시 부동산
업계에는 이상한 불문율이 있었다. 집을 등기하지 않은 상태에
서 계약서만으로 전매하는 관습이 있었기 때문에 하루에도 6회
의 전매가 가능했던 것이다.

복부인을 전매에 나서도록 만든 곳은 역시 복덕방이다. 투기를 조장했던 복덕방은 그 이름을 바꿔 부동산, 또는 부동산 중개소라는 간판을 달았다. 부동산 중개소는 투기의 신천지였던 강남으로 몰려들었다. 1979년 당시 전국적으로 4만여 개소의 부동산 중개소 중 서울에 2만 2,000여 개소가 있었으며 그중 대부분이 강남에 밀집되어 있었다고 한다. 목이 좋은 강남, 여의도 등지에서 중개소를 열기 위해서는 최소 2,500여만 원이 있어야 했으며 1,000만 원 이상의 자기 운영자금도 있어야 했다.[113] 부동산 중개소가 스스로 자금을 마련하여 투기하는 경우도 있었으나 기본적으로 중개 수수료로 운영된다는 점에서는 조선 시대의 거간과 다를 바 없었다. 하지만 투기의 시대에 강남 부동산 업자들에게 덕이란 더는 괘념치 않아야 할 낡은 시대의 윤리였다. 팔고 또 팔기 위해서 자금력이 있는 복부인의 확보에 열을 올렸고 이를 기반으로 쳇바퀴처럼 전매를 돌리고 또 돌렸다.

부동산 중개소의 주요한 투기 방법은 '돌려치기' 수법이었다. 돌려치기는 단골에게 연이어 거래를 성사시키고 소정의 수수료를 챙기는 수법이다. 예컨대, 한 번 팔 때 50만 원이지만 열 번을 팔면 500만 원의 수수료를 챙길 수 있으니 복부인을 계속 불러들여 전매를 부추기는 것이다. 결국, 막차를 탄 손님은 눈덩이처럼 불어난 프리미엄을 혼자서 다 물게 되는데 이를 은어로 '시집보낸다'라고 하였다. '되돌이 치기'나 '물 말아 먹기'에 비한다면 '돌려치기'는 그나마 나은 수법이었다. 되돌이 치기는 가공의 인물을 내세워서 차익과 함께 수수료까지 받아먹는 수법이다. 예컨대, 부동산에서 가공의 인물을 내세워 김

여의도 시범아파트 모델하우스 개관(1971). 서울역사아카이브 제공.

씨에게는 1,900만 원에 매수계약을, 다시 이 씨에게는 2,000만 원에 매도계약을 해서 100만 원의 차익을 남기는 것이다. 물 말아먹기는 복부인 단골들을 원정대로 꾸려 지방으로 보내 가격을 한창 올린 뒤에 소위 '먹튀'하는 수법이다. 공업단지나 관광 개발지로 소문난 곳에 찾아가 복부인들이 사고팔며 땅값을 올린 뒤에 지방의 유지들을 끌어들이고, 휘몰아친 투기 바람에 순진한 지역민까지 막차로 휘말릴 때면 잽싸게 철수하는 것이

여의도 시범아파트 전경(1977). 서울역사아카이브 제공.

다.[114] 지금도 자금력이 높은 서울의 투기단이 지방에 와서 아파트값을 한참 올려두고 빠져서 지역민에게 큰 피해를 입히는 경우가 잦은데 이 역시 물 말아먹기와 다를 바 없었다.

　1970년대 부동산 매매 풍속에서 가장 큰 문제점은 바로 특혜였다. 추첨 위에 투기가 있고, 투기 위에는 특혜가 있다. 당시 언론에서도 복부인을 비난하는 자들에 대해서 이렇게 되묻기도 하였다. "복부인은 비록 투기를 노릴 망정 결코 특혜를 노리지

압구정 현대아파트 전경(1978). 서울역사아카이브 제공.

는 않는다. 아파트 추첨마다 달려가야만 복부인이다. 그러나 추첨 없이 아파트를 차지하겠다는 것은 아니다."[115] 특혜의 대표적 사례는 건설업체의 '특수분양'이었다. 특수분양은 일반 분양 아파트를 직원용 또는 다른 특수 목적으로 특혜층에게 나눠주는 것이다. 말이 좋아 특수분양이지 이런 것이 특혜다. 특수분양의 승인 과정에서 당국이 강력한 힘을 발휘하므로 모처와 모씨에게 아파트 몇 채를 상납했다는 추문이 나돌았다.[116] 게다가 특권층이 그 아파트에 입주하면 다행이지만 대부분 프리미엄이 붙어 부동산 중개소로 넘어갔다. 어떤 아파트는 건설 과정에서 분양 승인도 받기 전에 10%가 특수분양이란 명목으로 이름 모를 특권층에게 넘겨졌다.[117] 복부인은 운명에 기대어 당첨의 행운을 꾀하는 자라면, 특혜층은 신의 의지조차 무색하게 만드는

2장 아파트의 소유 — 여울

자들이다. 이들은 경제 질서를 혼란케 하고, 주택 분양에서 억울하고 소외된 사람들을 양산하는 범법자였다.

1970년대 복부인의 출현은 오래가지 않았다. 복부인이란 말도 1980년대를 거치면서 사라졌다. 1978년 5월 압구정동 현대아파트 특혜분양사건으로 세상이 들썩거렸고, 복부인을 비롯한 투기꾼들이 시범 사례로 단두대에 올랐다. 정부가 투기 방지 조치로서 진짜 특권층은 놔둔 채 힘이 약한 투기꾼을 때려잡은 과정에 복부인도 사라졌다. 그러나 엄밀히 말하면 복부인은 사라지지 않았으며 그 욕망이 서울 사람에게 스며들어 너도나도 복부인의 마음을 갖게 되었다. 아울러, 나의 삶터이자 노동의 토대였던 주택과 토지에 대한 철학과 세계관이 완전히 바뀌게 되었다.

복덕방의 풍경도 신식으로 변화되었다. 강남의 부동산에 가보면 넓은 사무실에 호화로운 응접세트와 전화기가 눈에 띄었고, 은은한 클래식 음악도 흘러나왔다. 한가로이 웅크리고 앉은 구식 영감님을 대신해서 명문대를 졸업한 젊고 유능한 남성들이 배치되었다. 부동산 매매를 알선하고 복비를 받는 것에 만족하지 않고 자금을 마련하여 투자에 나서는 부동산 전문기업으로 변신을 꾀하는 업체가 생겨났다.

강력한 투기의 바람이 휩쓸고 간 서울에서 복덕방 풍경은 옛이야기가 되었다. 복과 덕이 사라진 부동산 중개소를 가득 채운 것은 돈에 대한 열기, 투기에 대한 욕망이었다. 역설적으로 투기의 욕망이 정점을 찍을 때 '토지 공개념' 문제가 대두되었다. 토지와 주택이 오로지 투기의 대상으로 여겨지자 적어도 땅과 주택만큼은 공동의 소유라는 인식을 제기하고, 새로운 정책

마련을 주문한 것이다. 하지만 이미 늦었다. 검은 뒷거래를 바탕으로 복과 덕의 조화를 상실한 서울은 부동산 투기 시대의 블랙홀로 빠져들었다.

2부

서울살이

더 나은
삶을 위해서

● 서울 시대는 산업화·도시화가 본격적으로 진행되던 1960~1990년대다. 당대 서울은 세계사적으로도 유례없이 급속히 비대해지고, 더 잘살기 위해 치열히 경쟁하던 시절이었다. 이 책의 2부는 '서울살이: 더 나은 삶을 위해서'로 편성하였다. 2부에서는 '서울은 만차다(3장)', '콩나물 교실과 일류병(4장)' 등 두 주제를 집중적으로 탐색해 보았다. 서울 사람들은 새벽부터 만원 버스에 오르기 위해서 뛰고 또 뛰었다. 시간에 쫓기는 만원 버스는 개문발차開門發車의 상태로 내달렸다. 자동차 산업의 발전과 함께 교통사고가 급증하자 서울에서는 자동차 고사를 지내는 신풍속이 유행하였다. 과열사회에서 누구보다 괴로웠던 사람들은, 콩나물 학교에서 자라난 어린 학생들이었다. 대한민국의 수도 서울에서는 일찍부터 일류병이 떠돌았다. 일류학교의 좁은 문을 통과하기 위해서 학생들은 입시에 매진했고, 입시일 학교 정문은 엿과 떡으로 장식되었다. 학교생활을 통째로 입시에 바쳤던 학생들은 졸업식을 성인식 겸 해방의식으로 여겼다. 교복을 찢는 거친 졸업식은 교육열과 일류병으로 과열되었던 사회가 만들어낸 풍경이었다.

3장

서울은 만차다

1 교통지옥, 만원 버스, 버스 안내양

– 위험천만했던 개문발차의 시대

중학생 시절 나는 30여 분 버스를 타고 통학을 해야 했다. 광진구 능동에서 버스를 타고 잠실대교를 건너기 전에 내렸는데, 버스 안은 학생과 어른들로 꽉 차서 옴짝달싹하기조차 어려웠다. 그래도 잠실로 가는 버스는 나은 편이었다. 건너편에 군자교를 지나 시내로 들어가는 버스는 승객으로 미어터져서 어떨 때는 사람이 창문 밖으로 빠져나올 것만 같았다. 그래도 서울의 아침 출근 시간에는 항상 기적이 벌어졌다. 그 많은 사람을 버스 안으로 다 밀어 넣은 것이 기적이요, 생지옥에 올라타고서도 잘 버티어 직장까지, 학교까지 도착한 것도 기적이었다. 그 기적을 만들기 위해서 만원 버스 내에서 사투를 벌였던 사람은 청소년기의 '버스 안내양'이었다.

버스 안내양은 교복과 비슷해 보이는 제복을 입고, 머리에는 빵모자(베레모)를 쓰고 있었다. 허름한 옷에 눈에 띄는 것은 허리에 질끈 동여맨 '수금 가방'이었다. 버스 안내양은 수금 가방을 신줏단지처럼 귀하게 여겼다. 짬이 날 때마다 수금 가방을 열어 돈을 세서 맞춰보곤 했다. 회수권이나 토큰(버스 전용 특수 주화)을 내면 안내양이 요금을 관리하기가 수월할 것인데 현금을 내는 승객들이 적지 않았다. 안내양을 놀리고자 고액 화폐를 내거나 소액 동전을 잔뜩 내는 진상들도 더러 있었다. 짓궂은 내 친구 중에는 회수권을 반으로 자른 뒤에 접은 것처럼 해서 내는 녀석도 있었고, 정신없는 틈을 타서 차비를 내지 않고 줄행랑을 치는 녀석도 있었다. "야, 차장아"라고 반말을 지껄이는 중년 남성, 어깨를 툭툭 치면서 희롱을 하는 취객들까지 만원 버스 속에는 버스 안내양의 속을 뒤집는 진상들도 천태만상이었다.

버스 안내양은 최악의 운수 노동은 차치하고서라도 온갖 수모와 고통을 겪으면서도 요금을 관리하고 승객의 안전을 책임져야 했다. 버스의 운행은 버스 기사가 담당하였지만. 승객의 승하차를 안내하고 출발과 정차의 신호를 보내는 일은 버스 안내양의 역할이었다. 신호벨이 생긴 이후로도 버스 안내양의 "오라이, 스톱" 소리는 멈추지 않았다. 차체를 손바닥으로 두드리며 외치는 오라이 소리가 들리지 않으면 서울 버스는 꿈쩍도 하지 않을 것만 같았다.

산업화 시절 서울의 아침은 만원 버스와 함께 시작되었다. 세계적으로 유명했던 서울의 만원 버스는 도시개발이 한창 진행 중이던 서울의 상징이었다. 뉴욕에는 마천루, 파리에는 가로수길, 로마에는 분수, 동경에는 꼬불꼬불한 미로가 도시의 상징으로 존재했다면 서울에는 만원 버스가 있었다. 콩나물시루처럼 사람을 가득 태우고 검은 연기를 뿜어내며 지그재그로 달리는 서울의 만원 버스는 서울의 현주소이기도 하였다.[118] 인구는 폭증하고, 서로 경쟁하며, 도시계획은 수준 미달이었지만 그래도 달려야 했던, 일 초라도 달리지 않으면 폭발할 것 같은 서울은 만원 버스와 다름없었다.

근대의 교통혁명은 기차와 노면전차路面電車로 시작되었다. 기차는 내륙의 먼 거리를 이동하고자, 노면전차는 시내를 이동하기 위한 탈것으로 주로 이용되었다. 근대 서울시민의 발이 되어준 것은 다름 아닌 전차였다. 전차 중심의 대중교통 체계가 크게 변한 때는 한국전쟁 시절이었다. 전투로 인한 피해가 컸던 서울은 기존의 교통로와 교통수단 등도 파괴가 심하여 복구하기가 쉽지 않았다. 외국으로부터 간신히 원조를 받아 도로를 포장하고 확충함으로써 서울 교통 여건의 개선을 꿈꿨다.

그러나 서울 인구는 급격히 늘었고 이에 따라 교통량도 급증하였다. 서울의 교통은 '소걸음'이나 '거북이걸음'에 비유되었다. 답답했던 거북이걸음 시대에도 자동차 기술은 계속 발전하였으며, 서울시민은 점차 전차에서 버스로 갈아타고 있었다. 1968년 전차의 운행이 중단되었고, 전차 시대의 상징이었던 궤도까지 철거되면서 바야흐로 버스의 시대가 열렸다. 돌이켜 보면, 버스의 시대만큼 교통의 난코스도 없었다. 산업화 시절 서울 교통은 흐름이 막혀서 사람으로 치면 거의 동맥경화 증세를 겪는 지경과 같았다. 당시 서울의 교통은 더는 통하지 못하여 고장이 난 수준이었다. '교통지옥, 교통전쟁, 만차, 만원 버스, 콩나물 버스, 아귀다툼' 등 불통의 서울 교통을 상징적으로 보여주는 수식어들도 가지각색이었다.

1970년에 이르러 서울의 하루 교통인구는 520만 명, 러시아워에는 120여만 명에 달하였다. 1만 1,000여 대의 택시와 3,700여 대의 버스가 시민의 발이 되어 부단히 움직였지만 500만이 넘은 서울의 인구에 비한다면 절대적으로 부족했다. 버스는 기껏 서울시민 1,000명에 한 대도 못 되니 시민의 발이라는 말조차 무색하였다. 그렇다 해도 자가용을 무작정 증차하는 것도 해답이 못 되었다. 도로율이 약 10%밖에 되지 않는 서울에서 자동차를 마구잡이로 늘리면 도로 흐름이 더 나빠져 대동맥마저 터질 것이 뻔하기 때문이었다.[119] 1974년 모두가 학수고대했던 지하철이 드디어 발차하였으나 교통지옥은 멈추지 않았다. 대한민국의 수도 서울에 사는 시민들은 여전히 필리핀의 마닐라나 인도네시아의 자카르타보다 못한, 험하고 어두운 교통

터널을 지나고 있었다.*

　지하철이 다니기 직전 서울 교통의 버스 의존율은 78%에 달하였다. 1974년 당시 서울의 교통인구는 약 738만 명이었고 시내버스를 이용하는 사람은 579만 명이나 되었다. 문제는 버스 승객들이 출퇴근으로 혼잡한 러시아워에 집중되어 있다는 것이다. 이때 서울 사람 170만 명이 대중교통을 이용한 데다 대부분 시내버스를 탔으므로 서울버스는 곧 만원 버스가 되었다.[120] 특히 인구가 급히 늘어나고 교통수단이 부족했던 서울 변두리와 강남의 개발지를 출발하는 만원 버스는 더욱 터질 것만 같았다. 강남과 잠실은 말할 곳도 없고 노원구 상계동과 중계동, 도봉구 방학동, 강서구 화곡동, 강동구 천호동 등은 승차 경쟁으로 아귀다툼이 벌어지는 곳이었다.[121]

　산업화 시절 국내 자동차 산업은 꾸준히 발전하였다. 그런데 시민들이 소유한 자가용 증가에 비하면 대중교통인 버스 대수는 제자리걸음이었다. 지하철 공사를 비롯한 각종 도시개발이 무분별하게 진행되어 차량 운행 속도는 되레 줄어들었다. 1980년을 넘으면서 서울의 하루 교통인구도 1,500만을 넘었다. 서울시민 한사람이 하루 2회 정도로 교통수단을 이용하였다는 얘기다. 그중 버스를 이용하는 인구가 974만으로 64% 이상이었다.[122] 택시와 지하철을 합쳐도 27%에 머물렀으니 1980년대 중반까지도 서울은 버스의 시대를 지나가고 있었다.

---

* 　서울의 차량 집중도는 인구 집중도보다 훨씬 높았다. 1976년 기준으로 서울의 집중도는 자가용 한 대당 84.7명으로 시카고 2.8명, 런던 3.6명, 동경 3.2명, 마닐라 28.9명, 자카르타 20.8명에 비해 매우 높다. (〈조선일보〉 1976년 3월 31일 '만원 서울 무엇이 문제인가')

그 버스는 승객을 매달고 달리는 숨 막히는 만원 버스였다. 정원이 70여 명이라면 출퇴근 시간에는 정원의 갑절을 태우고 달렸다. 만원 버스의 운전 기술은 놀랄만하였다. S자 운전·급정거·급출발 등의 운전 기술을 썼는데, 이는 사람을 최대한 많이 태우기 위한 전략이었다. 예컨대, 가마니에 쌀을 붓다가 적당히 가마니를 이리저리 부추기는 것처럼 승객을 더 많이 태우려면 관성의 기술을 최대한 써서 쏠림을 강화해야 했다.[123] 한쪽으로 쏠릴수록 공간이 생겨서 승객을 더 태우고 달릴 수 있는 법이다.

만원 버스에 타려는 서울 사람들은 한두 시간은 일찍 나와야 했다. 버스정류장 일대는 승차 지옥이 펼쳐졌다. 이미 사람들로 폭발할 것 같은 만원 버스는 정류장에 서지 않고 그냥 지나쳐버리곤 했다. 정류장의 긴 줄은 해당 버스가 오면 금세 무너져버리기 일쑤였다. 정류장 일대는 거의 주차장이기 때문에 표지판이 있는 제 위치에 버스가 정차할 리가 없었다. 버스가 아무렇게나 서는 순간 사람들은 먼저 올라타기 위해 달리기를 하고, 좁은 문으로 들어가려고 서로 밀치고 옷을 잡아당겼다. 이때 초등학생들이나 힘이 약한 여성들은 떠밀리거나 잡아당겨 버스 앞에 내팽개쳐지기도 하였다. 승객을 많이 태우다 보니 문을 닫지 못하고 출발하는 이른바 '개문발차開門發車'는 버스의 일상이라서 놀랄 일도 아니었다. 다만, 수십 명의 승객이 열린 문으로 떨어지지 않도록 양팔로 지탱하며 간신히 매달려 가는 버스 안내양의 안간힘만큼은 놀랄만하였다.

승차 지옥을 어렵게 통과했어도 또다시 만원 버스의 지옥이 기다리고 있었다. 가까스로 올라탄 승객은 짐짝이 되어 사람에

떠밀려가므로 굳이 손잡이를 잡을 필요도 없었다. S자 운전에 따라 이리 밀리고 저리 치이다 보면 사람의 얼굴이 창문에 닿을 정도였다. 광을 낸 구두는 짓밟혀 흙투성이가 되었으며, 누가 당기는지 어느새 옷의 단추가 떨어져 나갔다. 승차보다 하차가 더 난감하였다. 목적지에 도착하기 한두 정거장 전부터 "나가요" 소리를 지르면서 재주껏 몸을 이리저리 돌리며 희미한 틈 사이로 빠져나가야 했다. 가방이라도 들고 있으면 빠져나가기가 더 어려웠다. 가방을 놓치지 않으려고 기를 쓰고 나오다가 누군가의 옷이 가방의 쇠붙이에 걸려 찢어지는 일도 자주 있었다.[124]

그러나 이런 일들은 사소한 사건에 불과하다. 이따금 만원 버스에서는 최악의 사고도 벌어졌다. 정원의 두 배를 태우고 좌충우돌 운전을 하다가 어린 여학생이 질식해서 숨지는 사고가 일어난 것이다.[125] 또한, 개문발차의 상태로 급회전을 하고 곡예 운전을 하다가 사람이 떨어져 숨지는 사고도 발생하였다. 할머니와 여학생, 버스 안내양 등이 이 위험천만한 상황에서 희생되었다.[126] 만원 버스의 지옥에서는 자신이 살아남아야 하므로 서로를 배려하는 마음은 찾기 힘들었다. 승객들이 밀집된 만원 버스 안에서는 소매치기 사건도 자주 되풀이되었다. 한번은 출근길 만원 버스에서 소매치기가 발생하여 경찰서까지 갔지만 "출근 늦겠다"는 승객들의 성화에 못 이겨 조사는커녕 버스를 다시 돌려보내는 일도 있었다.[127]

교통지옥을 개선하지 못하는 정부나 서울시에 대해서 비난의 화살이 쏟아졌다. 물론 정부나 서울시가 교통정책에 아예 손을 놓은 것은 아니었다. 담당 부처에서는 시내버스를 꾸준히 증

3장 서울은 만차다

❶ 버스 기사와 안내양이 도열한 모습(1965). 서울역사아카이브 제공.
❷ 영등포 지역의 러시아워(1965). 서울역사아카이브 제공.
❸ 을지로에서 버스를 기다리는 모습(1966). 서울역사아카이브 제공.
❹ 버스 종점에 정차된 마이크로버스(1962). 서울역사아카이브 제공.

차하려고 애썼으며, 1960년대 중반 이후로 일반 버스, 급행버
스, 합승 버스로 세분화하여 운영하는 등 시내버스 체계를 새로
잡으려고 노력했다. 1967년 한때는 시영버스를 운영하기도 하
였다.[128] 1960년대 서울을 달리던 버스는 16인승 또는 25인승
의 작은 마이크로버스였다. 탑승 인원이 적은 마이크로버스는
시작부터 사람을 가득 채웠으며, 하나의 문으로 승하차를 모두
하여 정차 시간도 길었다. 1970년대 후반에는 시내버스도 고속
버스처럼 대형화하였다. 정원이 104명인 차량이 콩나물 버스

가 되었을 때는 250명까지도 태울 수 있었다. 대형버스는 무엇보다 타는 문과 내리는 문이 따로 구분된 점이 특징으로, 러시아워 때 승하차 시간을 크게 줄일 것으로 기대되었다.*

하지만 이런 시책은 구조적인 산업 부양책에 흐릿해지기 마련이었다. 자동차 산업을 수출 전략산업으로 정했던 정부는 국내에서도 자가용을 증가할 수 있는 정책을 펼쳤다. 경제개발을 위해서는 대중교통의 원활한 체계보다 자가용의 판매와 보급이 더 중요했다. 그러하니 정부 정책에서 버스 교통은 뒤로 밀려났고, 영세한 운수업자들이 스스로 대중버스의 혁신안을 만들어낼 수도 없는 노릇이었다.**

서울의 만원 버스는 시민의 불만 버스가 되어 언제든지 폭발할 듯한 아슬아슬한 상황이었다. 한 언론에서는 "가장 많은 인권人權을 실어 나르는 버스가 대중을 화물 수송하듯 해도 정책입안자는 계속 눈을 감아왔다"고 지적하며 "다른 선진 제국에서라면 차중반란車中叛亂이 일어났을 것"이라고 혹독히 비판했다. 버스 이용객들의 불만이 폭발 직전인 임계점에 다다랐음을 말해주는 것이다. 아울러, 이 기사에서 서울 만원 버스의 10가지 속성을 아래와 같이 언급하였는데, 만원 버스에서 엄청나게 휘둘린 시민들의 마음이 잘 드러나고 있다.

---

* 한동안 마이크로버스보다 큰 도시형 버스가 서울 시내 버스로 운행되었다. 도시형 버스의 정원은 72명이었다. (〈조선일보〉 1978년 1월 10일 '달라지는 서울')

** 영세한 운수업자들이 알아서 버스를 증차할 리가 없었다. 버스 요금을 올려서 운수 서비스를 개선하려는 시도도 물가에 영향을 미친다는 이유로 여론의 문턱을 쉬이 넘지 못했다. (〈조선일보〉 1978년 1월 18일 '1,000만 명의 발병')

"서울 시내버스의 속성은 ① 원래 자리가 없다. ② 차 안팎이 지저분해야 한다. ③ 뛰어가면서 타야 한다. ④ 줄을 서서 타지 않는다. ⑤ 만원이라야 한다. 러시아워에 조금이라도 차내에 공간이 있으면 차에 시동이 걸리지 않는다. 급출발 급정거 지그재그로 몰아서 공간을 메워야 한다. ⑥ 재빨리 승하차하지 않으면 안내양에게 떠밀리거나 핀잔을 받아야 한다. ⑦ 옷을 다려입거나 구두를 닦고 타서도 아니 되고 단추는 쇠줄로 달아야 하며 이중으로 재봉한 옷을 입어야 한다. 손에 든 것이 없어야 하고 가방을 들었을 땐 손잡이를 쇠고리로 달아야 한다. ⑧ 불시에 머리를 부딪히거나 타고 내릴 때 떨어져서 생명을 잃을 각오가 돼 있어야 한다. ⑨ 남의 발쯤 밟는 것은 실례가 될 수 없다. ⑩ 버스 꽁무니에서 반드시 검은 연기가 나야 제격이다. 등등…. 이것이 서울의 버스다."

〈조선일보〉 1978년 1월 18일 자

　　퇴근 시간이 끝나면서 만원 버스의 승객도 잦아들었다. 저녁 늦은 시간, 승객이 사라진 버스를 타면 버스 안내양이 빈자리에 앉아 조는 모습을 볼 수 있었다. 엄청난 무게의 피로에 빠진 그들은 꾸벅꾸벅 졸다 못해 거의 몸을 가누지 못하는 수면 상태로 들어갔다. 다음 정거장에서 내려야 하는 승객이 어깨를 툭 치면 그제야 소스라치게 놀라며 잠에서 깨어났다. 서울 승객들은 졸고 있는 버스 안내양이 위태롭기 그지없는 최악의 노동 환경에 처해있음을 몰랐을 게다. 그들은 다른 고교생과 엇비슷

153

한 나이에 동생과 가족의 뒷바라지를 위해 서울로 올라온 청소
년들이었다. 산업화 시절 서울에 홀로 올라온 개인은 대부분 젊
은 미혼 남녀들이었다. 특히 상경하는 여성 중 반은 15~19세
의 어린 여성들이 차지하였다. 그들이 서울에서 할 수 있는 직
업이란 여공이나 식모, 아니면 버스 안내양이었다.[129] 버스 안
내양으로 서울의 교통지옥에 입성한 그들은 가녀린 팔로 만원
버스에 탄 승객들의 무게들을 버티며 위험천만한 개문발차의
시대를 통과해야 했다.

서울에서 시내버스의 운행을 처음 볼 수 있었던 때는 1928
년 경이었다. 이는 경성부가 운영하는 경성부영京城府營 버스였
다. 부영버스의 출발과 함께 새로운 직업이 등장하였으니 버스
요금을 받는 여성 차장이었다. 버스 여차장은 "뻐스껄(버스걸)"
이라고도 불렸다. 1928년 여차장 12명을 모집하는데 지원자가
75명이나 되었고, 여자고등보통학교 출신까지 있었다.[130] 그런
데 여차장의 합격조건이 "다른 손님들에게 호감을 줄만큼 얼굴
이 예쁜 여자"라고 했다.[131] 일제강점기 버스걸은 새로운 직업
으로 인기를 끌었으나 장시간 노동과 짓궂은 남성 손님들의 농
락을 견뎌내야 했다.

버스걸 이후로 버스의 안내를 맡은 사람은 남성 차장이었
다. 하지만 남차장의 불친절과 행패는 도를 넘어서 시민들의 불
편이 이만저만이 아니었다. 1961년 5·16 군사정변이 일어난
이후로 승무원에게도 일제히 제복을 착용하게 하였으며, 차장
을 여성으로 전원 교체하였다. 상냥하고 친절한 여차장을 내세
움으로써 명랑한 시민교통을 이룩하기를 기대했다.[132] 당시 승
객들은 버스에서 "오라이" "스톱" "어서 오세요" 등 젊은 여성

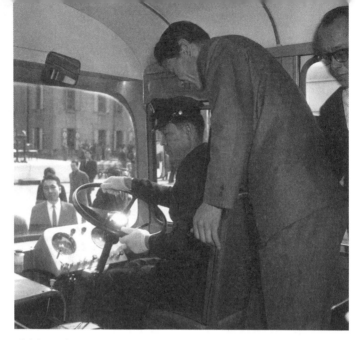

시영버스 운행 개시(1967). 서울역사아카이브 제공.

들의 경쾌한 목소리와 친절한 태도를 바랐다. 하지만 그 희망도
곧 물거품이 되었다. 교통 혼잡이 심화할수록 버스에서의 노동
강도는 더 강화되었고, 어린 여성이란 이유로 성차별과 인권유
린도 심각해졌다. 거친 교통지옥을 다녀야 했던 버스 안내양은
명랑하기는커녕 파김치가 되어버렸다.

　새벽 5시경 출발한 버스는 늦은 밤 11시가 되어서야 차고로
돌아왔다. 버스의 운행과 보조를 맞춰야 하는 안내양도 4시부
터 준비를 해서 기숙사에 돌아와 누우면 거의 12시경이다. 그
들의 평균 수면시간은 4시간 30여 분이었다. 버스 안내양은 하
루 18시간 이상의 중노동과 씨름을 했다. 출퇴근 만원 버스에
서는 계속 소리를 질러야 했고, 버스 문에 매달려 다녀야 했으
니 그 노동 강도는 상상조차 할 수 없었다. 버스 안내양의 기본

서울 시내버스 안내양 교육 현장(1976). 서울기록원 제공.

업무인 요금 관리도 스트레스가 높은 일이었다. 카드를 대면 자
동 결제되는 지금의 시스템과 달리 당시는 일일이 현금을 받고
잔돈을 거슬러 줘야 했다. 토큰과 회수권이 사용되었으나 현금
지불은 계속되었고, 혹시라도 잘못 계산하면 차액을 회사에 물
어줘야 했기에 요금 수납은 피로도가 높았다. 게다가 전용 좌석
이 없는 안내양은 종일 서서 근무했다. 아울러 사람을 차 문으
로 억지로 밀어 넣고 두 팔로 버텨야 하는 푸쉬맨, 운행이 끝난
이후 세제를 뿌려 버스 내부를 깨끗이 닦는 미화원 역할까지 했
다. 그럼에도 그들이 받는 월급은 혼자 생활하기도 벅찬 저임금
이었다. 쥐꼬리 월급에서 식비를 공제했으며, 잘못해서 벌금까

3장 서울에 산다

지 물고 나면 쓸 돈이 거의 없었다.*

1970년대 버스 안내양은 열악한 노동 환경은 물론이고 건
강과 위생 환경도 최악이었다. 버스 안내양의 3분의 1 이상은
동상, 무좀, 위장병 등 직업병에 시달리고 있었다. 난방이 잘되
지 않는 버스에서 추위에 떨고, 기숙사에서도 온수와 난방시설
이 미비해서 잘 씻지 못했다. 게다가 '삥땅'을 막는다는 이유로
근무 중 기숙사 출입을 금했으므로 젖은 양말조차 갈아신지 못
했다. 이러하니 동상과 무좀 등 직업병에 시달리는 것은 당연하
였다.**

1980년대가 되어도 버스 안내양의 근로조건은 여전히 위험
한 수준이었다. 버스 안내양의 대부분이 일일 18시간, 주 90시
간 이상의 중노동을 하고 있었다. 이들은 과로 속에서 끼니를
거르기 일쑤였다. 회사에서 주는 단체 급식의 질도 형편이 없
었으며 그 식사라는 게 약 5분간 밥을 물에 말아 후루룩 마시는
정도였다. 그들의 간식비는 대개 졸음을 쫓거나 피로 회복을 위
한 각성제 및 커피에 쓰였다. 1980년대 버스 안내양은 영양 결
핍 증세를 보였으며, 또래보다 키와 몸무게가 떨어지는 것으로
나타났다. 또한 빈혈과 두통, 위장병, 다리와 허리 통증 등으로
고생하였다.[133]

---

* 버스 안내양의 월급은 1961년경 700원, 1966년경 2,400원 정도였다. 회
   사에서는 버스 안내양의 외출까지 규제했는데 귀가 시간이 늦으면 벌금을 떼
   기도 하였다. (김정화, 2002, 〈1960년대 여성노동-식모와 버스안내양을 중
   심으로-〉《역사연구》제11호, 역사학연구소, 86~87쪽)
** 거의 2일 근무에 1일 휴무였다(단체협약상에는 격일근무제). 단체협약상에
   명시된 것과 달리 회사 측은 방한화나 장갑도 제대로 지급하지 않았다고 한
   다. (《동아일보》 1977년 2월 23일 '버스 안내양 34%가 직업병')

버스 안내양의 복지는 말할 것도 없고 이들의 인권도 사각지대에 놓여 있었다. 버스 안내양들이 제일 괴로워했던 것은 회사로부터 당하는 몸수색이었다. 버스 안내양의 신체는 감시와 통제의 대상이었다. 삥땅을 방지한다면서 호주머니를 뒤지는 것은 일상이었으며, 몸을 더듬거나 알몸 수색까지 하였다. 삥땅을 "깨진 독에 물 붓기"로 여긴 버스업체는 이를 막기 위하여 갖은 대책을 마련하였다. 삥땅은 "돈을 뺏는다" "돈을 중간에서 가로챈다"라는 뜻의 "삥친다"에서 온 말이다.* 실제로 버스 안내양 가운데 몇몇은 회사에 낼 요금 일부를 몰래 착복하는 삥땅의 유혹에 넘어가곤 했다. 만원 버스의 시대에 삥땅 시비가 지속됨으로써 버스 안내양을 보는 시선이 곱지 않았다. 하지만 이 삥땅은 최저임금에도 못 미치는, 불공정한 임금 산정이 낳은 구조적 산물이었다. 영세한 버스업체들은 임금과 복지의 수준을 올리기보다 감시와 수색으로 삥땅을 막으려 하였다. 우선 사람이 차에 오르는 순간, 무게를 감지하여 눈금이 올라가는 버스 계수기가 설치되었다. 하지만 무임승차나 할인 승차 등은 계산을 할 수 없었으며 오작동을 일으키는 경우도 적지 않았다. 이 외 승하차 인원을 사람이 직접 체크하기 위하여 계수원을 탑승시켰고, 몰래 안내양과 운전기사의 삥땅을 지켜보는 암행 감시원을 붙이기도 하였다.**

---

* 〈동아일보〉 1978년 4월 22일 '횡설수설'. 삥땅을 섰다 판의 일땡으로 보는 견해도 있다. 장땡을 차주의 수입이라고 생각하고, 장땡보다는 못해도 그다음 정도의 수입이라는 의미로 삥땅이 유래했다는 것이다. (김나현, 2022, 〈모빌리티 노동의 정동〉《사이間SAI》, 국제한국문학문화학회,124쪽)

** 김나현, 위의 글, 119~121쪽.

3장 서울을 만지다

❶ 버스 토큰 판매소(1977). 서울역사아카이브 제공.
❷ 서울 중고생 시내버스 승차권. 대한민국역사박물관 제공.

　　버스 요금 제도의 개선책도 이 삥땅의 방지와 관련이 있었
다. 1977년에는 시내버스에서 사용하는 토큰 제도가 전면적으
로 실시되었다. 토큰은 1원짜리 동전처럼 생긴 작은 주화인데
시내버스 탑승 용도로만 사용하였다. 토큰제의 실시는 혼잡한
버스에서 요금 계산의 불편을 덜고, 그에 따라 버스 정차 시간
을 줄이는 뜻도 있었지만 안내양의 삥땅 시비를 사전에 차단하
고자 하는 이유도 있었다.[134] 1990년대까지 중고등학생들은 일

반적으로 버스 회수권을 사용하였다. 버스 회수권은 학생들의 승차권으로 일반 버스 요금의 약 10%를 깎아주는 할인권이었다. 학교에서 배부하는 회수권 구입표를 가지고 버스 정거장 근처의 승차표 판매소에 가면 회수권을 살 수 있었다. 회수권은 10장이 세트로 되어 있으므로 한 장씩을 잘라서 넣고 손쉽게 빼는 회수권 케이스도 유행하였다.

그런데 서울의 시내버스 요금 제도가 개선될수록 버스에서 안내양의 입지는 좁아졌다. 안내양은 버스 안의 모든 일을 맡고 있으나 첫 번째 임무는 역시 차비 징수였다. 그런데 현금을 주고 거스름돈을 받는 일이 줄어들수록 안내양의 필요성도 줄어들 수밖에 없었다. 게다가 사회는 발전하는데 혹독한 노동 조건과 저임금이 계속되었으므로 버스 안내양을 구하기가 더 힘들어졌다. 그리하여 안내양 없는 자율버스가 시범으로 도입된 때가 1982년 7월이었다. 자율버스는 운전석 옆에 승차표함이 설치되어 있었다. 승객들이 직접 승차표함에 승차표를 넣고, 운전기사는 곁눈으로만 확인하였으니 그야말로 시민 의식을 믿어야 하는 버스였다.[*]

당시는 1986년 아시안게임과 1988년 올림픽을 맞이하여 서울시의 교통 제도가 전방위적으로 변화를 꾀하던 시절이었다. 논란이 일어도 자율버스는 대세가 되었고, 점차 안내양은 버스 안에서 사라져갔다. 1989년에 이르면 마지막으로 남아 있

[*] 1982년경 서울 시내버스 90개 노선 6,973대의 시내버스에서 한 대당 2명의 안내양, 즉 1만 6,000여 명이 필요했다. 하지만 실제로는 3분의 2 수준인 1만 1,000여 명에 불과했다. (《경향신문》 1982년 5월 19일 '안내양 없는 시내버스 7월 첫선')

던 수십 명의 안내양마저 사표를 냄으로써 버스 안내양이라는 직업 자체가 없어졌다. 1990년대 후반부터는 서울버스에서 현금이나 특수 주화도 운명을 다했다. 내부에 설치된 카드 판독기에 카드를 살짝 대면 요금이 자동으로 처리되는 교통카드의 시대가 온 것이다.[135] 2000년대에는 만원 버스 시대의 산증인이었던 버스 안내양의 존재조차 기억 속에서 가물가물해졌다.

하지만 요즘에도 만원 버스에서 좌충우돌하다 힘들어질 때면 기억 속에서 버스 안내양들을 다시 소환하게 된다. 자율버스의 등장으로 그들이 모두 일자리를 잃었을 때 우리는 그들의 차후 생계를 위한 사회적 논의를 진행하지 않았다. 그리고 그들의 노동과 임금, 인권과 복지 문제도 해결하지 않고 역사에 묻어버렸다. 교통지옥의 시절, 만원 버스의 무게를 오직 두 팔로 버티며 살아갔던 버스 안내양에 비한다면 오늘의 우리는 얼마나 편안한가. 지금이라도 교통지옥의 버팀목이자 만원 버스의 산증인이었던 버스 안내양의 삶을 다시 돌아볼 때가 아닌가.

2 마이카 시대의 자동차 고사

- 교통사고 왕국은 두렵다

어린 시절로 돌아가고 싶을 때면 나도 모르게 낡은 앨범을 들추게 된다. 흑백사진들 속 빛바랜 장면들과 함께 소중한 피사체가 드러난다. 그중 어린 내가 자동차 앞에서 찍은 사진들이 눈에 띈다. 그 자동차는 지금은 찾아보기 힘든 삼륜차이다. '기아 마스터'로 불린 삼륜차인데 현재 소형차 정도의 작은 크기였다. 이 삼륜차는 일본 마쓰다와 기술 제휴로 만든 최초의 트럭으로 용달차의 조상 격이다. 제과 공장을 운영하던 아버지는 일찍부터 삼륜차를 구입해 갓 나온 빵을 짐칸에 싣고 배달까지 했다. 당시 제과업도 기동력이 필요했으므로 우리 집은 자동차를 필수품으로 여겼다. 새 자동차를 들인 후 어머니는 작게나마 고사를 지내곤 했다. 제물을 푸짐하게 차리고 절차도 잘 따져서 지내는 가정도 있었으나 우리 집은 북어와 막걸리 등 간단한 제물을 차려서 본네트(보닛) 위에 올려두고 비손을 하는 정도였다.

1970년대 초반 서울에도 자가용이 있는 집은 많지 않았다. 서울 시내를 다니는 차량 6만 400여 대 중 자가용은 3만 2,000여 대에 불과했다. 당시 서울 인구가 500만 정도였으니 자가용 170여 명에 한 대꼴밖에 없었다.[136] 현재는 서울 사람 약 세 명당 한 대꼴로 차량을 보유하고 있는 것과 비교해 보면 당시에 차량이 얼마나 적었는지를 가늠할 수 있다. 그런데 1970년대가 시작되자마자 언론에서는 '자가용 시대' 또는 '마이카 시대'를 부르짖었다. 이때 부르짖은 마이카 시대는 실제로 온 것이 아니라 빨리 오기를 바란 희망사항이었다.

그 시절 우리나라에서 마이카는 부잣집을 상징하였다. 마이카 시대가 도래한 국가를 선진국으로, 풍족한 문명을 누리는 나라로 여겨 부러워했다. 마이카 시대를 누리던 나라치고 국민소득 수준이 높지 않은 곳이 없었다. 영국, 프랑스 등 유럽의 선진 국들은 이미 1960년대 초부터 국민소득이 1,000달러에 이르렀 고, 이때부터 마이카 시대에 진입했다고 보았다. 1970년대 후 반에는 우리 국민소득도 1,000달러에 육박하게 되었으니 '마 이카 시대'의 여명기가 된 것으로 생각했다.* 그러나 마이카 시 대는 단순히 인구 당 자동차 보유 대수로만으로 결정될 수 없 다. 자가용이 보급될 수 있도록 국내 자동차 산업이 뒷받침되어 야 하고, 주행이 원활할 수 있도록 도로와 주차장 등 기반 시설 이 구축되어야 한다. 그뿐이랴. 자가용이 사치품이 아니라 필수 품이라는 점을 시민들이 공유해야 하고, 마이카를 운행하는 운 전자가 안전 문화와 운전 에티켓도 갖춰야 한다. 그런데 마이카 시대의 여명기에는 주로 차량의 보유 수량과 자동차 산업의 발 전 등 물질적 측면만이 중시되었다. 자동차 문화라는 개념은 생 소하기만 했던 시절이었다.

1910년대 서울에서 자가용을 보기란 하늘의 별 따기와 같 았다. 그도 그럴 것이 자가용은 왕실이나 총독의 전유물이었기 때문이다. 구한말 고종의 승용차 한 대가 장안 거리를 달린 적 이 있고, 강제적 한일합방 직후에는 왕실과 총독용으로 두 대가 다녔을 뿐이다. 일제강점기 사대문 안 도로에는 주로 전차가 다 녔고, 자가용은 드문드문 볼 수 있었다. 1919년경 전국 자동차 대수는 4,500여 대에 불과하였으며, 운전기사는 수입과 씀씀이

---

*   물가 상승이나 인플레이션을 감안한다면 선진국의 1,000달러에는 한참 뒤지
      고, 마이카 시대가 본격화되기에는 아직 이르다는 주장도 만만치 않았다. (〈조
      선일보〉 1978년 5월 28일 '車, 자가용시대는 오는가①')

❶ 시발자동차 행운 추첨대회(1958). 국가기록원 제공.
❷ 국산 시발 디젤 125마력 버스(1961). 국가기록원 제공.

가 커 기생들이 좋아할 정도로 최고 인기 직업이었다.[137]

버스와 택시, 자가용 등 자동차가 서울 도로를 장악하기 시작한 것은 1950년대 이후였다. 특히 1955년에는 한국인이 만든 최초의 자동차가 생산되었다. 잘 알려진 '시발始發자동차'이다. 시발은 처음으로 떠나는 자동차란 의미를 지니고 있다.[138] 시발자동차는 현재 자가용의 주류인 세단형이 아니라 지프형이었다. 당시 시발자동차는 택시로 많이 이용되었는데, 요즘 사람들은 지프 모습을 한 택시를 상상하기 어려울 것이다. 이 시발자동차는 국내 자동차 공업이 1950년대 미군 부대에서 흘러나온 군용차량을 개조하면서 성장한 단면을 잘 보여준다.

1950년대 자동차를 전문으로 생산하는 신진공업사가 시동을 건 이후로 1960년대에는 새나라자동차와 현대자동차 그리고 기아자동차가, 1970년대에는 아시아자동차도 차량 생산에 들어갔다. 하지만 이 시절의 자동차 산업은 미국, 독일, 일본 등 자동차 선진국의 회사와 기술 협력하여 국내에서 그 회사의 모델을 조립 생산하는 수준이었다. 1970년대가 되자 젊은 기업이었던 현대자동차가 국산 자동차 생산에 의지를 불태웠다. 그 결과가 1974년에 출시된 '포니'였다. 포니는 순수한 국산 모델이었으며, 국산화율도 80% 이상까지 끌어올렸으니 우리나라 최초의 국산 자동차라고 내세울 만하였다.

포니는 국민차로 국내에서 엄청난 인기를 끌었을 뿐만 아니라 유럽, 아프리카, 중동 등 세계로 수출되었다. 이 '효자차'는 국내 자동차 산업을 견인하였거니와 곧 다가올 마이카 시대의 기틀을 잡았다.[139] 나의 초등학교 시절에 도로를 달리거나 주차장에 세워진 승용차의 상당수는 포니였다. 자동차를 잘 모르는

❶ 신진공업주식회사 국산 자동차 생산 공장(1965). 국가기록원 제공.
❷ 시청 뒤뜰에 집결해 있는 코로나 택시(1966). 서울역사아카이브 제공.

수출 포니차(1978). 국가기록원 제공.

어린이들도 포니는 알았다. 장난꾸러기 중에는 이 포니의 트렁
크에 붙은 조랑말 장식을 몰래 떼어내서 모으는 취미를 가진 녀
석들도 있었다.

　　1970년대 후반부터 운전면허를 따고자 하는 수요가 폭발적
으로 증가하였다. 강남구 삼성동의 운전면허 시험장에는 많을
때는 하루 1만 명에 가까운 응시자가 몰려들어 아우성을 쳤다.
비록 당장은 자동차가 없지만 언제라도 운전을 할 수 있다는 생

168

각에 면허증부터 따고 보자는 심리가 작동한 것이다. 1980년은 서울에서 50만여 명이 운전면허 시험에 응시하여 10만여 명이 합격하였으며, 전국적으로는 운전면허 취득자 수가 210만여 명을 넘었다.[140] 1981년 당시 전국에 자동차가 55만여 대였다. 그러하니 면허증만 있고 실제로 운전은 하지 않는 장롱 면허자도 큰 폭 증가한 것이다. 자동차 산업이 호황을 맞는 시기는 1980년대 전후였다. 현대, 기아, 새한에서 생산한 자동차들의 판매량이 두 배 이상 급증하였고, 소비자가 자동차를 사기 위해서 5개월까지도 기다려야 했다. 화가 난 손님들이 재떨이를 던지는 바람에 자동차 회사의 데스크 유리판이 고무판으로 바뀌었다는 웃지 못할 이야기도 떠돌았다.

이런 시류에 발맞춰 '오너드라이버Owner driver' 즉 자가운전자가 눈에 띄게 늘어났다. 진정한 마이카 시대는 자신의 차를 스스로 모는 사람이 대다수가 되었을 때 열리는 법이다. 1970년대까지 영업용 차량이 국내 차량의 반 정도를 차지하고 있었고, 회사나 부잣집에서는 운전기사를 두는 게 당연하다고 여겼다. 운전면허증 보유자도 많지 않았거니와 차를 능숙하게 모는 사람들도 적었기에 운전을 특별한 직업으로 생각했다. 그런데 운전기사가 쉬는 휴일이나 업무 시간 외에도 차량 운전이 필요할 때가 많았다. 필요로 할 때 가동하지 못한다면 자가용의 의미는 퇴색된다. 마이카 시대에 발맞춰 기동성을 살리는 오너드라이버가 뜨는 것은 당연한 추세였다. 자동차 회사의 중역들이 먼저 자가 운전을 실천하였고, 자가용을 보유한 서울의 상인들도 직접 운전대를 잡았다. 특히 주부들이 면허를 따서 직접 운전에 나선 것도 주요한 변화였다.[141]

마이카 시대의 여명기에 생겨난 새로운 풍속이 바로 '자동차 고사'였다. 자고 나면 아파트 주차장에 새 자동차가 나타나는 시절이었으니 그와 더불어 자동차 고사를 지내는 집도 조금씩 생겨났다.[142] 주차장 한복판에 임시번호판을 붙인 자동차를 세워 놓고, 그 앞으로는 돼지머리와 시루떡 등 제물이 차려졌다. 간혹 스님을 모셔서 목탁을 두드리며 염불을 하고, 아니면 차주가 스스로 제를 지내기도 하였다. 하지만 아직 마이카가 대중화된 단계는 아니었기에 가정에서 고사를 자주 지내던 서울 사람에게도 자동차 고사는 낯선 시절이었다.

실은 자동차와 고사는 이례적 조합이었다. 근대화를 외치던 시기 자동차는 첨단 기기였고, 이 첨단 기기 앞에서 전통적 제의인 고사를 지낸다는 것은 어색한 일이었다. 가정에서의 고사는 신령에게 집안의 무사태평을 기원하며 가족들이 하는 일이 잘 되기를 기원하는 제사이다. 결국 고사란 신에게 자신의 염원을 빌고 운명을 의탁하는 행위이다. 그렇다면 자동차에도 신이 있는가? 이것은 고사를 지내는 근원적 문제이기도 하였다. 그런데 의아스럽게도 자동차 고사에서 신에 대한 관념은 희박하다. 자동차 고사를 지내면서도 내 자동차를 지켜주는 수호신이 있다고 여기지 않는다는 것이다.[143] 만약 수호신이 있다고 믿었다면 내부의 수납공간 어딘가에 신을 상징하는 신체를 모셨을 것이다.

이는 물 위에서의 대표적인 교통수단인 선박과 비교해 보면 분명해진다. 돛배와 같은 무동력선이 동력선으로 발전된 이후로도 어민들은 배를 지켜주는 수호신인 '서낭'을 모신다. 배서낭이 여성인지 남성인지에 따라서 신체神體가 다르기는 하지만

선장실이나 기관실의 한쪽에 모셔둔다.* 배의 안전과 풍어를 위해서 지내는 뱃고사도 이 서낭신을 모시는 제사이다. 해상조업이 더 위험하긴 해도 자동차에도 늘 사고의 위험이 도사리기는 마찬가지이다. 자동차 고사 역시 운전자의 안전과 자동차의 무사고를 기원하기 위해서 지내는 것이다. 그런데 자동차를 지키는 신이 없다는 것은 이전까지의 고사와는 다른 의미를 지닌다는 것으로 풀이된다.

자동차 고사는 산업화 시절 새로 탄생한 풍속이다. 자동차를 운전하는 누군가에 의해서 새로 만들어진 풍속임은 명확하다. 특히 초창기 자동차가 집중된 서울에서 발생했을 가능성이 크다. 자동차는 자동화 시대에 탄생한 대표적 산물이자 공장의 대량생산 체제에서 찍어낸 기계이다. 신은 신성한 장소이거나 성속聖俗이 교차하는 장소에 머무르는 존재이므로 이런 기계에 신이 좌정하기에는 신성성이 부족하다. 하지만 신이 없는 고사도 지낼 수는 있다. 자동차 고사를 지내야 하는 이유는 끊임없이 찾아오는 교통사고와 같은 재앙 때문이었다. 자동차 고사가 액막이의 성격과 주술적 의례가 중심이 된 것도 그 때문이다. 비록 경이로운 신이 좌정하지 않는다 할지라도, 불안한 교통사고의 지옥에서 벗어나 안전을 바라는 마음은 자동차 고사와 같은 독특하고 새로운 의례를 만들었다.

서울 사람들에게 자가용은 빠르고 멋진 교통수단이었지만 이용의 대가는 혹독했다. 산업화 시절 우리나라는 세계적으로

---

* 여성 신은 비녀, 치마저고리, 꽃신 등을, 남성 신은 남성 신발이나 한복 등을 상자에 담아 모신다. ('배서낭', 《한국민속대백과사전》, 국립민속박물관)

'교통사고의 왕국'이라는 오명을 얻었다. 산업과 경제 등 모든 영역에서 속도전을 치르듯 '빨리빨리'만을 강조했던 우리나라에서는 애초부터 자동차 운행이 불안하기만 했다. 마이카 시대가 개막되기 전부터 이미 참혹한 교통사고의 시대가 먼저 열렸다. 1970년 한 해 동안 서울에서 교통사고로 530여 명이 숨지고, 1만 4,800여 명이 다쳤다. 서울 시내 외과병원에서는 교통사고 환자가 제일 큰 비중을 차지했다. 문명의 이기는 달리는 흉기로 돌변했다. 교통사고에 가장이 희생되어 집안이 망하고, 꽃다운 나이에 생을 마감하는 청소년들도 적지 않았다.[144]

차량이 늘어날수록 교통사고도 증가했다. 1978년 서울에서는 3만 600여 건의 교통사고가 발생하여 거의 1,000여 명이 비명횡사하였으며, 2만 5,600여 명이 중경상을 입었다. 서울에서만 하루 평균 84건의 교통사고가 나서 매일 2~3명이 숨졌다. 당시 우리나라의 차량 한 대당 교통사고 사망률은 미국과 일본의 50배, 호주와 프랑스의 25배에 해당하는 어마어마한 수치였다.* 이것은 단순한 통계가 아니라 서울 사람들이 직접적으로 신체에 입는 상처이자 재산 피해였다. 만차滿車가 일으킨 서울의 교통지옥은 아찔한 교통 불법의 상황으로 내달렸다. 교통지옥에서 살아남기 위해서 운전기사들은 법규를 지키기는커녕 신호를 무시하고 달렸다. 과속과 신호위반, 중앙선 침범과 불법 유턴 등이 일상화되었다. 산업화 시절 서울 도로에서 상대에 대한

---

* 1978년 전국적으로 9만 4,300여 건의 교통사고로 인해 사망자 5,100여 명, 부상자는 9만 1,400여 명이 발생했다. 이 가운데 서울이 32.4%에 달하였다. (《조선일보》 1979년 3월 31일 '주말 노크')

양보는 찾아볼 수 없었으며, 곳곳이 신경질적인 빵빵, 경적 소리로 시끄러웠다. 차량이 집중된 시내 로터리뿐만 아니라 차량이 한산한 탓에 마구 속력을 내는 변두리 지역 등 곳곳마다 '윤화輪禍의 악령'이 떠돌고 있었다.

교통사고 제1국이라는 오명이 가시지 않던 1985년, 국내 자동차 보유 대수가 드디어 100만 대를 돌파하였다. 그중 서울시의 자동차 수는 38만대로 거의 40%를 차지하고 있었다. 마이카 시대를 희망했던 사람들에게 100만 대의 문턱을 넘은 것은 매우 특별한 사건이었다. 마치 험난한 분수령을 넘어 자동차 선진국의 고지를 눈앞에 둔 듯 벅찬 심정이 되었다. 자동차 보유 대수가 5,000만 대에 이르는 일본에 비해서는 아주 미미한 수량이지만 우리나라도 여덟 가구당 한 대꼴로 자동차를 보유하게 된 것이다.[145] 한 해 자동차 생산능력도 65만 대를 넘김으로써 선진국형 자동차 산업의 수준으로 진입하였다.[146]

1980년대를 지날 즈음 서울 사람들은 점차 자동차를 사치품이 아닌 필수품으로 인식하였다. 자동차를 '가진 자의 전유물'로 여겼던 시대는 퇴장하고, '대중의 발'로 생각하는 시대가 등장하였다. 1990년에 이르러 자동차는 기하급수적으로 늘어나 서울의 자동차 대수가 100만이 넘었다. 그런데 웬일인지 서울 자동차 100만의 선은 그리 달갑지 않은 소식이었던 모양이다. 만차로 만신창이가 된 서울은 되레 심화된 교통대란만 마주할 것이라는 우려가 팽배했다. 자동차 산업만 육성하고 대중교통은 등한시한다는 비판의 목소리도 커졌다.[147] 어찌 보면 이런 시선이야말로 자동차가 특별한 수단이 아니라 대중화된 증거라고 볼 수 있다.

자동차 고사 장면(1988). 국립민속박물관 제공.

　자동차가 대중의 발이 된 시기에는 자동차 고사를 흔히 볼 수 있게 되었다. 대개 자동차를 새로 뽑으면 도로변, 집 앞, 주차장 등에서 정차하고 고사를 지냈다. 헤드라이트가 멀리까지 비추는 저녁에 고사를 지내는 경우도 있었다. 자동차 고사의 절차는 간단하다. 먼저 문, 보닛과 트렁크까지 열어두고 전조등을 켠다. 수호신은 없다고 생각했지만 제사를 지내기 전에 조상신이 강림할 수 있도록 현관문과 창문 등을 모두 개방해 두는 관습을 따른 것 같다. 다음은 차 앞에 북어, 돼지머리, 떡, 과일 등 제물을 차려놓고 차주와 가족들이 술을 따른 뒤 절을 한다. 헌작과 재배(또는 삼배)가 끝나면 술을 바퀴나 도로에 뿌리면서 끝을 맺는다.[148] 차주에 따라서는 바퀴를 움직여 앞에 둔 바가지를 깨뜨리는데, 이것은 부정을 미리 없앤다는 뜻이다. 신부가 시가에 들어올 때, 관이 집 밖으로 나갈 때 등 여러 경우에 바가지를 깨는 것도 같은 풍속이다. 소금과 팥을 차체와 바퀴에다 흩뿌리는 경우도 그와 비슷한 액막이 주술로 이해할 수 있다.

어떤 이들은 여기서 그치지 않고 고사에 쓴 북어를 실타래로 묶어 차내에 두기도 하였다. 고사 때 썼던 북어를 엔진룸에 매달아두는 풍속은 차 고장의 원인이 되기도 하였다. 엔진룸에 북어를 두면 냄새를 맡은 쥐들이 들어와서 북어를 뜯고 전기배선까지 갉아 훼손하기 때문이었다.[149] 그런데 엔진룸에다 북어를 실타래로 묶어서 두는 이유는 무엇일까? 북어와 실타래는 우리 고사에서 상징적 제물로 여겼다. 민간신앙에서는 눈을 부릅뜨고 입을 쩍 벌린 북어는 액을 물리치는 의미로, 길게 이어지는 실타래는 수명장수를 축원하는 의미로 보았다. 그래서 마을 제사에도 제의가 끝나면 실타래로 묶은 북어를 서낭나무나 장승 등에 걸어두는 풍속이 있다. 이런 전통 풍속을 본받아 자동차 고사를 마친 뒤에도 엔진룸에 북어를 두어 제액과 무사고를 기원한 것이다.

세계사를 보건대 기계화, 자동화로의 진전은 항상 반작용의 결과도 불러일으킨다. 기계화로 인해 인간의 삶은 편리해졌지만 많은 이가 일자리를 잃었고, 공업화로 인해 다양하고 화려한 제품을 생산하게 되었지만 환경오염으로 고생하게 되었다. 자동차는 신속하고 편리한 이동을 가능하게 하였고, 시공간의 축소를 가져왔다. 도로가 닦여 있고 자동차가 구비되니 강북에서 강남까지도 그다지 먼 거리가 아니었다. 하지만 반작용의 결과도 만만치 않았다. 시공간을 빠르게 단축했다는 것은 그만큼 사고의 위험성이 더 커졌다는 의미다. 자동화가 급속히 진전되던 시절, 서울에서만 매일 2~3명이 노상에서 목숨을 잃어야 했

자동차 위에 북어를 올린 모습(2007). 국립민속박물관 제공.

다. 우리나라에서는 매년 거의 5,000여 명의 사람이 교통사고로 세상을 떠났으니 어떤 전쟁의 결과보다도 혹독했다.*

　마이카 시대는 서울 사람에게 편리함과 함께 불안감을 안겨주었다. 자동차를 '문명의 이기'로 생각했는데 알고 보니 '달리는 흉기'였다. 근대적인 서구 문명을 빠르게 수용했으나 교통질서, 안전의식 등은 전근대적 수준에서 머물렀던 서울은 불확실하고 불안전한 사회였다. 달리는 흉기는 속도가 빨랐고 예측불허의 사고가 늘 따라다녔다. 근대와 전근대가 뒤섞여 문명과 문

---

*　1981년 총 12만 3,000여 건의 교통사고로 5,800여 명이 사망했다. 교통사고로 인한 인명피해는 수상 사고, 탄광 사고 등 전체 안전사고의 71%를 차지했다. 사고 원인으로는 전방주시 태만, 안전거리 무시, 과속, 부당회전, 중앙선 침범 등 운전자 부주의가 전체 사고의 약 92%에 이르렀다. (〈조선일보〉 1982년 12월 14일 '불모의 자동차문화─사고 세계1을 온존시키는 원천')

화가 불일치하고, 편리와 불안이 교차하는 서울에서 주술적 안전 장치로서 자동차 고사가 유행한 것은 당연한 결과였다. 그런데 자동차 의례는 대한민국 서울만의 것은 아니었다. 일본 사람들도 차를 구입하면 흔히 절에 가 안전 운전을 기원하는 불공을 드린다고 하니 교통 선진국에서도 사고를 예방하기 위한 종교적 의례가 필요했던 것이다.

볼리비아의 사례는 더 특별하다. 코파카바나[Copacabana] 성당 앞은 차를 구입한 볼리비아 사람들이 축원을 받기 위해 몰려 있다. 신부님들이 아름다운 꽃으로 장식한 자동차에 성수를 뿌리는 의식을 진행한다. 볼리비아 사람들은 이 축원 의식을 신성하게 여겨 엄청나게 먼 거리에서도 달려온다. 흥미로운 사실은 자동차 무사고를 기원하는 의례가 잉카의 전통 의식인 차야르[challar]에서 비롯되었다는 것이다.* 코파카바나 성당은 스페인 침략자들이 태양신을 모시던 잉카의 신전을 없애고 그 위에 지은 성당으로, 내부에는 원주민의 모습을 한 '검은 성모상'이 모셔져 있다.[150] 볼리비아의 차야르는 힘들고 불안했던 과거의 역사를 떠올리게 한다. 근대와 전근대, 제국과 식민이 혼합된 역사가 문화를 버무려 새로운 풍속을 탄생시킨다는 점에서는 두 나라가 같아 보인다.**

---

* 차야르는 대지의 여신 파차마마[Pachamama]를 위해 땅에 술이나 물을 뿌리는 의식이다. 현재 코파카바나 성당 앞의 차야르는 파차마마와 함께 성녀에게도 기원을 하는 것이다.

** 우리나라 성당에서도 새 차를 구입하면 축성을 받는 경우가 많아지고 있다.

3 한강의 사라진 뱃길, 그 위의 다리

– 거인이 된 서울 사람, 한강을 한걸음에

한강漢江은 이름이 품은 뜻처럼 넓고 크다. 조선 시대에는 '경강京江'이라 불렸고, 고려 시대에는 '열수洌水'라 부르기도 하였다. 고구려 광개토대왕릉비에는 오늘날 서울의 수돗물을 가리키는 이름으로 쓰이는 '아리수阿利水'로 표기되어 있었다. 이런 한강의 이름들이 모두 중요하지만 나는 중국에서 불렸다는 '대수帶水'의 의미가 명쾌히 다가온다. 대수는 한강이 한반도의 허리에 띠를 두른 모양으로 흐른다는 뜻이다.[151] 지리적으로 한반도의 중앙을 흐르는 한강은 결국 역사의 중심을 흘러가지 않았는가. 한강은 한반도의 중앙을 관통하면서 마치 민족사의 허리띠처럼 우리 민족의 삶을 질끈 동여맨 채로 서해로 흘러나갔다.

전근대에 인간이 한강을 다스린다는 것은 감히 상상조차 할 수 없었다. 서울 사람은 길고 크고 거대한 한강을 경이롭게 바라보면서 강이 내어준 터전을 일구며 살아왔다. 서울 사람들에게 한강은 고맙고 소중한 존재였다. 강물이 꽁꽁 어는 한겨울에는 얼음을 벽돌처럼 잘라 저장한 뒤 더위에 대비했고, 움직임이 둔해진 물고기를 잡아 단백질을 보충했다. 봄을 제일 먼저 알려 준 것도 한강이었다. 얼음이 쩍쩍 갈라지는 해빙기가 오면 한강은 기지개를 켜고 봄소식을 전했다. 닫혔던 뱃길이 열리면 강원도나 서해안에서 물건을 싣고 오는 돛배들이 줄지어 한강의 나루에 입항하였다.

더불어, 한강은 두렵고 거친 존재였다. 장마철에 강원도, 충청도, 경기도를 거치며 거침없이 몸집을 불린 한강은 서울을 위협하는 두려운 강으로 돌변했다. 제방이 없던 시절에는 숭례문 근처까지 물이 넘실거릴 정도로 홍수기 한강은 서울 사람에게 더없이 무서운 존재였다. 물이 불어나는 여름철에 한강을 건너

뚝섬 강변의 돛단배(1957). 서울역사아카이브 제공.

려면 그 길이 황천길이 될 수도 있음을 각오해야 했다. 이때는
고개를 수그리고 한강이 노여움을 풀고 잠잠해질 시기까지 기
다리는 일이 최선책이었다. 제3한강교(한남대교)가 생기기 전까
지 강남 사람들은 장마가 오면 한 달간 강북에 있는 학교에 가
지 못하거나 직장을 다니지 못하는 일이 예사였다. 한강에 순응
하며 살아야 했던 시절, 서울 사람은 강의 계절 리듬에 맞춰서
살고, 자연의 이치를 거스르지 않아야 했다.

　　그런데 대규모 토목과 건설공사를 익힌 서울 사람은 더는
한강 앞에 허리를 숙일 필요가 없었다. 거인이 된 서울 사람은
산에 터널을 뚫어 도로를 놓았고, 강의 허리를 잘라서 공원이나
운동장을 조성하였다. 그리고 항시 안전하게 강남과 강북을 오

갈 수 있는 대교를 건설하였다. 나룻배의 눈으로 엎드려 한강을 바라봤던 서울 사람이 이제는 강둑보다 훨씬 높은 대교의 눈으로 한강을 바라보게 되었다. 그럴수록 서울 사람은 한강과 멀어져갔다. 현대의 서울 사람은 대중교통을 타고 다니며, 하루에도 몇 번씩 한강의 대교를 건너지만 내 삶과 한강이 밀착되어 있다고 생각하지 않는다. 한강 공원에 소풍이나 야유회를 즐기기 위해 가지 않는다면 굳이 한강 가까이 갈 이유도, 한강과 부대낄 필요도 없다. 서울의 오늘은 한강을 멀리서 바라보고 안전하게 건너는 것만으로 충분히 만족하는 시절이 되었다.

전근대에 한강은 한양이 도읍으로서 기능을 유지하게 할 뿐만 아니라 한양 사람의 삶과도 매우 밀착되어 있었다. 잘 알려졌듯이 한양이 도읍지가 된 지리적 이유 중 하나는 삼각산(북한산)을 뒤로 하고, 한강을 앞으로 두었기 때문이었다. 한강은 남에서 쳐들어온 왜적들을 일차로 막을 수 있는 방어 기제였다. 게다가 한강을 통해 물자와 인력이 풍부히 유입될 수 있었으므로 한양은 더 커지고, 더 발전했다. 한강은 해안과 내륙지역의 물산을 왕도까지 이동시키는 젖줄이었다. 한강은 강남과 강북을 잇는 교통로를 넘어 전국의 물산이 오가는 교역로로서 기능했다. 이에, 한강나루는 선박의 정류장이자 물류 시장으로 크게 성장했다. 전국의 세곡을 운반하는 조운선이 도착하는 서강나루, 서해안의 소금과 젓갈 등 해산물이 유통되는 짜디짠 마포나루, 내륙 산간 지역의 땔감과 산채를 실은 뗏목이 흘러오는 뚝섬나루 등이 그 사례이다.

예전에는 바쁘고 수선스러운 한강의 기억을 가진 사람들이 많았다. 특히 한강을 삶의 터전으로 살았던 강남 사람들은 옛 기억을 간직하고 있다. 지금의 강남구 삼성동 위치에 있던 닥점마을에서 오래 산 조씨 일가는 한강을 통해 교역하면서 생활하였다. 조씨 일가는 바닷가에서 온 해산물을 산간 내륙에 가서 팔고, 다시 그 지역의 농산물과 산채를 서울 나루로 싣고 와서 되팔았다. 그들에게 북한강은 무역로이자 삶터였다. 청평댐, 화천댐 등 거대한 댐이 건설되어 배가 움직일 수 없을 때까지 북한강의 뱃길 풍속은 이어졌다. 어린 나이에 학교도 안 가고 아버지(조흥근)를 따라 배를 타고 강원도를 오갔던 조명철 씨는 그 기억이 또렷하였다. 한강 위를 오가는 물건이 모두 조흥근의 것이라 할 정도로, 송파 씨름이 열리면 당시에 몇만 원을 쾌척할 정도로 조흥근 씨는 거상巨商이었다. 조씨 일가는 뚝섬, 서빙고, 용산, 마포 등 한강나루를 중심으로 교역을 담당했던 최후의 선상船商일지도 모른다.[152]

그들은 용산에 가서 소금, 새우젓 등 수산물을 산 뒤 돛배에 가득 싣고 북한강을 통해 춘천 쪽으로 올라갔다. 강원도 사람들은 한강의 배가 올라왔다는 소식을 들으면 무척 반가워했다. 소금이 있어야 된장, 고추장을 담그고 김장도 할 수 있기 때문이다. 강원도 사람들은 콩과 쌀 등을 소달구지에 싣고 와서 해산물과 바꾸어 갔다. 바람이 잘 부는 계절에도 뱃길은 보름 남짓 걸렸는데, 이 뱃길은 매우 험하고 힘든 길이었다. 수심이 얕은 곳에서 배가 움직이지 않으면 수십 명이 달려들어 괭이, 삽 등 농기구로 바닥을 파내야 했다. 이처럼 뱃사람은 매우 힘든 일을 감수해야 하므로 "뱃사람 똥은 개도 안 먹는다"라는 말이 전하였다고 한다. 그런데도 해산물과 농산물을 교역하는 일은 꽤 이익이 남는 장사였다. 강원도를 두 번만 왕래하면서 무역을 해도 한 해 먹고살 만큼 충분히 이윤을 확보할 수 있었다.

강을 통한 교역 풍속은 전근대 시절에는 일반적이었다. 장사꾼들은 강을 통해 이동하면서 지역별, 계절별로 물산의 가격차이를 이용하여 양도 이윤을 획득하였다. 예컨대 마포에서 해산물을 싸게 사서 춘천에 가서 비싸게 팔고, 다시 춘천에서 농작물을 싸게 사와 마포에서 비싸게 파는 것이다. 북한강보다 길고 유역 범위가 넓은 남한강에서는 뱃길 교역이 더 활발했다. 여주 이포를 거쳐 충주 목계를 지나 정선 아우라지까지도 돛배가 도착하였다. 충주의 한 상인은 마포에서 소금 30가마니를 싣고 이레 만에 목계에 도착하였더니 소금값이 다섯 배가 뛰어, 이때 번 목돈으로 충주에 여관을 낼 수 있었다고 한다.[153] 강원도 정선의 질 좋은 소나무를 1,000리나 떨어진 서울까지 운송할 수 있었던 것도 한강의 뱃길 덕이었다. 나무를 베서 뗏목으로 만든 뒤에 보름 정도 뱃길로 이동하면 서울까지 닿을 수 있었다. 이 목재들은 주택 건축, 선박 건조, 땔감 등으로 사용되었다. 강원도 정선의 뗏목 상인들도 내려올 때는 메밀, 콩, 산채 등을 가지고 와서 팔았고, 올라갈 때는 옥양목, 신발, 화장품, 맥주 등을 싣고 갔다.[154] 용산 상인이나 정선 상인이나 한강 교역을 통해 이윤을 남기고 싶은 마음은 이심전심以心傳心이었다.

나루는 강가에서 배를 타고 다른 편으로 건너가는 지점이다. 한문으로는 '진津' 또는 '도渡'라고 하였고, 한꺼번에 '진도津渡'라고 쓰기도 하였다. 나루에는 나룻배와 뱃사공이 필수적으로 있어야 하며, 사람이 타고 내리는 선착장이 설치되었다. 한강 뱃길이 활발할 때 나루는 여러 기능을 했다. 먼저, 나루는 정류장이었다. 큰 나루는 지금의 고속버스터미널과 같이 전국에

제1한강교(현 한강대교) 전경(1979). 서울역사아카이브 제공.

서 온 배들이 왕래하였고, 작은 나루는 시골의 정거장처럼 사람
들이 배를 타고 도강渡江하는 곳이었다. 한강나루는 전국의 물산
이 모이는 곳이니 근처에 창고와 같은 보관 시설이 있었으며 물
류 센터로도 기능하였다. 나루 인근에서는 해안과 내륙에서 들
어온 상품을 바로 사고파는 시장이 열리기도 하였다. 이외에도
죄인이나 적들을 검문하는 경비 초소가 설치되기도 하였다.

　이처럼 한강의 나루는 사람과 가축의 왕래를 위한 교통로,
물자의 운반과 반출을 위한 수송로, 범죄인을 검문하고 조사하
기 위한 초소로서 역할을 했다. 조선 시대 한강의 나루는 수십
개에 이르렀다. 그중에서 국가에서 관리하는 십여 개의 나루에

184

는 '별감別監' 또는 '도승渡丞'을 관리자로 파견하였다. 나루에는 여러 척의 관선官船을 두었고, 배를 운항하기 위한 뱃사공津尺 또는 津夫을 근무시켰으며, 나루를 운영하기 위한 토지를 지급하기도 하였다. 나루는 육로가 끊기는 지점에서 수로로 연결되는 교통 시설이었다. 그러므로 한강의 나루는 한양의 주요 간선도로와 연계하는 지점에 설치되었다. 이런 주요 나루로는 광나루, 삼밭나루(삼전도), 서빙고나루, 동작나루, 노들나루(노량진), 삼개나루(마포진), 서강나루, 양화나루 등이 있었다. 그 가운데 광나루, 삼밭나루, 서빙고나루, 동작나루, 노들나루 등은 한강의 5대 나루로 손꼽혔다.[155]

일제강점기 철도 교통이 활발해지면서 나루가 쇠퇴하고 뱃길이 주춤했다. 길고 빠른 기차는 전근대에 적재를 가장 많이 할 수 있던 선박을 무찌르며 근대 교통의 총아로 떠올랐다. 경부선과 같은 간선 철도를 비롯하여 지방 도시를 잇는 지선 철도까지 부설되면서 한반도에는 새로운 교통망이 구축되었다. 한편, 한강에는 누구도 보지 못했던 규모의 다리가 세워졌다. 정조가 선친의 묘역을 참배하기 위하여 노량진에 가설한 배다리舟橋를 최대의 다리라고 생각했던 조선 사람에게 한강의 교량은 충격이었다. 경인철도부설권을 넘겨받은 일본인은 1900년에 한강철교를 준공하였고, 이어서 일제강점기 1916년에는 지금의 한강대교인 한강인도교가 건설되었다. 대규모 토목공사의 진행 과정도 엄청난 볼거리였지만 한강 위를 쭉쭉 뻗으며 가로지르는 대교의 경관도 큰 구경거리였다. 게다가 한강 동쪽의 교통 편의를 위하여 1936년 광나루에서 강남으로 넘어가는 광진교廣津橋까지 건설됨으로써 이제 한강을 도강하는 일은 사시사철

185

가능해졌다. 하지만 큰 교량이 3개나 건설되었다고 해서 한강의 나루가 제 기능을 잃은 것은 아니었다. 대교가 닿지 않는 한강 유역이 워낙 넓고, 철도 노선이 핏줄처럼 세세히 깔린 것은 아니므로 한강 뱃길도 여전히 그 기능을 유지하고 있었다. 일제 강점기까지 철도가 뱃길에 영향을 준 것은 사실이나 둘은 보완 관계를 유지하였다.

한강의 뱃길에 큰 타격을 입힌 것은 댐이었다. 일제 말기 수력발전을 위해 세웠던 청평댐과 화천댐은 북한강으로 오가는 뱃길을 중단시켰다. 당시 청평, 춘천 등 북한강 상류에서도 장작이나 숯을 싣고 내려오는 상선商船이 많았다.[156] 그런데 엄청난 규모의 댐으로 인해 길이 막히자 장삿배들은 다른 길을 찾아야 했다. 하지만 한국전쟁에 비한다면 댐으로 인한 뱃길의 피해는 아무것도 아니었다. 한국전쟁 시절 군사 목적 외의 모든 뱃길은 중단되다시피 했다. 게다가 전쟁 초기 3개 교량이 모두 파괴되어 강북과 강남은 단절되고, 뱃길이 끊긴 강변 일대는 고립되었다. 우리 군이 예고도 없이 한강 인도교와 한강철교, 그리고 광진교까지 폭파하는 바람에 많은 시민이 수장되는 비극이 발생했다. 미처 강을 건너지 못한 우리 군도 뿔뿔이 흩어졌고 다시 집결한 병력의 수도 크게 줄어들었다.[157] 전쟁이 끝난 이후 한강의 뱃길 상황은 더 악화하였다. 휴전선이 지나가는 한강 하류 지역은 각종 군사지역으로 통제되었고, 민간인의 선박 운행은 불가능해졌다. 충청도와 황해도에서 해산물을 싣고 강화도를 지나 한강으로 유유히 들어오는 황포돛배를, 그리고 서해안에서 온 수많은 선박이 정박했던 마포나루의 번성을 더는 보기가 힘들어졌다. 한강의 뱃길은 장거리 수송로의 기능을 멈추고, 강남과 강북을 도강하는 단거리의 교통로로 축소되었다.

전쟁으로 인하여 막혔던 뱃길이 다시 등장한 때는 1950년 대 후반이었다. 당시 한강을 계속 막아서는 서울 사람들이 살 수가 없었다. 전쟁이 끝나자 시민들은 채소와 땔감의 반입이 원활하도록 한강 통행의 제한을 풀고 목제 가교라도 건설해 달라고 하였다.[158] 영등포 일대가 공업지역으로 더 성장하고, 피란민과 귀향민의 유입으로 한강 이남에 인구가 증가하던 터였다. 전쟁 중에도 한강 교량은 일부 보수가 되었지만, 제대로 복원되지는 못하였다. 1957년에는 한강 인도교를 수리하기 위해서 통행을 중단시키고 한강철교를 인도교로 대신 사용하도록 하였다. 수만 명의 시민과 차량이 좁은 가교로 몰리면서 한강 일대는 교통지옥이 되었다.[159] 이때 한강의 교통지옥을 뚫고 시민들의 발로 등장한 교통수단은 50여 대의 나룻배였다. 서울시에서는 도선 허가를 받지 않은 나룻배들을 단속하려 했으나 교통혼잡이 뻔한 상황에서 단속을 미룰 수밖에 없었다. 나룻배가 다시 등장한 사실을 두고 "원시적 도선"이나 "시대착오"라고 지적하는 언론도 있었지만, 다리가 막힌 한강에서 뱃길은 훌륭한 교통수단이 되었다.*

교통로의 측면에서 보면 하천은 모순적이다. 어떤 때에는 훌륭한 교통로이지만 어떤 때에는 교통을 방해하는 요인이다. 즉, 하천은 그 자체로 뱃길이 되기도 하지만 쉽게 물을 건널 수

---

* "수도 서울의 관문을 원시적 도선으로 통행하게 되는 사태"라거나 "일국 수도의 유일한 교통로에 도선이 등장한 것은 시대착오라 하겠다"고 비꼬았다. (〈조선일보〉 1957년 10월 3일 '교통지옥이 이룬 한강', 〈조선일보〉 1957년 10월 4일 '한강가교통행에 혼란이 없게 하라')

한강종합개발 잠실지구 공사현장(1986). 서울역사아카이브 제공.

없으므로 산과 같이 지리적 경계의 역할도 하였다. 그리하여 사
람들은 작은 하천에는 다리를 놓고, 큰 하천에는 배를 두어 막
힘없이 지날 수 있도록 하였다. 한양에는 냇가의 징검다리부터
청계천의 제법 넓고 큰 광통교, 중랑천의 아주 긴 살곶이다리까
지 다양한 다리들이 놓여 사람을 건너게 해줬다. 하지만 생산력
이 낮았던 시절, 더 큰 다리를 놓는 것은 역부족이었다. 이를 해
결하고자 하는 대안이 바로 배와 다리의 합작품이었다. 수백 척
의 배를 연결한 다리를 만들고, 임금이 그 위를 지나갈 수 있도
록 만든 것이다. 이처럼 전근대에 배와 다리는 상호 보완적 관
계일 수 있었다. 그러나 근대로 진입하면서 배와 다리는 서로
충돌하는 길항 관계로 변하였다. 큰 교량이 생기면 그 아래의
나루와 뱃길은 쓸모가 없어졌다. 이는 산업화 시절 가설되었던
한강의 교량으로 인하여 결국 견디지 못하고 과거의 물살 속으

로 사라진 뱃길이 증명해주고 있다.

1950년대를 갓 지난 서울은 아직 자본과 기술이 부족하였다. 한강을 안전하고 빠르게 건널 수 있는 거대 교량들을 세울 만한 여력이 없었다. 이를 극복하고자 1962년 실험적으로 설계된 것이 '삭도식 도선장索道式 渡船場'이었다. '삭도'는 쉽게 말해 케이블카이다. 즉, 삭도식 도선장은 강의 양 편에 마주한 철탑을 세우고 두 탑 사이를 쇠줄로 연결한 다음, 그 아래에 500톤급의 철선鐵船을 매달아 왕래하도록 한 것이다. 케이블카가 공중으로 지나가고 이 케이블 보트는 강 위를 건너는 것이 다를 뿐이다. 이는 강남(당시 시흥군 잠실리)과 강북(당시 용산구 보광동) 사이의 통행이 증가하는 문제를 해결하고자 한 고육책이었다.* 서울의 주요 채소 공급지였던 잠실리에서 생산된 농산물은 강을 건너야 했다. 또한, 서울로 통근 통학하는 사람만 해도 하루 1,600여 명에 달하였거니와 차량과 우마차 등도 많아서 재래식 뱃길로 감당하기가 어려웠다. 게다가 1961년 여름 장마철에 목선木船이 뒤집혀 2명이 사망한 사고 이후로 주민들은 안전한 시설을 설치해 달라고 촉구하였던 터였다.**

이 삭도식 도선장은 안전한 한강 통행을 기대했던 강남과 강북 주민들에게 부푼 희망을 안겨주었다. 1962년 4월 잠실리 백사장에서 기공식이 열릴 때까지만 해도 이 사업이 무난히 추

---

* 당시 잠실리는 경기도 시흥군 신동면 소속이었다. 1963년 잠실리는 행정구역 개편으로 인해 영등포구 잠원동으로 바뀌었다. 성동구에도 잠실동이 있어서 헷갈리지 않고자 동명을 바꾼 것이다.

** 주민들은 남산 케이블카를 설치하는 회사인 한국삭도회사에 이런 시설을 세워달라고 요청했다. (〈경향신문〉 1962년 2월 26일 '한강에 삭도식 도선장')

1964년 뚝섬 나루와 청담 나루를 오가는 나룻배. 서울역사아카이브 제공.

진되리라는 꿈에 부풀어 있었다. 하지만 그해 초가을에 생각지도 않았던 최악의 나룻배 전복 사건이 발생하면서 삭도식 도선장은 곧 악몽으로 추락하고 말았다. 항상 그렇듯이 대형 참사는 인재인 경우가 허다하다. 같은 해 9월 7일, 청평댐이 문을 열어 거센 탁류가 한강 하류까지 몰려갔지만 한남동 나루터에서는 개의치 않고 나룻배가 출발했다. 강 중간까지 왔을 때 갑자기 모터보트에 고장이 발생했다. 한남동 나룻배는 탑승객이 많은 데다 우마차 등까지 실었으므로 발동선이 밀고 가야 움직일 수 있었다. 이 발동선이 고장이 나자 곧 나룻배가 힘을 잃고 급류에 휘말려 떠내려갔다. 설상가상의 상황이었다. 위험천만하게도 삭도식 도선장에 연결된 케이블이 부주의로 정리되지 않고, 수면 가까이 늘어져 있었다. 이 선에 나룻배가 걸려 전복되면서 순식간에 탑승객 70여 명 중 30여 명이 실종되고 말았다. 당시 충격으로 철탑의 상부가 부러지고 말았는데 이모저모로 부실 공사라는 비난이 쏟아졌다.[160] 이 대형 참사로 인하여 삭도식 도선장에 대한 희망은 비극으로 종결되었고, 이후로는 거대 교량을 세우는 일이 최선으로 여기게 되었다.

한강에는 20여 개의 나루가 있었다. 산업화 시절을 거치면서 이런 나루는 거의 사라졌지만 한남동 나루와 뚝섬나루 등은 1960년대 후반까지도 그 명맥을 유지하였다. 이곳은 사람들의 이동이 많아 도선장이 꾸준히 필요했다. 한편, 이곳에서 한강대교와 광진교까지는 상당히 거리가 떨어져 있으므로 여전히 나루의 활용성이 높았다. 한남동 나루는 조선 시대 한양 도성의 정남쪽에 위치한 곳으로 '한강도漢江渡'라고 불렀다. 이곳은 말죽거리, 판교역으로 이어지는 중요한 교통로였다. 예로부터 한양으로 들어가고자 하는 관리, 상인, 길손들이 반드시 건너야 하는 길목이었다.

한국전쟁 이후에도 한남동 나루는 서울 사람들의 삶에서 주요한 생활의 교통로였다. 강남의 채소 상인과 주민들이 자주 이용하였거니와 리어카, 달구지, 심지어 자동차까지도 마차배*에 실려 강북으로 건너갔다. 장마로 뱃길이 끊기면 현재의 서초구 반포동과 잠원동, 강남구 신사동 일대는 섬처럼 고립되었으며, 주민들은 거의 패닉 상태가 되었다. 왜냐하면 한 달 남짓한 장마 동안 오도 가도 못하는 신세가 되기 때문이다. 평소에도 마음을 졸이기는 마찬가지였다. 아침이면 강을 건너 직장에 가는 남편과 학교에 가는 아이들을 바라보는 주부들이 나루터에 나

---

* 마차배라고 부르는 이유는 마차처럼 기관선이 밀고 당기고 하기 때문이라고 한다. 한편, 마차까지 실을 수 있다고 해서 마차배라고 이름이 붙었다는 설도 있다. (〈경향신문〉 1969년 12월 26일 '근대화에 밀려나는 한남동 나루터', 〈조선일보〉 1968년 2월 3일 '금용산 받은 나루터 아저씨')

제3한강교(현 한남대교) 상량식(1969). 서울역사아카이브 제공.

와 있었다. 이들은 가족들이 조금이라도 늦는 날이면 몇 번씩
나루에 가서 안절부절못하였다. 밤 11시가 넘으면 나룻배가 끊
기게 되는데, 잘 곳이 없는 손님들이 인근 파출소를 찾아 하룻
밤 재워달라고 청하곤 했다.[161]

　한남동 나루와 함께 뚝섬나루도 유동 인구가 많았던 곳이
다. 뚝섬나루는 '숯골나루'라고 불렀다. 뚝섬은 한강 상류 지역
에서 내려온 목재와 땔감이 모이는 곳이었다. 뚝섬은 숯의 판매
가 활발하여 '숯광골', 숯을 저장하는 탄고를 많이 지어서 '숯탄

192

골'이라고도 하였다. 일제강점기에는 왕십리에서 뚝섬으로 기동차가 오갔으며, 수영과 뱃놀이를 즐길 수 있는 유원지가 조성되었다.[162] 산업화 시절에도 뚝섬에는 보트장, 수영장 등이 있어서 행락철에는 수십만 명의 서울시민들이 몰려들었다. 뚝섬나루에서는 건너편인 청담동으로 가는 나룻배 외에도 봉은사 입구로 가는 기계배가 출발하였다. 봄이 돌아오면 봉은사로 나들이 가는 소풍객들이 많아서 뚝섬 강변은 항상 붐볐다. 한편, 뚝섬나루에서 청담동 강변을 왕래하는 정기적 뱃길에서는 하루 평균 500여 명의 시민이 배를 탔다. 거의 뗏목 수준인 나룻배에 사람, 가축, 자동차까지 타는데, 많을 때는 100여 명이 승선하기도 하였다. 당시 현재의 강남구 청담동, 대치동, 삼성동 등에서는 서울에 유통하기 위한 채소를 재배하였기 때문에 봄철이 돌아오면 이를 운반하기 위한 수십 대의 마차, 수레 등이 나룻배에 실렸다.[163]

교량이 본격적으로 가설되기 직전까지도 한강에서 뱃사공을 흔히 볼 수 있었다. 한남동 나루 서쪽에 있던 서빙고나루도 많은 손님이 강을 건너는 곳이었다. 서빙고나루 또한 강원도, 충청도 등지에서 쌀과 콩을 싣고 오는 선박과 사람들로 북적거렸던 곳이다. 1960년대까지 서빙고나루에서 활동했던 이영근 씨는 할아버지 때부터 도선사공導船沙工을 했다. 그는 매일 새벽 4시부터 밤 11시까지 하루에 600여 명의 손님과 마차, 자전거 등을 실어 날랐다. 한강이 결빙하는 겨울철에는 어쩔 수 없이 휴업하는 대신 배를 수리하는 일을 하였다. 사공들은 익사 위험에 빠진 사람들의 생명도 자주 구했다. 그도 한남동 나룻배 사건 때에는 30여 명의 목숨을 강물에서 건져냈고, 1966년 홍수

❶ 잠실대교 건설공사 현장(1972). 서울역사아카이브 제공.
❷ 반포대교 개통(1982). 서울역사아카이브 제공.

에서도 철거민 가족들의 생명을 구해냈다. 그러나 1969년 제3
한강교가 설치되면서 한강에 헌신했던 그의 삶도 서빙고나루와
함께 사라지고 말았다.[164]

　한강 개발 이전에는 여의도, 난지도뿐만 아니라 지금의 잠
실 또한 한강의 하중도河中島였다. 남쪽을 흐르던 물줄기를 막고,
대규모 토사를 쏟아붓기 전까지 잠실은 육지가 아니라 섬이었
다. 이 잠실섬을 지나자면 여러 단계가 필요했다. 먼저 신천나
루를 건너고, 다시 송파나루를 통과해야 광주, 여주로 내려갈
수 있었다. 신천나루를 지켰던 양인환 씨는 조상 대대로 뱃사공
을 했다. 병자호란 때는 양인환 씨의 선조가 피란을 가던 인조
를 무사히 한강을 건너게 했다는 이야기도 전해진다.[165] 잠실대
교가 설치되기 이전 신천나루는 신천동과 잠실동 주민들이 강
을 건너는 곳이었다. 주민들이 증가하고 차량까지 이곳을 이용
함에 따라 작은 나룻배는 중간 배로, 다시 큰 배로 바뀌게 되었
다. 신천나루의 또 다른 뱃사공 김용태 씨도 형으로부터 사공일
을 이어받았다. 그는 이른 새벽부터 밤늦게까지 15차례나 한강
을 건너는 배를 몰았다.[166] 30여 년을 뱃사공으로 일해왔던 양
인환 씨도, 20여 년간 거친 노질로 굳은살이 박인 김용태 씨도,
1972년 막 탄생한 잠실대교로 인해 뱃사공 인생을 접고 과거의
물살로 밀려나야 했다.

　1960년대 이후로 한강에 무수히 세워진 높은 다리 아래에
는 거의 나루가 존재했었다. 다시 말해, 나루 위에 다리가 놓인
것이다. 예컨대, 광나루에는 광진교, 삼밭나루에는 잠실대교,
뚝섬나루에는 영동대교, 한강나루에는 한강대교, 서빙고나루에
는 반포대교, 동작진에는 동작대교, 노량진에는 한강철교, 마

포진에는 마포대교, 서강나루에는 서강대교 등이 건설되었다.[*]
전근대의 뱃길이 현대의 교량으로 재탄생한 사실은 우연이 아
니었다. 입지가 좋은 교통로는 수로에서 육로로 바뀔 뿐이지 그
길은 유지가 되었다. 그러나 산업화 시절 한강에 건립된 거대한
교량들은 오랫동안 지속되었던 뱃길의 풍속을 삽시간에 묻어버
렸다. 길고 크고 강한 현대의 교량은 전근대의 나룻배를 쉽게
밀어냈다. 민족사와 함께한 한강이 이 사실을 모를 리가 없다. 하
지만 오늘도 아무 말 없이 한강은 도도히 서해로 흘러갈 뿐이다.

---

[*] 이외 두모포에는 동호대교, 입석포에는 성수대교, 흑석진에는 한강대교, 용
    산진에는 원효대교, 마포진에는 마포대교, 양화진에는 양화대교, 양화도에는
    성산대교, 공암진에는 행주대교 등이 개통되었다. (서울특별시사편찬위원회,
    1985, 《한강사》, 408쪽)

4장

콩나물 교실과 일류병

1 엿 붙인다고 시험에 붙나

– 좁은 문을 통과해야 했던 엿의 시대

학창 시절 허물없이 지내던 친구들과는 별일 아닌 일로도 괜한 말싸움을 자주 하곤 했다. 그러다 속에서 화가 쓱 올라오던 때 입에서 뱉은 말은 "에라, 엿 먹어라"였다. 혹자는 이때 엿을 성적 은어로 해석하기도 하는데 당시에는 그런 의미로 사용하지는 않았다. 딱딱한 엿을 입에 넣으면 끈적끈적하게 달라붙어서 먹기가 꽤 힘들었다. 그러므로 "엿 먹어라"는 "너 힘든 일을 당해봐라"라는 뜻이었다. 한편으로는 엿을 입에 넣으면 말을 제대로 할 수 없으므로 "입 닥치고 조용히 해라"라는 뜻으로도 풀이할 수 있다.

이처럼 엿이 거친 말투 속에서 사용된 까닭은 그만큼 우리 생활과 가깝기 때문이었다. 엿은 오랫동안 국민 간식이었다. 엿장수들이 리어카에 엿을 싣고 동네로 찾아오기도 했고, 가게에 들어가면 비닐로 포장된 엿들을 팔았다. 지금이야 온통 단 음식이 식생활을 장악한 단맛의 시대이지만 예전에는 단 음식을 먹기가 쉽지 않았다. 엿이나 눈깔사탕 등 달콤한 음식을 귀하게 여기던 시대였고, 우는 아이들에게 이런 간식을 내놓으면 금방 울음을 그치던 시절이었다.

엿이 시험을 붙게 한다는 속설은 조선 시대부터 있었던 것으로 여겨진다. 과거 시험을 보는 선비에게 엿을 먹이고, 흰 색깔의 엿이 더 잘 붙는다고 하여 밤새 엿을 켜는 아낙네들도 있었다고 한다.[167] 그러나 시험 합격 기원 용도로 급격히 엿의 사용이 늘어나기 시작한 때는 한국전쟁 이후였다. 의무교육을 실시하며 초등학생 수가 대폭 증가했는데, 이에 따라 중·고등학교 진학은 더 치열해졌다. 엿은 진학의 병목현상을 맞아 되레 쓰임새가 넓어졌다. 산업화 시절에는 엿이 평소에 먹는 간식만

대학입시 광경(1954). 국가기록원 제공.

큼이나 입시 철 수험생 선물로 많이 팔렸고, 시험을 앞둔 수험
생에게 엿이나 찹쌀떡 등을 흔히 선물하였다. 나도 대학 입시를
앞두고 지인들로부터 받은 엿과 떡이 책상 위에 수북했던 것으
로 기억한다. 엿을 선물하는 이유는 '딱 달라붙어 떨어지지 않
는' 성질처럼 '시험에 붙어 합격하라'는 기원과 소망의 의미였
다. 반대로 수험생에게 금기된 음식이 있었으니 미역국이었다.
미끌미끌한 미역을 잡다가는 미끄러지기(떨어지기) 십상이니 미
역국은 곧 낙방을 상징하였다.

  엿은 수험생이 먹기도 하지만 시험을 보는 고사장의 정문이
나 벽에 붙이는 용도로도 사용되었다. 입시를 끝낸 서울 학교의

정문에는 엿과 떡이 덕지덕지 붙어 난장판이 되었다. 이 난장판을 치우기 위해서 환경미화원이 겪은 수고는 말로 다 할 수 없었다. 이를 두고 서울의 중학교 입시장이 시골의 서낭당 고개, 그리고 교문은 엿목판과 다를 바 없다는 말이 나왔다. 하지만 누구도 고사장에 엿을 붙이는 학부모를 제지하거나 욕을 할 수 없었다. 왜냐하면 그들의 애타는 심정을 충분히 이해하는 분위기가 조성되었기 때문이다. 누구든 그들과 같은 처지를 겪었거나 곧 그들처럼 수험생의 학부모가 될 수 있었다.

당시 학생들은 원하는 학교에 딱 달라붙고만 싶었던, 엿이 되고픈 수험생 시절을 겪으면서 성장했다. 추운 겨울철에 철문이나 돌담에 딱딱한 갱엿을 붙이는 일은 만만치 않았다. 학부모들이 불에 녹여가며 억지로 붙인 엿은 수험생의 처지만큼이나 아슬아슬하였다. 매서운 겨울바람을 맞으면서도 떨어지지 않고 붙어 있어야 했던 엿…. 그 엿은 혹한 경쟁을 뚫고 어려운 시험에 붙어서 상급학교로 진학하고 싶었던 수험생의 심정과 같았다. 엿의 시대는 역설적으로 불합격이 많았던 시대에 일었던 합격을 향한 간절한 바람이 엿에 투영된 결과였다.

입시가 생긴 이유는 간단하였다. 진학을 원하는 학생에 비하여 입학 정원이 턱없이 부족했기 때문이었다. 모두 다 들어갈 수 없으므로 시험을 쳐서 일부만을 합격시키는 것이다. 전국에서 입시 경쟁이 가장 치열한 곳은 서울이었다. 교육열이 어느 곳보다 더 높았고, 이른바 '일류학교'라는 명문고가 서울에 몰려 있었다. 서울의 일류학교는 전국에서 온 학생들이 입학하려고 했으므로 경쟁이 더 심하였다. 서울은 수험생과 학부모들에게는 입시지옥의 불구덩이였고, 새벽과 밤을 가리지 않고 24시

전기중학교 입시 장면(1967). 국가기록원 제공.

간 과외수업 열기로 뒤덮인 곳이었다. 현재는 입시라고 하면 대
입 즉 수능시험을 가리키고, 대개 입시지옥이라면 고등학교를
떠올린다. 하지만 1950~1960년대의 입시지옥은 중·고등학교
가 아니라 초등학교였다. 지금의 초등학생들에겐 어안이 벙벙
할 이야기지만 당시 초등학교 학생들은 일류중학교에 들어가기
위해서 밤샘 공부를 해야 했다.[*] 입시를 준비하는 과정에서 겪

---

[*]   지금의 일류대학을 뜻하는 SKY처럼 당시에는 일류중학교를 의미하는 KS 등
       의 표기가 유행하였다. (《경향신문》 1967년 11월 4일 '과외공부 그 병폐')

중학교 입시 체능 고사(1967). 국가기록원 제공.

는 몸과 마음의 고생으로 인해 병치레하는 6학년생들이 많아서 "국6병"이란 말도 생겨났다.[168] 흥미로운 점은 우리나라 입시 제도의 변화에 맞춰 '국6병'이 '중3병'으로 다시 '고3병'으로 변화하였다는 사실이다. 입시에 하도 부작용이 많다 보니 중학교부터 평준화하였고, 그에 따라 심리적 병치레도 상급학교로 올라갔다.

1960년대 서울의 중학교 교문은 "좁은 문"이자 "딱한 문"이었다. 입시일의 중학교 교문 앞은 긴장과 초조, 불안이 뒤범벅됐고, 엄숙함마저 감돌았다. 입시일에는 교통전쟁이 벌어지

중학교 입시 체능 고사(1967). 국가기록원 제공.

므로 어린이 수험생과 학부형*들은 시험을 치를 중학교로 새벽부터 나왔다. 아이를 고사장으로 들여보낸 뒤 학부형들은 학교 현관에 떡과 엿을 붙이며 '엿처럼 꼭 붙게 해주소서'라고 빌었다. 몰지각한 어떤 부모들은 교실까지 들어가 소금을 뿌리며 액을 쫓는 의식까지 치렀다.[169] 중학교 입시일은 날씨가 본격적으로 추워지는 12월 초입이었다. 굳은 엿을 냉기와 습기가 차 있는 철문에 붙이기 위해서는 성냥불이나 촛불에 녹이는 과정이 필요했다. 욕심이 너무 과했던 어느 할머니는 머리 크기만 한 찰떡을 붙이고자 했으나 쉽게 붙을 리 없었다. 그러나 이런 고생 정도야 자식이 일류학교에 붙는다면 대수롭지 않은 것이다. 열성적인 학부형은 찰떡과 엿을 여기저기 교문에 붙인 뒤에 큰절까지 하였다. 당대 최고의 일류학교로 알려진 모 중학교에서는 합격을 뜻하는 열쇠를 엿 위에 붙이는 학부형도 있었다. 열쇠는 문을 여는 도구이니 "문을 열고 들어가는 것"은 "시험에 합격하라"는 뜻이었다. 입시가 진행된 후 중학교의 교문과 간판, 담장은 엿과 떡으로 뒤덮여 학교 이름이 보이지 않을 정도였다.[170]

전쟁 이후 인구가 급증한 서울에서는 '일류병'이란 사회적 질병이 돌았다. 경제적으로 곤란한 상황에서도 아이들을 일류학교에 보내 출세시키겠다는 신념이 더 공고해졌다. 1950년대 중반부터 교문은 '고생문'으로 활짝 열렸고, 어린이의 책가방은

---

* 1960년대까지만 하더라도 학부모學父母보다는 학부형學父兄이란 말을 많이 썼다. 유교 사회의 이념이 강하게 남아 있던 때라 남성인 아버지나 형을 보호자로서 생각하였기 때문이다. 하지만 당시에도 남성은 사회적 활동에 주력하였으므로 아이들의 교육 문제는 어머니에게 맡기는 경우가 많았다.

'고생보따리'가 되었다. 소설가 염상섭은 "제일 애가 쓰이고 어른까지 힘이 바작바작 죄어드는 건 전기 중학 입학시험이었다"라고 하였다. 입시의 첫 관문이 된 중학교는 일류 세계로 들어가는 시험대가 되었다. 어린이의 중학교 입시 공부는 비장한 수준으로, 보통 4학년이 되면 밤중까지 책상에 앉아서 공부하였다. 5~6학년은 거의 과외 공부에 시달렸다. 새벽 5시에 기상하여 과외 공부를 한 뒤 학교에 갔고, 교문을 나서면 다시 과외 공부를 하고 밤늦게 돌아왔다. 염상섭의 말처럼 부모들은 "이런 놈의 교육제도가 어딧더람" 짜증을 내면서도 가계家計를 짜내어 아이들의 과외를 뒷바라지하였다.[171]

원래 과외 수업이 사교육은 아니었다. 간혹 서울의 부잣집들이 가정교사를 들여 아이들을 가르쳤지만 그렇게 흔하지는 않았다. 선생님들이 성적이 뒤처지는 학생들을 상대로 학과學課 이후에 진행하는 보충수업이 과외 수업이었다. 하지만 전쟁 이후로 대학생들이 아르바이트로 가정교사를 많이 하였고, 사교육으로써 과외 수업이 부쩍 증가하였다. 사회가 혼란했던 자유당 말기에는 전문적인 과외 수업이 등장하였으며, 교사들도 돈을 벌기 위해 사교육 시장으로 진출하였다. 1960년대 후반 교육 당국은 서울 시내 62만여 명의 초등학교 어린이 가운데 30만 명 이상이 과외 수업을 받고 있다고 추산하였다. 그 전문적인 과외 방식을 보면 현재에 못지않을 정도로 가지각색이었다. 과외 수업이 늘어날수록 그에 따른 부작용도 커지게 되었다. 초등학교 어린이들의 30% 이상이 각성제를 복용하였고, 사교육으로 엄청난 수입을 벌어들이는 "교사 귀족"이라는 유행어도 등장하였다.[172]

1967년경 전문적인 과외 공부의 유형을 살펴보면 아래와 같다. ① 가정교사 1인이 아니라 국어·산수·사회·자연 등 전문 분야의 교사들이 분업화한 지도방식. ② 학생 여러 명이 그룹을 짜고 전세방을 얻은 다음 지도 교사를 초빙하는 방식. ③ 담임선생님이 주위의 눈을 피해 한 어린이의 집에서 학생 여러 명을 지도하는 방식. ④ 여름방학에는 시원한 해변 또는 산장 호텔에서 부유층 자녀들을 상대로 한 호화판 방식. ⑤ 입시 몇 개월 앞두고 일류교 어린이들을 구성하여 모의시험을 치르게 하는 경쟁 지도 방식. ⑥ 재수생들을 위한 재수생 학원.

〈경향신문〉 1967년 11월 4일 자

입시 경쟁이 과열화하면서 어린이의 학습은 주요 과목에 편중되었다. 지금도 대학 시험을 잘 보기 위해 국·영·수에 매달리는 것처럼 당시에는 중학 입시를 잘 치르려고 국어와 수학에 전념하였다. 당시 국어와 산수 교육에 치중하는 초등학교를 가리켜 "국산도매시장國算都賣市場" 또는 "국수시장國數市場"이라고 불렀다. 전인교육은 안중에 없고 오직 국어와 수학을 잘하는 사람을 기르므로 "국수 기계 만드는 교육"이란 비아냥거림도 나왔다.[173] 예나 지금이나 입시 경쟁이 치열해지면 학교가 입시학원으로 전락하는 현상은 매한가지였다. 교실은 더는 전인교육의 현장이 아니라 시험 답안을 잘 고르는 시장이거나 시험 보는 기술을 가르치는 공장이 되었다. 치열한 입시지옥에 빨려 들어

중학교 추첨 현장(1969). 국가기록원 제공.

간 학생과 학부모들은 문제 하나에도 민감하였다. 객관식 문제 하나를 틀려도 시험에 낙방할 수 있으며, 입시 실패라는 두려운 결과를 낳기 때문이었다.

1964년 12월에 이른바 '무즙 파동'이 발생하여 우리나라 교육계를 뒤흔들었다. 이 사건은 중학교 입시에서 낸 문제 하나가 일으킨 엄청난 입시 파동이었다. 다른 말로 하면 '엿 먹어라' 사건으로도 부를 수 있겠다.[*] 학부모들이 서울시교육위원회에 무

_____
*   이 사건이 '엿 먹어라'라는 말이 부정적 의미로 바뀐 계기일 수 있다.

즙으로 만든 엿을 들고 찾아가 한 말이 "엿 좀 먹어봐라"였기 때문이다.[174] 공교롭게도 이는 중학교 입시 경쟁이 최고조에 이르러 중학교 교문이 엿으로 진탕이 되었던 시절에 일어났다. 교문 안팎이 모두 엿 때문에 소란스러웠다. 사건의 발단 경위를 살펴보자. 1964년 중학교 입시 자연 과목의 문제 18번은 "엿을 만드는 순서에서 엿기름 대신에 무엇을 넣을 수 있는가?"였다. 출제위원들의 정답은 '디아스타아제^{diastase}'였다. 그런데 교과서에서는 엿기름 속에 디아스타아제 성분이 있고 침이나 무즙에도 디아스타아제 성분이 있다고 하였다.* 그러니 많은 교사가 엿기름 대신 무즙을 넣어도 좋다고 가르쳤으므로 답으로 무즙을 썼다가 1점을 잃어 불합격에 이르게 된 학생은 매우 억울한 일이었다. 잠자코 있을 수 없었던 학부모들은 무즙으로 직접 엿을 만들어 서울시교육위원회에 찾아가 농성을 벌였다.[175] 그런데도 교육위원회가 착오를 인정하지 않자 학부모들은 확인 청구 소송을 해서 "무즙도 정답이며 불합격된 39명을 합격자임을 확인한다"라는 법원의 판결을 끌어냈다.**

---

* 엿을 만드는 엿기름은 기름류가 아닌, 밀과 보리 등을 발아시켜 말린 식품의 일종이다. 기름은 '기르다'에서 유래된 명사형으로 추정된다. (국립민속박물관, 《한국민속대백과사전》, '엿기름')

** 법정에 증인으로 나온 한용석 중앙공업연구소 식품과장은 "이론상으로나 실제로나 엿기름 대신 무즙으로도 엿을 고을 수 있다"라고 말하였다. (〈동아일보〉 1965년 2월 25일 '법정서 따지는 자연과학', 〈동아일보〉 1965년 3월 30일 '무즙도 정답으로') 그러나 입시 파동은 여기서 끝나지 않았다. 승소했던 학생들이 추가 입학을 하는 과정에 특권층 자녀가 부정 입학한 것이 밝혀졌다. 이 사건은 청와대 비서관을 비롯한 문교부 고위공무원들 자리에서 물러남으로써 일단락되었다. (〈경향신문〉 1965년 12월 1일 '무우즙 파동')

무즙 파동으로 드러난 중학 입시의 문제점과 더불어 '치맛바람'도 주목받았다. 사건 당시 몇몇 여성들이 교육위원회를 몰래 빠져나가는 교육감을 잡고 온갖 모욕을 주었으며, 교육감 집의 안방까지 점거하여 농성을 벌이기도 한 것이다. "자녀 교육에 극성스럽게 참여하는 여성"을 뜻하는 치맛바람은 1950년대 후반 고조되던 일류학교 붐과 맥을 같이한다.* 당대 치맛바람을 일으키는 여성들은 대개 권력과 돈을 가진 부유층이었다. 이들은 자식들의 학교 성적이나 좌석 배치에 영향을 미쳤으며, 심지어 담임선생님과 교장의 인사이동에까지 관여하였다. 실력이 없다고 여기는 교사들을 바꿔 버리는 사례도 빈번하였다.[176] 치맛바람이 일어난 배경 중 하나는 '사친회'였다. 재정이 궁핍했던 당시 학교는 학부모로 구성된 사친회를 통해 경제적 지원을 받았다. 돈푼 꽤 있는 사친회 간부들은 학교 운영에 적극적으로 간섭하였고, 지원받는 처지인 학교에서는 그들의 눈치를 보게 되었다. 사친회 간부는 대부분 남자였지만 바쁜 일정을 이유로 어머니들이 대신 참여하였다. 이들이 양단 치마를 입고 사친회가 열리는 강단에 모이면 치맛바람이 때로는 서늘하게 때로는 뜨겁게 몰아쳤다고 한다.[177]

어린이들이 입시지옥에서 견딜 수 없는 지경이 되자 "600만 어린이를 입시지옥에서 구출하자"라는 구호가 호응을 얻었다. 어린이를 입시지옥에서 구출하자면 당연히 시험제도를 없애야 했고, 그러기 위해서는 중학교가 평준화되는 수밖에 없었

---

* 치맛바람을 보는 부정적 관점에는 여성들의 적극적 사회 참여를 부정적으로 바라보는 남성적 시선이 개입되었을 가능성도 있다.

다. 일류병이 만연하고 중학교 서열이 확고한 상황을 타개하기 위한 대안으로 학군제와 추첨기가 대두되었다.* 1968년 중학교 교육개혁이 선언되었으며 1969년부터 무시험추첨제가 이뤄졌다. 당시 이목이 쏠린 것은 '수동 회전 추첨기'였다. 이 추첨기에는 학군 내의 학교 번호가 표시된 수백여 개의 은행알이 들어있다. 학생이 추첨기를 돌리면 은행알 한 개가 빠져나왔고, 은행알에 표시된 학교로 진학하게 되었다.[178] 은행알에 요행을 걸었다는 비판도 있었으나 입시에서 해방된 아이들의 표정은 한결 밝아졌다. 은행알에 학교 운명을 걸게 되자 입시지옥도 점차 사라졌고, 그에 따라 입시일의 교문에 엿을 붙이는 풍속도 힘을 잃었다.**

하지만 서울에서 입시지옥이 사라졌다기보다는 사실상 수면 아래 잠시 가라앉은 상태였다. 1960년대에는 중학교에서 동일계 고등학교로 진학할 때 무시험 특혜가 보장되었다. 일류 중학교에만 들어간다면 일류 고등학교 진학은 '따 놓은 당상'이었다. 그런데 중학교가 평준화되면서 아울러 동일계 고교 무시험 진학 혜택도 사라졌다. 이제부터 명문고로 진학하기 위해서는 치열한 고교 입시를 거쳐야 했다. 그 시험대에 오른 첫 대상은 1969년 은행알로 중학교를 진학한 학생이 되었다. "입시지옥이 사라진 것이 아니라 3년 연장해둔 것뿐"이란 주장이 틀린 말은 아니었다.[179]

---

* 　학군제는 거리와 교통망을 고려하여 서울을 몇 개의 학군으로 구분한 뒤, 자신이 속한 해당 학군에만 학생을 배치하는 것이다.

** 　서울에서는 1969년 수동 회전 추첨기를 사용하였으나 1970년부터 컴퓨터를 사용하여 중학교를 배정하였다. (《경향신문》 1970년 2월 3일)

1972년 1월. 이제는 고등학교에서 고통스러운 입시 문이 활짝 열렸다. 중학교 평준화 첫 세대인 이들은 서로 실력을 가늠하기 어려운 탓에 새로운 입시 제도를 맞이하여 우왕좌왕하였다. 고등학교 원서 접수창구에서는 엄청난 눈치 작전이 펼쳐졌고, 서울의 점집은 때아닌 대목을 맞았다. 초조한 학부모들이 점집으로 몰려들어 어느 학교에 응시시켜야 합격할지를 물었으며 부적을 받아 갔다.[180] 고교 입시 경쟁이 치열해짐에 따라 중학교 학생들 사이에서 과외 열풍이 불었다. 입시일에 교문에 엿을 붙이는 풍속도 고개를 다시 든 것은 물론이다. 합격을 기원하는 엿과 떡들이 고등학교 교문과 담벼락에 더덕더덕 붙었다. E 여고에서는 학교 마크가 보이지 않을 정도로 엿범벅이 되자 진땀을 흘려 제거하였다. 이때 뜯어낸 엿이 한 양동이에 이를 정도였다고 한다.[181] 그런데 다행히 고등학교 입시지옥도 오래 가지는 않았다. 중학교 평준화의 이점을 경험했던 사람들은 고등학교 입시지옥을 마냥 보고 있지 않았다. 1974년부터 서울에서 고등학교 평준화가 시행되었다.* 심하게 앓았던 국6병, 중3병은 평준화와 함께 기세가 꺾어졌다. 그 대신, 모든 입시의 열병은 대학으로 향하게 되었다.

도시화 시절. 엿장수는 서울의 골목골목을 주름잡고 다녔다. 엿장수는 동네 아이들을 휘어잡는 골목대장보다 한 수 위였다. 이들은 동네 공터에 리어카를 정차시킨 뒤에 철컥철컥 가위

---

* 1974년부터 서울과 부산에서 새로운 고등학교 입시 제도가 마련되었다. 먼저 고등학교 연합 선발고사를 본 후 여기에 합격한 학생들을 인문계 고교의 학군별로 배치되는 입시 제도였다. (〈조선일보〉 197년 1월 일 '새 고교입시 제도의 출발')

소리를 요란스럽게 내면서 골목을 돌아다녔다. "엿 사시오, 엿사-, 울릉도 호박엿" 엿장수의 구성진 목소리를 들은 아이들은 마치 동화 속 피리 부는 사나이에게 끌려가듯이 홀려 나왔다. 단침을 꼴깍 삼키며 엿장수를 따라가는 아이들의 손에는 빈병, 고철, 신문지 등 폐품이나 헌 물건이 들려 있었다.[182] 간혹 멀쩡한 신발을 엄마 몰래 들고나온 녀석도 있었다. 골목을 돌아다니는 엿장수의 상당수는 고물 장수였다. 아이들이 고물을 들고 오면 엿과 바꾸어주는데, 엿판에서 엿을 떼어줄 때 정확한 기준이 없었다. 그날 자신의 기분대로 엿을 주다 보니 "엿장수 맘대로"라는 말이 생겨났다. 서울 골목에서는 엿장수 맘대로가 통하였지만 대학 입시에서만큼은 통하지 않았다. 서울에서 제법 많은 엿을 유통했거니와 물릴 정도로 엿을 많이 먹었던 엿장수의 아들도 입시에서 보기 좋게 낙방하였다는 이야기가 있다.[183] 그의 변명처럼 부스러기 엿을 먹어서 불합격된 것도 아니었고, 엿을 교문에 붙인다고 대학 입시에 붙는 것도 아니었다. 대학 정원에 비해 수험생이 훨씬 많은 시절이었으므로 숱한 불합격자가 나오는 것은 피하기 어려웠다.

1970년대 고3 학생이 원하는 대학에 입학하기 위해서는 예비고사 외에도 대학별 본고사를 치러야 했다. 예비고사 합격자에게만 본고사 응시 자격이 주어졌다. 1973년경 전기대 평균 경쟁률이 3:1에 달했으며, 본고사 시험은 주관식 위주로 출제 수준도 굉장히 어려웠다.[184] 그런데 무력으로 정권을 장악한 전두환 정부는 악화한 여론을 무마하기 위하여 선심성 정책을 내놓았다. 그중 하나가 1980년 발표한 교육 개혁 정책이었다. 대학 정원을 늘리고 합격자를 증가시키기 위하여 대학 졸업 정원

서울중학교 입시 현장의 학부모들(1967). 국가기록원 제공.

제를 시행한 것이다. 이와 함께 어려운 본고사를 폐지하였으며, 대입예비고사를 '대입학력고사'로 대체하였다.[185] 이때부터 수학능력시험으로 바뀌기 전까지 대입 시험을 치른 학생들을 '학력고사 세대'라고 한다. 대학 정원은 증가하였지만 수험생도 해마다 증가하였으므로 학력고사 세대의 경쟁 또한 매년 치열하였다. 한편, 대학에 불합격하여 다시 도전하고자 재수를 할 뿐만 아니라 삼수, 사수까지 하는 수험생도 늘어났다. 학교에 소속되지 못한 이들은 학원에서 공부하면서도 심리적으로 좌불안석이었고, 방황하고 탈선하는 재수생들도 많아 사회적 병리 현상으로 대두되기도 하였다.

1980년대는 우울한 고3의 시대였다. 입시를 향한 이목은 모두 대학으로 쏠렸다. 서울 소재 대학의 서열화는 더 공고해졌다. 인문계 고등학교는 학습 목표를 일류대학 합격에 초점을 맞췄다. 학부모 역시 전인교육보다는 일류대학 합격자 수로서 그 학교의 수준을 판단했다. 그러하니 인문계 고등학교의 입학은 지긋지긋한 입시지옥에 들어감을 의미하였다. 입시지옥은 시험의 가시밭길이었고, 학생은 돌고 도는 시험과 평가의 쳇바퀴에서 헤어나지 못했다. 나는 1986년 서울의 한 고등학교에 진학하였는데, 입학도 하기 전에 실력평가시험을 봤다. 1학년부터 국어, 영어, 수학 과목만 분반 수업을 진행했으므로 반을 나누기 위한 평가시험을 미리 본 것이다. 시험이 유달리 많았던 우리 학교에서는 월말고사, 중간고사, 기말고사, 모의고사 등 일반적 시험뿐만 아니라 매주 쪽지 시험까지 봤다. 8시부터 오전 수업을 했고, 수업이 끝나면 야간 자율학습을 했으며, 학교를 마치면 독서실로 향했다. 거의 11시를 넘겨 귀가했으니 고등학교 시절 내내 늘어진 파김치로 살았던 것 같다. 그나마 다행인 사실은 1980년의 전면 과외 금지 조치로 인해 대놓고 과외 공부를 할 수 없었던 분위기였다는 점이다.

1980년대를 풍미했던 입시 풍속으로는 '눈치 작전'이 있었다. 이전 중·고등 입시에서 눈치 작전은 있었으나, 대입 눈치작전은 따라가지 못할 수준이었다. 1980년 본고사가 폐지되면서 한 번의 학력고사로 모든 게 결정되었으므로 '007작전'이라 할 만큼 눈치 작전이 고도화되었다. 눈치 작전에서는 무조건 붙고 보자는 것이 목표였고, 일류학교의 명함을 얻는 게 중요하였다. 눈치 작전파의 덕목은 흔들리지 않고 끝까지 기다릴 줄 아는 것이었다. 그들은 마감 시간 직전까지도 원서를 내지 않고 눈치를 보다가 미달학과나 경쟁률이 낮은 학과를 찾아 접수했다. 학교장 도장만 받아놓고 지원과를 적지 않은 '백지원서'라는 것도 활개를 쳤다. 수험생의 소질과 관심은 고려하지 않고 지원자가 적은 학과를 찾아 기다리다가 즉석에서 기재하여 접수를 시키는 방법이었다. 당시 각 대학은 수시로 원수 접수 상황을 발표하였다. 가족과 지인을 총동원시켜 각 대학의 접수 상황을 살펴보다가 막판에 원서를 넣다 보니 지원 마지막 날 대학의 원서 접수 창구는 서로 밀고 밀치는 아수라장이 되기 일쑤였다. 마감 직전 한꺼번에 사람이 몰려 되레 경쟁률이 높아지는 역전 현상도 나타났으므로 눈치 작전이 항상 성공을 거두는 것은 아니었다.[186]

눈치 작전이 치열했던 시절에 이번에는 대입 학력 고사장의 교문이 엿과 찰떡으로 범벅이 되었다. 붙인 엿이 떨어지면 좋지 않은 신호로 여겨졌다. 주변 가게로 들어가서 연탄불에 녹이거나 아니면 접착제와 테이프, 고무줄을 써서라도 엿을 철썩 달라붙게 했다. 엿과 함께 소망을 적은 기원문도 붙였다. "이○○전자과 합격" "쳤다 하면 합격, 붙었다 하면 수석" "주여, 합격의 영광을" 등 간절히 합격을 바라는 내용의 기원문이었다. 그런데 교문 높은 곳에 붙인 엿은 오후 햇볕을 받아 시간이 지날수록 종유석처럼 늘어지기도 하였다.[187] 접착력이 약해 중간에 맥없이 떨어지는 엿도 있었으니 입시일 하루라도 떨어지지 않고 붙는다는 것은 어려운 일이었다.

입시 철이 돌아오면 고사장뿐만 아니라 절과 교회, 성당 등에도 수험생 학부모들이 일찌감치 모여 붐볐다. 매서운 한파에도 서울의 사찰에서는 합격 기원 백일기도를 올리기 위한 학부모들로 문전성시를 이뤘다. 교회에서도 특별기도회나 철야 기도회를 개최하여 학부모들의 간절하고도 초조한 심정을 달래주었다.[188] 이런 부모의 마음을 아는지 모르는지 고3 수험생들 사이에선 '백일주' 마시기 풍속이 유행하였다. 백일주 마시기는 "입시를 100일 앞두고 술을 마시면 합격한다"라는 엉뚱한 발상에서 시작되었다. 백일주를 마셔도 불합격된 친구들이 많았던 것을 보면 시험을 앞두고 불안한 마음을 술로 풀고자 하였을 뿐이었다.

1990년대 들어 엿의 시대는 점차 힘을 잃었다. 이미 1980년대 후반부터 대기업과 백화점들이 입시상품에 주목하였으며, 엿을 대체하는 아이디어 상품들이 출시되었다. 공교롭게도 1993년 수학능력시험의 시작과 함께 엿의 시대가 저물어갔다. 대입 수학능력시험이 치러지는 첫해부터 교문에 붙던 엿과 격

문이 거의 사라졌다고 한다.* 물론 엿이 완전히 사라진 것은 아
니고 톡톡 튀는 수능 상품으로 포장을 바꾼 것이었다. "머리가
잘 터지라" "잘 찍어라"라는 뜻의 '다이너마이트 엿'과 '도끼
엿' 등도 잘 팔렸지만 확실히 전통 엿은 퇴조하는 기미를 보였
다. "잘 찍어라"라는 포크부터 "문제지를 잘 풀어라"라는 화장
지, "답을 잘 봐라"라는 거울, 그리고 "가서 돼라"라는 카스텔
라까지 새로운 수능 상품이 마구 출시되어 전통 엿의 벽이 허물
어졌다.[189] 세상은 엿처럼 붙기를 원했던 간절한 기원을 담았던
엿의 시대에서 보다 많이 팔리고자 재밌는 말 잔치를 덧붙인 수
능 상품의 시대로 전환되었다. 1990년대 후반에는 심지어 부적
팬티, 보디가드 수능 팬티 등 상업성으로 무장한 "수험생 팬티"
까지 유행하였다.[190]

엿의 시대에 엿을 붙인다고 꼭 합격하는 것은 아니었다. 그
저 간절한 합격의 바람을 엿에 투영하였을 뿐이다. 실제로는 수
년간 쌓아온 실력과 그날의 시험 운이 합격 여부에 작용하였
을 것이다. 살펴보면, 엿은 붙이기도 어렵지만 만들기도 어려
운 음식이었다. 고두밥에 엿기름을 섞어서 삭힌 물을 오랫동안
장작불에서 고와야 한다. 긴 주걱으로 삭힌 물을 젓다 보면 수
분이 증발하여 조청이 되고, 더 졸이면 갱엿이 된다. 뜨거운 장
작불 앞에서 땀 흘리면서 몇 시간 동안 젓고 졸이는 노동은 보
통 힘든 일이 아니었다. 그렇게 힘든 과정을 거쳐 갱엿이 탄생

---

* 1993년에 시행된 첫 대학수학능력시험은 8월과 11월에 두 차례 보았다. 여
름철이라서 엿을 붙이기 어려웠던 상황도 작용한 것으로 보인다. (《동아일보》
1993년 8월 21일 '엿 격문 사라져 새 제도 실감') 1994년부터는 11월 한
번만 시행하는 것으로 바뀌었다.

하는 것이고, 단맛과 함께 끈적끈적한 점성이 나타나는 것이다. 그 끈끈함에 기대어 원하는 대학에 철썩 붙고자 했던 엿의 시대는 수십 년을 이어졌지만 결국 상업적 수능 상품의 범람을 이기지 못했다. 다만 화려한 포장과 말 잔치로 꾸며진 수능 상품은 끈끈하고 오래가는 근성이 없으니 해마다 나타나고 사라지기를 반복하였을 뿐이다.

2 세계 제일의
콩나물 교실

– 학교는 부족하고 교육열은 너무 높다

나는 1977년 초등학교에 입학하였다. 부모님은 나를 은평구의 한 사립 초등학교에 입학시켰다. 깔끔하게 새 옷을 입은 채로 어머니 손을 잡고 입학식에 가던 날 내 발걸음은 가벼웠다. 사립학교의 교사校舍는 양호하였고, 먼 거리에서 오는 학생들을 위한 통학 버스도 있었다. 교실의 규모에 비해 학생 숫자도 많지 않은 것 같았다. 나는 여러모로 사립학교가 맘에 들었다. 하지만 입학식 때 내 미간을 찌푸리게 했던 것은 가슴 한쪽에 달았던 손수건이었다. 당시 초등학교 입학식에서는 아이들이 손수건과 이름표를 가슴에 달고 줄지어 서 있는 모습이 눈에 띄었다. '코흘리개'란 말도 있듯이 예전에는 코를 입 근처까지 길게 흘리고 다니는 아이들이 그리 많았다. 나는 코흘리개로 대접받기가 싫어서 손수건을 가슴에서 떼었던 것으로 기억한다.

우리 집 사정상 나의 사립학교 생활은 길지 않았다. 입학 후 일 년이 지났을 무렵에 나는 강남구의 한 공립학교로 전학을 갔다. 이 시절은 강남의 인구가 급증하였고, 이에 따라 초등학생의 숫자도 폭증하였던 때였다. 나는 전학을 간 이 학교에서 바글거리는 학생들을 보고 깜짝 놀랐다. 수업 시간에도 그랬지만 쉬는 시간에도 아이들로 운동장이 빈틈이 없었다. 교실에 들어가자 70명이 넘는 아이들과 책걸상이 가득해서 지나가기조차 어려웠다. 그 시절 강남 지역의 학교는 전출입이 워낙 많았던 터라 담임선생님은 전학을 온 내게 별로 신경을 써주지 않았다. 수업은 2부제로 진행이 되었다. 한 주는 오전에, 다음 주는 오후에 수업이 진행되었다. 1970년대 서울 외곽의 초등학교에서는 저학년의 경우 2부제 수업이 일반적이었다. 한 교실을 두 학급이 같이 쓰다 보니 불편한 점이 한둘이 아니었다. 교실 문에

는 학급 표지판이 두 개가 붙어 있으므로 나의 교실이란 생각이 들지 않았다. 책걸상도 다른 반 학생과 일 년 동안 같이 써야 했으니 물건을 놔두고 갔다가는 잃어버리기 일쑤였다. 어린 나로서는 강남의 콩나물 교실에 앉아 수업을 받으면서도 빡빡한 교육 현장이 무엇을 의미하는지를 알 리가 없었다.

산업화 시절 서울의 콩나물 교실은 우리나라 초등교육의 바로미터였다. 콩나물 교실에 담긴 여러 풍속은 당대의 교육사를 적나라하게 보여주는 것이다. 어렸을 적, 친척 집에 놀러 갔다가 콩나물시루를 몇 번 본 적이 있다. 노랗게 웃자란 콩나물은 그 흔한 흙도, 누구나 쐬던 햇볕도 없이 물만 먹고 잘 자랐다. 시루에 가득 찬 콩나물은 우리네 반찬으로 사용되는 고마운 식재료였다. 하지만 콩나물이 '학생'이 되고 시루가 '교실'이 되었을 때는 반갑지 않은 법이다. 초등학생을 잘 자라게 하기 위해서는 항상 흙과 햇볕, 물이 필요하다. 콩나물 교실은 학생은 많은데 교실은 극히 부족한 상황을 보여주는 현장이었다. 산업화 시절에는 교육 환경이 제대로 조성되지 못했던 터라 비정상적인 콩나물 교실이 우후죽순 커갔다.

오늘날 서울의 초등학교 교실에서는 20여 명의 학생이 드문드문 앉아 수업을 받는다. 해마다 학생 수는 더 줄어들고 있으며, 학생이 없어 폐교의 위기에 처한 학교도 적지 않다. 산업화 시절은 정반대였다. 80여 명의 학생으로 북적이는 콩나물 교실이 해마다 늘어나고, 교실 증축으로는 감당이 안 되어 학교가 꾸준히 신설되었다. 교실이 폭증하던 그 시절과 교실이 사라지는 현재를 비교하면 문화적 충격이라 할 만큼 격차가 너무 크다. 그 간격에는 학생은 늘어나는데 시설은 부족하고, 교육열은 극히 높은데 경제 여건은 받쳐주지 못하는 등 산업화 시절의 불균형이 자리를 잡고 있었다.

해방 이후부터 서울의 초등학교 교실 사정은 썩 좋지 않았다. 1948년 서울 시내 초등학교가 61개교가 있었는데 학교별로 부족한 교실이 평균적으로 14개나 되었다고 한다.[191] 해방 이후 혼란한 상황에서도 우리 정부는 초등교육 기관에 한하여 의무교육을 준비하고 있던 터였다. 먹고살기조차 힘들었던 해방 정국에서 의무교육의 부푼 꿈을 꾸었지만, 교실을 확충하기 위한 교육 예산을 마련하기는 쉽지 않았다. 그러던 중 벌어진 한국전쟁은 "교육으로 대한민국을 다시 일으키자"라는 희망을 송두리째 앗아갔다. 서울의 학교는 포탄의 공격을 비껴가지 못하고 큰 구멍이 뚫렸으며, 그나마 온전히 살아남은 학교 건물은

❶ 전차 안의 학교(1954). 국가기록원 제공.
❷ 천막학교로 운영된 수색공민학교(1961). 서울역사아카이브 제공.

군대와 병원, 공공기관 등으로 징발되었다. 서울 시내에서 '콩나물 교실'이란 말이 본격적으로 등장하는 것도 한국전쟁 시절이었다. 학교 시설이 크게 부족했던 전쟁 중에도 교육열은 시들지 않고 초등학교 학생들이 계속 늘어나자 교실 난이 심각해진 것이다.[192]

1950년대 서울의 초등교육을 대표하는 단어는 역시 '천막 교실'이었다. 천막 교실은 공터와 자연에 세워진 임시 교육시설이었다. 전쟁 중에 천막을 두르고 수업하는 우리나라의 천막 교실은 국제적으로 주목받았던 풍경이었다. 전쟁이 종결된 이후에도 서울의 초등학생은 천막 교실을 벗어나지 못하였다. 당시 서울에서는 대략 20만 명의 초등학생들이 85개 학교에서 수업을 받았는데 상당수 교실이 여름에는 비를 막지 못하고, 겨울에는 바람을 막지 못했다. 천막 교실에는 난방시설이 있을 턱도 없지만 문틈 사이로 바람이 들어와서 겨울에는 무척 추웠다. 목재로 지어진 교실의 상황도 나아지지 못했다. 유리창이 없었던 터라 햇볕이 들어오지 못했으므로 버티고 버티다 추위에 못 견뎌 울면서 집으로 돌아가는 학생도 많았다고 한다.*

판자 교실과 천막 교실이 개선되지 못한 상황에서도 초등학교 학생들은 계속 증가했다. 시루는 한정되어 있는데 콩나물만 계속 늘어나는 형국이었다. 그래서인지 서울에서는 친구를 만나면 "자네 집에 콩나물이 있나?"라는 말을 심심찮게 했다고

---

* 1955년 당시 서울의 초등학교는 2,637개 학급으로 구성되었다. 정상적인 교실은 1,409개였다. 판자로 지어 유리창도 없는 가교실이 253개, 천막을 쳐서 유리창도 문짝도 없는 교실이 975개였다. (〈조선일보〉 1955년 12월 3일 '창문도 없는 교실')

한다. 콩나물은 곧 초등학교에 다니는 아이를 가리켰다. 이는 교실이 부족하여 "시루에 들어찬 콩나물 같다"라는 뜻이며 아울러, 과외공부까지 시켜서 "햇볕을 못 쬐고 허옇게 자라난 콩나물 같다"라는 의미였다.[193] 1950년대는 전쟁으로 망가진 국토와 건물을 복구하는 재건의 시절이었다. 동시에 재원이 바닥을 치고 있던 가난한 시절이었으므로 교육시설의 재건은 미국과 유엔의 지원을 받아야 가능하였다. 서울시교육위원회는 주한미군이나 유엔 관련 기관의 원조를 받아 무너진 교육시설을 일으키려고 하였다. 그런데도 교실 부족 현상은 해결되지 못하여 2부제뿐만 아니라 3부제, 4부제까지 수업을 하는 학교가 있었다.[194] 게다가 어처구니없는 일도 벌어졌다. 미군과 원조단체들이 교실을 지을 시멘트, 유리, 합판 등 많은 건축자재를 제공했는데 막상 공사를 진행할 수 있는 건축비가 없었다. 자재들이 썩어가는 일이 발생하자 참다못한 미군이 "낮잠 자는 교실 건축자재"에 대해 항의서한을 보냈지만 궁핍한 우리 정부는 당장 해결책을 마련하지 못하였다.[195]

그러나 언제까지 서울 초등학교의 교실 난을 외국의 원조에만 의지할 수 있겠는가. 1960년 서울시가 조사한 바로는 96개의 초등학교에서 부족 교실 수가 1,751개나 되었다. 매년 2만 명씩 학생이 증가하는 추세이므로 단순 계산으로도 200개 이상의 교실을 지어야 하는 형편이었다. 하지만 서울시교육위원회의 예산으로는 매년 100개 정도의 교실만을 건축할 수 있었다. 그리하여 서울시는 특단의 대책으로 유진오를 위원장으로 하여 '서울특별시 국민 학교교실비상대책위원회'를 결성하였다. 아마도 학교 교실을 짓기 위하여 이런 비상대책위원회까지 조성한 것은 우리 역사에서 처음이 아닌가 싶다. 이 위원회는 외국의 원자재를 얻는 것에서 끝나지 않고 교육세법을 개정하거나 교육공채를 소화하는 등 여러모로 새 교실을 건립하기 위한 대책을 세웠다.*

하지만 경제 후진국에서 벗어나지 못했던 그 시절에 학생 증가의 쓰나미에 대응하여 교실을 대대적으로 확충할 만한 묘안은 없었다. 한편, 교실을 확충하는 것 못지않게 교실의 기자재를 확보하는 것도 시급한 문제였다. 동대문구의 J 초등학교는 "책상 없는 교실, 옛날 서당 같은 풍경"으로 유명했다. 이 학교는 1960년대 초반까지 "세계 제일의 콩나물 교실"로도 잘 알려진 곳이다. 동대문구 전농동과 답십리동 등 청량리역 인근에 주택지대가 형성되면서 학생 수가 급증하게 되었다. 불과 45개의 교실을 보유한 이 초등학교에서는 수십여 개의 교실이 모자라게 되었을 뿐만 아니라 1,500여 개의 책걸상이 부족하였다. 한 학급에는 90여 명의 학생이 편성되었고, 신입생들은 오직 운동장에서 3부제 수업을 하게 되었다. 책걸상이 없는 교실에서는 조선 시대의 서당 풍경이라 할 만한 장면이 연출되었다. 시루가 된 교실에서 아이들은 콩나물처럼 꽉 들어앉았다. 학생들이 무릎을 꿇고 마룻바닥에 엎드려서 필기하는데, 서로서로 엉덩이에 머리가 닿을락 말락하는 웃지 못할 콩나물 서당 풍경이 나타난 것이다.[196] J 초등학교는 학생 수만 명을 돌파할 뻔했으나 근

---

* 1960년 서울시의 초등학교의 실정을 살펴보면, 학생 수 29만 541명, 학급 수 3,909개, 교실 수 2,158개였다. 2부제 수업이 있는 학교가 64개, 3부제 수업 23개, 4부제 수업 3개였으며 1부제 수업 학교는 6개였다. (《경향신문》 1960년 9월 11일)

처에 새로운 학교가 생기는 덕분에 "세계 제일의 콩나물 교실"
이란 위기를 넘길 수 있었다.[197]

그러나 이후에도 콩나물 교실은 계속 생겨났다. 1960년대
후반에는 학생이 1만 명이 넘어가는 매머드 초등학교가 서울
성북구 정릉동에서 탄생하였다. 이곳 S 초등학교의 학생은 자
그마치 1만 370명, 학급수는 124개인데 교실 수는 75개에 불
과하였다. 이렇게 학생이 많다 보니 전교생이 한자리에서 모여
조례하거나 함께 소풍을 간다는 것은 애당초 불가능하였다. 입
학식에서도 학부모들이 좁은 운동장에 들어가지 못하고 교문
밖에서 담 너머로 구경하였다. 1만 명이 넘는 학생들이 함께 생
활하다 보니 여러 가지로 파열음도 나기 마련이었다. 특히 생리
적 고충이 컸다. S 초등학교의 화장실 수는 총 76칸이었다. 쉬
는 시간에 학생들이 화장실로 한꺼번에 몰리면 긴 줄이 생겼고,
참지 못한 남학생들이 아무 데서나 실례를 하였다. 그래서 학교
측에서는 학생들이 대소변을 마치고 등교를 할 수 있도록 당부
하였으며, 수업 시간에도 학생들이 화장실에 간다면 수시로 보
내주었다.[198]

동대문구의 C 초등학교와 성북구의 S 초등학교도 세계 최
대 콩나물 학교의 바통을 이어받은 초등학교였다. 두 학교도 학
생 수가 1만 명이 넘었다. 1969년 C 초등학교는 1·2학년을 3
부제로, 3학년을 2부제로 운영을 하였지만, 교실이 부족해서
한 반에 학생 85명 이상으로 편성하였다. 체육 시간에는 10여
개의 반이 한 운동장으로 몰리다 보니 화단 언저리까지도 붙어
서 맨손 체조를 해야 했다. 등하교 시간에는 좁은 도로가 어린
이로 홍수를 이뤘고, 한국전쟁 때 전선戰線 열차가 한꺼번에 밀

228

어닥친 서울역처럼 복잡하고 떠들썩했다고 한다.* 성북구의 S 초등학교는 앞서 설명한 J 초등학교의 학생 수를 능가하였다. 시골에서 상경한 주민들이 하월곡동 산자락에 판자촌을 형성하면서 덩달아 S 초등학교의 학생 수가 한 달 평균 100여 명씩 불어났다고 한다. 판잣집 한 동에 몇 가구씩 사는 "콩나물 판자촌"과 현대식 4층 건물 외에도 낡은 목조 단층 건물, 바라크식 임시 건물까지 빽빽하게 들어선 이 "콩나물 학교"는 닭은꼴이었다. 교무실이 두 개로 나뉜 S 초등학교는 많은 선생님이 한자리에 모이기도 어렵고, 서로 얼굴을 잘 몰라 학부모로 착각하는 예도 있었다고 한다. 사람으로 꽉 차다 보니 이 학교에서 가장 강조하는 교육은 안전교육이었다. 학생 수가 너무 많고 사고의 위험도가 높아서 교실, 변소, 하굣길 등 어디를 가도 "줄 서서 다니기"를 강조하였다.**

학생은 많고 교실이 부족했던 콩나물 학교에서는 그 해결책을 2부제, 3부제 등 다부제 수업에서 찾았다. 1960년대는 4부제 수업까지 하는 초등학교가 꽤 있었다.*** 지금처럼 학생 수가 적을 때는 한 학급이 한 교실을 사용하는 것이 당연한 일이

---

*   C 초등학교의 재학생은 1만 204명, 학급수 129개였다. (〈경향신문〉 1969년 3월 27일)

**   1971년 세계 초과밀 학교인 S 초등학교의 학생 수는 1만 1,784명인데 교실은 86개에 불과하였다. (〈조선일보〉 1971년 5월 6일)

***   1964년 5월 서울의 공사립 초등학교는 총 152개교, 6,319학급, 학생 수는 51만 945명이었다. 137개의 국공립학교의 다부제 수업 편제는 아래와 같다. 완전 1부제가 11개교, 1·2부제가 53개교, 1·2·3부제가 54개교, 1·2·3·4부제가 19개교이다. (〈조선일보〉 1964년 7월 26일 '서울시내 의무교육진단')

서울의 한 초등학교 교실 풍경(1963). 서울역사박물관 제공.

다. 하지만 교실이 절대적으로 부족한 상황에서는 시설의 회전
율을 높이는 방법을 택한 것이다. 여러 학급이 한 교실을 사용
하였고, 시간을 나눠 수업하게 되었다. 하지만 이런 방식은 수
업의 질을 떨어뜨리고 나아가 의무교육의 취지를 무색하게 만
들었다. 실제로 법정 교육 시간을 제대로 채우지 못했다. 적어
도 4시간 수업을 하려면 3부제 경우에는 밤 9시까지 수업을 해
야 했다. 하지만 밤늦게까지 수업을 할 수는 없으니 학교 측은
1시간씩 수업을 줄여 운영하는 꼼수를 부렸다.

다부제 수업은 학교 생활에 빨리 적응해야 할 저학년 학생
들에게 큰 고충이었다. 나도 저학년 시절 2부제 수업을 받았는
데, 등하교 시간이 불규칙한 탓인지 한동안 적응이 잘 안 되었
다. 오전과 오후 수업을 번갈아 받다 보니 어린이들이 학교생활

을 안정적으로 하기가 요원하였다. 아이들 때문에 가정에서도 힘들기는 마찬가지였다. 아이들이 오전반일 때는 점심을 챙겨줘야 했고, 오후반일 때는 늦게 기상하는 아이들과 씨름해야 했다. 부모가 모두 일을 나가는 가정에서는 아이들 끼니조차 제대로 챙겨주기 어려웠다.

의무교육의 토대에서 자라난 콩나물 교실은 교육열이란 물을 먹고 쑥쑥 커갔다. 한국의 교육열은 세계 최고로 알려진 바 있다. 전쟁통에도 교육을 포기하지 않고 천막 교실에서 수업을 이어 나갔으며, "배고파도 배워야 한다"라는 신념으로 보릿고개를 교육으로 극복하려고 했다. 부존자원이나 토지가 부족했던 우리나라는 오직 교육에 투자하여 인적 자원을 키워나가는 방법이 최선이었을 것이다. 하지만 산업화 시절 부실했던 의무교육의 토대는 높은 교육열을 감당하지 못하고 불안한 상황에 직면해 있었다. 이것이 콩나물 교실이나 다부제 수업과 같은 기이한 풍경으로 나타난 것이다.

구한말부터 조선에서는 '소학교령'을 반포하는 등 의무교육을 시도하였지만 실제로는 이뤄지지 못했다. 초등학교 시절 나는 어르신 세대로부터 "소학교 근처"까지 가봤다는 얘기를 많이 들었다. 소학교에 입학은 했으나 졸업은 못 한 분들이 많았으며, 특히 여성의 경우 한글을 모르는 분들도 적지 않았다. 일제강점기 암울한 교육 현장을 지나 초등학교 의무교육을 시행하였을 때는 한국전쟁 직전인 1950년 6월이었다. 지금은 사라진 중앙청에서 기념 축하식까지 거행하며 희망찬 교육의 미래를 꿈꾸었지만, 현실은 냉혹했다. 교육재정이 없는 의무교육이란 알맹이 없는 허울뿐이었다. 의무교육이란 궁극적으로 '무상

교육'이다. 배움의 터전인 교실을 무상으로 제공하고, 배움의 원리인 교과서를 무상으로 배급하는 등 각종 교육 비용을 국가가 내야 진정한 무상교육인 것이다. 이러한 무상교육은 1980년 이후에나 실시될 수 있었다.

1950년대 학교 시설의 개선은 거의 미군이나 원조단체의 지원에 의존하는 형편이었다. 전쟁의 기운이 사라지고 국토의 재건이 성과를 이룬 1960년대에는 교육열이 훌쩍 달아올랐다. 매년 취학아동이 수만 명씩 늘어났고, 초등학생의 취학률도 90%를 넘겼다. 그러하니 서울에는 100명이 넘는 밀집 교실이 자라나고, 5부제 수업이나 옥외수업을 검토하는 학교마저 생겼다.[199] 국가는 1960년부터 '의무 교육시설 확충을 위한 5개년 계획'을 두 차례 진행하였는데, 주로 학교와 교실을 짓는 데 힘을 썼다. 하지만 시설투자를 위한 교육재정이 워낙 부족해서 교육공채를 발행하여 학부모들에게 억지로 떠맡겼다. 학부모 처지에서는 내 아이에게 할당된 교육공채를 사주지 못하는 것은 매우 창피한 일이라고 생각했다. 이 때문에 한 가정에서는 집단 자살하는 비극까지 발생하였다.[200]

한편, 정부가 내놓은 콩나물 학교 개선의 타개책은 사립학교 설립을 권장하는 것이었다. 국가의 힘으로 의무교육을 감당하지 못하자 결국 민간에게 손을 벌리는 꼴이 되었다. 사립 초등학교 설치 장려가 시작된 1962년에 서울에서 19개교가 인가 신청을 할 정도로 수요가 컸다. 사립 초등학교는 거의 서울 시내에 집중되었고, 적은 수를 뽑아서인지 사립학교 학생이 차지하는 비율은 1% 남짓이었다.[201] 초창기에 사립학교가 인기를 끈 이유는 콩나물 학교가 아니기 때문이었다. 교육시설과 환경이 좋은 사립학교에 보내기 위해서는 그만한 비용을 내야 했다. 사립학교에서는 수업료와 육성회비 외에도 비공식적인 잡부금을 걷는 학교가 많아서 여기저기 볼멘 목소리가 터져 나왔다.[202] 새 학기마다 입학찬조금, 교재비 등 각종 명목으로 잡부금을 걷자 사립학교가 돈벌이 수단으로 악용되었다는 지적이 나오게 되었다.

하지만 사립 초등학교만이 잡부금을 걷는 것은 아니었다. 공립학교 역시 육성회비 등을 걷기에 과연 초등학교가 의무교육인지에 대해서 의구심을 갖게 하였다. 1960년대는 서울의 학교별로 기성회를 조직해서 일 년에 한 명당 기성회비를 400원까지 걷을 수 있게 하였다.[203] 이 기성회비는 낡은 교실이나 학습용 부대시설을 보수하는 데 쓸 수 있도록 하였다. 1970년대는 학교 운영 재원을 확보하기 위하여 '육성회비'란 이름으로 학부모들에게 돈을 내게 하였다. 1972년 육성회비는 한 명당 7,200원이었다.[204] 초등학교를 의무교육으로 알고 아이들을 입학시킨 서민들에게 전가된 이런 교육비는 만만치 않은 것이었다. 어려운 살림살이에 여러 아이 육성회비를 한꺼번에 내려면 가정 경제의 한쪽에서 찢어지는 소리가 나는 법이었다. 아마도 중장년층은 초등학교 시절 육성회비에 대한 아픈 기억이 하나쯤 있을 것이다. 육성회비를 내지 못한 아이들은 선생님에게 혼이 나고 벌을 받았으며, 학교 측으로부터 빨리 육성회비를 걷으라는 독촉을 받는 선생님도 스트레스를 받기는 마찬가지였다.

변칙적 의무교육을 받으면서도 콩나물 교실에서는 숱한 콩나물들이 입학하고 졸업했다. 어려운 재정 여건 속에서도 콩나물 학교가 꾸준히 증가하는 등 교육시설이 개선된 것도 사실이었다. 산업화 시절 서울에는 매년 수십 개의 초등학교가 세워졌으며, 수백 개의 교실들이 늘어났다. 1970년대 중반부터는 콩나물 교실의 토대가 변화했다. 강남에 아파트 개발 바람이 불면서 콩나물 교실이 남쪽으로 이전하였다. 이를 "콩나물 교실의 남고북저^{南高北低}"라고 부른다. 한강 북쪽에서는 콩나물 교실이 적어지고 2부제 수업도 사라지지만, 강남구, 동작구, 관악구 등 남쪽에서는 콩나물 교실이 급증하였다. 여기에는 100개 학급 이상의 초등학교가 7개나 되었다.[205] 당시 한강 이남에서 초등학교를 다녔던 학생들은 분교^{分校}를 경험해 봤을 터이다. 나도 같이 놀았던 친구, 사이가 좋았던 짝꿍이 하루아침에 학교가 달라지고 헤어졌던 아픔이 기억에 남아 있다. 다부제 수업을 진행하다가 콩나물 학교가 폭발 지경에 이르면 교육 당국은 인근에 신설 학교를 세워 학생 일부를 분산시켰다.[206] 거의 강제로 학생을 전학시켰으니 되레 먼 학교로 등교해야 하는 학생들이 속출하였고, 학부모들의 불만도 컸다.

다음은 콩나물 교실 안으로 한 걸음 더 들어가 보자. 그 시절 콩나물 교실은 시장통처럼 좁고 떠들썩하였다. 수업 종이 '땡'하고 울리면 선생님의 첫마디는 "조용히 해!"였다. 20여 평의 좁은 교실에 80여 명의 개구쟁이가 모였으니 얼마나 시끌벅적했을까.* 담임선생님은 많은 학생의 이름을 일일이 외울 수 없어서 "애" "너" 등으로 불렀다. 선생님으로부터 '고유명사'로

---

*　당시 교육 법령에서 정해진 한 학급의 수용인원은 60명이었다. 하지만 산업화 시절 서울에서 이런 기준을 지키는 학교는 거의 없었다. 1978년 당시 영등포구 독산초등학교는 한 교실에 104명까지 수용하였다. (〈동아일보〉 1978년 7월 8일 '콩나물 교실도 한계점')

불린 아이들은 기분이 좋았지만 이처럼 '보통명사'로 불린 아이들은 섭섭할 수밖에 없었다. 수업 시간 애로사항은 앞자리 아이 머리에 가려 칠판이 잘 안 보인다는 점이었다. 이리저리 몸을 흔들어서 간신히 머리 사이로 칠판을 보아야 했다. 맨 앞자리의 아이 역시 칠판이나 교탁이 너무 가까워 고개를 위로 치켜들어 보거나 옆으로 봐야 했다. 교실 끝자리의 키 큰 아이들도 역시 불편하였다. 목소리가 작은 선생님이 수업할 때는 뒷자리까지 잘 들리지 않았기 때문이었다.

콩나물 교실에서는 선생님이 칠판에 일일이 분필로 적고, 아이들이 공책에 필기하는 방식으로 수업이 진행되었다. 무엇보다 칠판에 적은 내용이 중요했다. 칠판이 잘 안 보여 불만이 쌓이면 자리를 바꾸거나 일정한 시기마다 분단을 옮기기도 하였다. 칠판의 아래쪽 턱에는 분필, 분필 지우개 등이 줄지어 놓여 있었다. 교단 앞쪽의 아이들은 항상 분필 가루와 씨름해야 했다.[207] 칠판을 지우다 보면 하얀 가루가 뿌옇게 날리는데 앞자리 아이들의 머리에 떨어지거나 코로 들어갔다. 당번 학생이 분필 지우개를 털 때 가루가 날리는 것을 막기 위해 상자처럼 생긴 '지우개 털이개'가 복도에 비치되기도 하였다.*

콩나물 교실에는 아이들도 많았지만, 책걸상으로도 꽉 차서 움직일 틈이 없었다. 쉬는 시간이 되면 아이들이 분단 사이 좁은 통로로 나오기 어렵다 보니 마치 타잔처럼 책상 위를 밟고 걸어서 나오기도 했다. 어느 아이들은 당시 유행했던 TV 드

---

* 하지만 아이들은 밖으로 나가 학교 벽에 지우개를 두드리면서 분필 가루를 털기도 하였다.

235

라마 〈육백만 불 사나이〉 흉내를 내면서 책상 몇 개를 징검다리 건너듯 뛰어넘기도 하였다.[208] 이는 매우 위험천만한 행동이었다. 잘못하여 발을 헛디뎌 다치는 경우도 다반사였다. 쉬는 시간에는 교실이나 복도가 거의 난장판이었다. 복도로 뛰쳐나온 학생들이 서로 엉켜서 놀고 뛰어다니다 보니 소란스러운 운동장과 다름이 없었다.

콩나물 교실에서는 대개 나무 책걸상을 이용하였다. 지금처럼 1인용 책상이 아니라 2인용 책상이었는데 낡고 불편하였다. 1960년대는 책상이 모자라서 2인용 책상에 3명의 학생이 나란히 앉아 공부하는 불쌍한 모습이 언론에 등장하기도 하였다.[209] 그런데 이 나무 책상은 '곰보 책상'으로도 불렸다. 책상 상판이 연필, 물감 자국으로 더럽혀졌을 뿐만 아니라 칼과 못 등으로 파인 상처가 많아서였다. 성한 책걸상도 별로 없어 기우뚱거리나 움직이면 삐그덕 소리가 났다. 받침목이 빠지고, 등널이 없고, 앉음판이 빠져 있는 등 뭔가 하나는 부족하였다. 학생들의 체격은 날로 커지는데 낡은 책걸상의 표준규격은 예전 그대로였다. 키 큰 학생들은 다리가 책상으로 안 들어가 어중간한 자세를 취하게 되었다. 재밌는 점은 어느 책상이든 상판 가운데는 경계선이 그어졌다는 사실이다. 책상을 2인 1조로 사용하다 보니 자신의 영역을 경계선으로 표시한 것이다. 사이가 나쁜 짝들은 이 경계선을 넘었다고 주장하며 서로 싸우는 일도 잦았다.[210] 내가 중학교에 입학한 후로는 낡고 불편했던 곰보 책상은 사라지고 철제 플라스틱 책걸상으로 바뀌었던 것 같다.

하지만 힘들었던 그 시절의 콩나물 교실이 지금의 휑한 교실보다 따뜻하게 느껴지는 이유는 무엇일까. 복닥거리는 콩나물 교실의 콩나물들은 서로의 체온을 주고받으며 컸다. 햇볕도 잘 들지 않고, 물도 제때 안 줘도 나를 둘러싼 콩나물로부터 온기를 나눠 받으면서 자라났다. 친했던 벗도 많고 싸웠던 경쟁자도 많았지만 여러 사람과의 교류와 경험은 콩나물 교실 바깥으로 성큼 나갈 수 있는 힘이 되었다. 콩나물 교실의 정겨운 풍경도 잊히지 않는다. 당시에는 급식이란 게 없었고, 모두 집에서 싸온 도시락을 먹었다. 더러는 보온 도시락을 가져오기도 했지만 대개는 은색, 금색 등 성냥갑 같은 양은 도시락에 점심 식사를 싸 왔다. 겨울에는 차가워진 밥을 데우기 위해 이 양은 도시락을 난로 위에 올려두었다. 점심시간이 가까워질수록 난로 위의 도시락이 마치 탑처럼 쌓여갔다. 맨 아래 도시락은 밥이 눌어붙고 제일 위의 도시락은 여전히 찬밥이었다. 그런데 콩나물 교실의 식탁에서는 찬밥 더운밥을 가리지 않았다. 김치, 멸치, 소시지, 계란말이 등 잘난 반찬과 못난 반찬도 모두 같은 밥상 위에 올려졌다. 아, 늘 반찬이 부족하던 친구가 게걸스럽게 자신의 반찬을 뺏어 먹어도 웃고 이해해 주던 한 친구의 얼굴이 떠오른다. 친구들이 준 온기가 모여 따뜻함이 감돌았던 서울의 콩나물 교실은 이제 어디에서도 볼 수 없는 풍경이 되었다.

3 교복을 찢었던, 거칠었던 졸업식

– 응어리진 교복 세대의 성인식 겸 해방의식

나는 교복을 입어 본 적이 없다. 1980년대 서울에서 중·고등 학교를 다니면서 단 한 번도 교복을 입어보지 않은 세대는 얼마 되지 않는다. 나는 급변하는 세상 속에서 흔히 말하는 '끼인 세 대'였다. 교복 세대는 그토록 교복 벗기를 원했다지만 나는 진 정 교복을 입고 싶었다. 교복을 입고 학교에 가는 형은 어쩐지 어른스러워 보였다. 나는 교복을 입어야 어린이 꼬리표를 뗄 것 같았고, 형처럼 교복을 입고 가방을 들고 학교에 가는 모습을 상상하면 왠지 우쭐해졌다. 그런데 이게 무슨 일인가? 내가 초 등학교 졸업반이 되자 교복자율화 및 두발자유화 조치가 발표 되었다. 안타깝게도 교복을 입고 중학교에 진학하려던 나의 꿈 은 무산이 되었다. 사복을 입고 중학교에 간 나는 초등학교와 별 차이를 못 느꼈으며, 2차 성징이 늦게 왔던 터라 여전히 소 년이란 생각이 들기도 했다.

대한민국에서 나처럼 교복을 전혀 접해보지 않은 세대는 흔 치 않다. 대개는 교복을 입고 학교에 다녔으니 좋든 싫든 교복 에 대한 추억이 있기 마련이었다. 그런데 1983년 교복자율화가 실행된 이전과 이후는 똑같은 교복 착용이라도 다른 문화적 의 미를 지니고 있었다. 이런 시대적 함의를 간접적으로 드러낸 풍 속이 '거칠었던 졸업식'이었다. 1990년대 후반 여고 졸업식에 서 밀가루 세례가 다시 등장해서 사람들을 놀라게 했다. 하지만 그 정도는 1970~1980년대 거칠었던 졸업식에 비한다면 약과 에 불과하다.[211] 그 시절 서울의 고등학교 졸업식장에서는 보기 에도 참 난감한 풍경이 연출되었다. 노래 가사처럼 "잘 있거라, 아우들아 정든 교실아, 선생님 저희들은 물러갑니다"라며 아쉬 워야 할 졸업식과는 전혀 딴판이었다. 교복을 갈기갈기 찢거나

매동국민학교 입학식(1978). 국가기록원 제공.

밀가루를 서로에게 퍼붓거나 날달걀을 던지다 보면 졸업식장
은 난장판이 되기 일쑤였다. 고교생들은 왜 졸업식장에서 3년
간 입었던, 정든 교복에 해코지를 해야만 했을까? 뒤에서 기술
하겠지만 거칠었던 졸업식 풍경의 이면에는 3년 내내 거칠었던
학창 시절이 숨겨져 있었다.

　우리나라 학교의 역사를 돌이켜 보면, 처음으로 교복을 입
힌 학교는 이화학당과 배재학당이었다. 이화학당의 학생은 초
기에는 다홍색 한복과 옥색 쓰개치마를 입었지만 이후에는 '유
관순 복장'으로 잘 알려진 흰 저고리와 검정 치마를 입고 다녔
다. 배재학당의 교복은 군복을 닮은 검은 양복과 모자로 익숙한
교복 스타일과 크게 다르지 않았다.[212] 세계사적으로 남학생 교

복은 군복에서 출발했다는 것이 중론이다. 나폴레옹이 남학생을 군인으로 쓰기 위해 군사훈련 시에 똑같은 옷을 입혔던 데서 비롯되었다고 한다.[213] 이따금 여학생의 교복에서 보이는 줄무늬 칼라와 양 갈래 넥타이도 해군 수병이 입던 세일러복^Sailor Uniform에서 말미암은 것이다. 이처럼 교복은 역사적으로 군복에서 가지를 쳐 나왔고, 양장의 디자인과 특징이 혼합되어 정착되었다.

산업화 시절까지 남학생의 교복은 유독 큰 변화가 없었다. 1920~1930년대 수학여행이나 졸업식 장면을 찍은 사진을 보면 1970~1980년대 남학생들 교복 차림과 거의 유사하다. 검은색이나 회색 옷감이며, 윗옷은 곧게 선 스탠드 칼라에 단추가 5개 달린 모습이었다. 이 형태가 거의 50여 년 이상 고정되었으니 세월은 흘러가도 교복은 그대로였다. 다양한 평상복이 출시되는 동안에도 여전히 권위적이고 딱딱한 일제강점기 형태를 고수하고 있었으니 교복에 대한 학생들의 거부감을 예상해 보기란 그리 어렵지 않다.[214] 그런데 흥미로운 점은 의외로 교복 착용 자체에 대해서는 반대가 많지 않았다는 점이다. 1970년대 후반의 한 조사에 따르면 서울 중·고등학생들이 교복 착용을 찬성하는 비율이 60% 이상이었다.* 따라서 교복 착용을 반대하기보다는 교복 디자인이 맘에 들지 않거나 교복의 불편한 상태에 대한 불만으로 볼 수가 있다. 특히 남학생들은 대개가 동복 칼라의 안깃을 끼우는 호크^haak가 불편하다고 여기는 경우가

---

* 그 이유로는 통일감을 주어서 좋다는 대답이 제일 많았다. (〈동아일보〉 1978년 12월 26일 '교복 이대로 좋은가')

중앙고등학교 졸업식(1977). 국가기록원 제공.

많았다.[215] 이 호크를 끼우면 목을 조르는 느낌이 났지만 학교
의 복장검사는 반드시 규칙을 지키도록 하였다.

왜 교육 당국에서는 오랫동안 학생들에게 교복을 강제한 것
일까? 교복을 입히는 이유는 군복을 입히는 것과 같고, 나아
가 큰 틀에서는 제복을 입히는 까닭과 통한다. 교복도 역시 '학
교제복学校制服'의 줄임말이다. 제복은 단체나 직장에서의 규율을
지키기 위해서 입는 옷이다. 유니폼을 입으면 통일감을 주는 점
도 있겠지만 나는 집단적 규율을 강제하려는 이유가 먼저라고
생각한다. 유니폼이 주는 일체감도 궁극적으로 그 직업의 습성
을 훈육하고, 단체의 목표에 따르게 하기 위함이다. "유니폼을
입으면 인간성은 벗는다"라는 서구의 격언도 같은 뜻이다. 제

복을 입은 집단 앞에 선 사람은 구령이나 호령을 하는 행위를 좋아하게 된다는 사실도 비슷한 맥락이다.[216] 그래서인지 제복을 입을 때와 벗을 때는 사람이 많이 달라진다. 교복을 입으면 나도 모르게 학생으로서의 본분을 생각하더라도 교복을 벗으면 그 속박에서 자유롭게 느껴진다. 군복도 마찬가지이다. 제대한 남자라면 군복과 사복 사이에 1,000리만큼의 거리가 있음을 느껴봤을 것이다. 휴가를 나와서 사복을 입고 거리를 활보할 때의 느낌이란 부대에서 군복을 입을 때와는 차원이 다르다. 그것은 자유와 구속이 뜻하는 차이와도 같다.

교복을 입히는 것은 사실 "이런 일은 하면 안 된다"는 굴레를 씌우는 것으로 볼 수도 있다. 우리 사회는 성년은 되지만 미성년은 안 된다는 규범이 꽤 강한 편이었다. 특히 유교 이념과 군사정부의 통치 이데올로기가 혼융된 산업화 시절에는 미성년자의 금기사항이 더 많았다. 예전에는 서울 도심의 뒷골목에 가보면 '미성년자 출입 금지구역'이란 푯말이 붙은 곳이 흔했다. 유흥업소 밀집 지역은 물론이고, 사행심을 조장한다는 전자오락실이나 파친코pachinko도 그러하였다. 에로 영화를 상영하는 삼류 영화관도 미성년자 출입 금지구역임은 마찬가지였다. 혼탁한 거리를 만든 것은 성년인데 출입 금지 대상은 미성년이니 모순된 일이 아닐 수 없다. 우습게도 교복자율화를 앞두고의 논란거리는 "어른인지 알 수 없게 된 청소년들에게 유해한 구역의 출입을 과연 통제할 수 있을까?"의 문제였다.[217] 하지만 통제와 강요, 그리고 금지는 결코 해답이 될 수 없었다. 우리는 강요할수록 하기 싫고, 금기할수록 더 하고 싶은 욕망을 누구나 경험해 봤다. 성인이 교복을 입은 학생을 통제와 금지의 대상으로 여길수록, 학생은 이를 속박으로 여겨 빨리 성체가 되는 변태變態의 꿈을 더 강하게 꾸는 것이 당연하였다.

예전에는 교복을 입은 학생을 보면 웃음이 절로 나오는 일이 흔했다. 1학년은 교복이 크고 헐렁한데 3학년은 꽉 끼다 못해 터질 듯 작은 옷을 입은 학생을 볼 수 있었다. 학부모들이 머리를 써서 입학할 때 큰 옷을 사서 입혀도 한창 클 때인 만큼 2학년이 지나면 벌써 딱 맞게 되는 것이다. 바지 밑단을 몇 겹 안쪽으로 접었다가 키가 크면 풀어주는 방법도 있었으나 허벅지와 엉덩이가 굵어져 옷이 끼이게 되는 것은 어쩔 수가 없었다. 옷이 너무 크다고 투덜거리는 신입생을 생각하면 안쓰러운 일이지만 교복 비용을 조금이라도 줄여서 생활비를 아껴야 하는 학부모를 떠올리면 이해가 되는 대목이다. 때로 학교에서는 '교복 물려주기 캠페인'을 벌리고, 집안에서도 형이 입던 교복을 동생에게 물려주려고 했지만 이마저도 쉽지 않았다. 신입생이 낡은 교복을 입는 것도 기분 좋은 일이 아니었고 학교마다 교복과 교모가 조금씩 달라 동생에게 주는 일도 원활하지 않았다. 게다가 산업화 시절 교복 시장은 '보이지 않는 힘'에 의하여 매우 강고하게 운영되었다.

서울의 교복 시장은 거대하였다. 이른바 '메이커maker'라고 부르는 특정 제조업체에 의하여 교복 시장은 분할되어 있었다. 1971년경 서울에서 교복의 총 수요가 21만 2,000벌 정도였다고 한다.* 이 거대한 교복 시장을 남학생복 7개 업체, 여학생복

---

* 1971년 당시 중학교 신입생 10만 7,000여 명, 고등학교 신입생 7만 5,000여 명, 그리고 재학생 중 약 5만 명이 학생복을 맞출 것을 추계한 숫자이다.

5개 업체가 장악하다시피 하였다.* 당시는 학교가 지정하는 업체의 교복만을 구매하여 착용하도록 하는 '지정복제'를 운영하고 있었다. 왜 학교가 나서서 특정 업체의 교복을 구매하도록 강요하는 것일까? 메이커 업체는 의류를 전문으로 만드는 제조회사였다. 메이커가 교복 판매까지 한다면 유통 비용이 절감되므로 가격이 당연히 싸야 하는데 오히려 적정 가격보다 25% 정도가 비싼 수준이었다. 이런 마진은 대부분 주문을 한 학교로 흘러 들어가 잡부금 등으로 사용되었다. 학교의 시설비로 충당되기도 하고, 관계자에게 커미션으로 쥐어지기도 하였다. 서울시교육위원회가 이런 교복지정제도를 폐지하라고 권고해도 학교 측은 들은 체 만체하였다. 그리하여 학부모들은 울며 겨자먹기로 25%가 비싼 교복을 구입하여야 했다. 더욱이 운동복, 가방, 모자 및 모표, 배지에 이르기까지 세트로 판매하는 일도 허다하였다.[218]

앞서 말한 것처럼 나는 두발자유화, 교복자율화 세대이다. 그렇다고 완전한 자율화 세대로 말하기에는 뜨뜻미지근한 점이 있다. 중학교 때는 자율화의 혜택을 봤지만 고등학교에 올라가자 두발만큼은 자율화 이전으로 돌아갔기 때문이다. 자율화 시절이 도래하였어도 모교에서는 모든 학생에게 이른바 '스포츠머리'를 하고 등교하도록 하였다. 마치 군인처럼 짧은 두발을 유지하기 위해선 한 달에 두 번은 이발소에 가야 했다. 이처

---

*   남학생복 업체는 신생, 신흥, 한일, 광복사, 학우사, 신세계백화점, 시대 등 7개소, 여학생복 업체는 미치엘, 경일, 무궁화, 신세계백화점, 신생 등 5개소였다. 이외 군소업체들도 있었다. (《매일경제신문》 1971년 2월 13일 '변질된 잡부금')

럼 짧은 머리를 하고서도 선도부 선배들이 지키는 교문을 통과하는 등굣길은 긴장되는 순간이었다. 이따금 선도부 뒤로 악명 높은 선생님들이 날카로운 눈빛으로 학생들을 훑어보고 있었기 때문이다.

자율화 이전에는, 교문의 두발과 복장 검사가 더욱 거칠었다. 호크를 잠그지 않았거나 이름표를 붙이지 않은 학생들은 당연히 적발되어 그 자리에서 체벌을 받거나 이후 교무실로 호출되었다. 예전 지도 교사들의 손에는 머리를 짧게 미는 바리캉 bariquand이 들려 있었다.[219] 머리카락을 쥐었을 때 손가락 사이로 머리가 나오는 장발(?)은 바리캉으로 바로 깎아버리는 일도 잦았다. 아니면 가방을 빼앗고 학교 앞 이발소에서 머리를 깎인 뒤에 돌려주기도 하였다. 학생들에 대한 통제는 여기서 그치지 않고 학교 밖으로도 나갔다. 학교와 경찰서 등이 합동지도반을 꾸려서 거리를 돌며 복장 위반, 흡연과 음주, 미성년 출입금지 구역 출입 등으로 학생들을 적발하여 처벌하기도 하였다. 1970 년대는 주말에 사복을 입고 외출하는 일도 허용되지 않았다. 교외 생활지도 교사에게 걸리면 곧 학교에 통보되어 꾸지람을 들거나 외출 시 사복을 착용하지 않겠다는 서약서까지 작성해야 했다.[220] 입시와 취업 준비로 힘든 시기를 보내거니와 통제와 감시까지 당하는 마당이니 학생들은 이런 시기가 지긋지긋하게 느껴질 수밖에 없었다.

내가 고등학교를 졸업하던 1980년대 후반에도 밀가루와 달걀 세례의 풍속은 남아 있었다. 졸업식을 마치고 사진을 찍으려는 순간에 어디선가 고함을 지르면서 밀가루를 뿌리는 녀석들을 볼 수 있었다. 서로 달걀을 던지다가 머리와 얼굴이 만신창이가 된 녀석들도 몇몇 있었지만 주변 친구들의 호응은 별로 없었다. 교복을 입지 않아서 교복 찢기를 할 수 없었으니 알맹이가 없는 거친 졸업식은 이미 맥 빠진 상태였다. 이에 비한다면 1970년대 서울의 고등학교 졸업식은 거친 야생마들이 졸업식장을 휘젓고 다니는 것 같았다. 졸업식이 끝나자마자 학생들은 교복과 교모를 갈가리 찢어버리기 시작했다. 온몸에 밀가루를 뿌리는 한편, 얼굴에는 연탄재나 구두약을 칠해서 마치 무너진 갱에서 갓 나온 광부와 같았다. 꽃다발과 테이프 등을 난잡하게 꿰어 온몸에 마구 두른 뒤 사진을 촬영하거나 축하객들이 보는 앞에서 술을 먹고 난동을 부리기도 하였다.[221] 물론 모든 학생이 이런 행동을 보이는 것은 아니지만 이런 광기의 사태를 보고 후련하게 여기는 학생들도 적지 않았다.*

그렇다면 교복을 찢는 거친 졸업식은 언제부터 생겨난 것일까? 졸업식장에서 거친 행동을 보이는 관습은 일본 낭인들로부터 배운 것이라는 주장이 있지만 역사적으로 조선 시대에도 유사한 관습이 확인된다. 조선의 성균관이나 사학四學에서도 졸업 시험인 고과考課가 끝나면 학생들이 그들의 제복인 청금靑衿을 찢는 폐습이 문제가 되었다. 이를 '파금破襟'이라 하였다.[222] 하지만 조선 시대 성균관 유생은 매우 희소한 계층이며, 그들의 풍속을 현대의 고교생들에게 적용하기에는 무리가 있다고 보인

---

* 어느 고3 학생은 선배들의 광기 어린 졸업식을 보고 처음에는 납득이 안 갔지만 고등학교 3학년을 보내면서 오히려 이해가 간다고 말하였다. 그동안 쌓였던 응어리진 불만이 졸업식장에서 폭발하는 것으로 이해되었고, 졸업식에 임한 학생들은 대부분 아쉽기보다는 후련하게 여겼다고 한다. 《조선일보》 1981년 2월 11일 '응어리 3년의 해방감')

밀가루와 테이프 등으로 범벅이 된 졸업식 장면(1979). 경향신문 제공.

다. 학생들이 교복을 본격적으로 입었던 때는 일제강점기였는데, 졸업식에서 교복에 해를 가하는 풍속이 유행한 때는 1950년대 이후로 보인다.

1950년대 고등학교에서 졸업식은 석별의 정을 나누는 경건한 공간으로 묘사되었다. 다시 돌아올 수 없는 학교를 나오는 졸업생들은 깔끔한 교복 차림이었다. 그들은 기쁘기도, 한편으로 슬프기도 한 마음으로 조용히 교문 밖을 떠났다.[223] 모두가 어려웠던 재건의 시대에 고등학교를 졸업하는 것만으로도 행복하고 벅찬 심정이었을 게다. 하지만 1960년대부터 졸업식의 분위기는 조금씩 달라졌다. 졸업식이 끝나고 서울 시내에서 탈선하는 졸업생들을 하루에 830명이나 적발하는 일이 있었다.[224] 1967년 서울시교육위원회가 졸업 시즌을 맞이하여 졸업식

4장 학교를 둘러싼 풍경

장에서 음주나 고성방가, 집단폭행 등을 금지한 지시를 보건대 1960년대 후반부터 평온하거나 경건한 졸업식에서 일탈을 시작하였던 것 같다.*

교복을 마구 찢거나 밀가루를 뒤집어쓰는 거친 졸업식은 1970년대 본격적으로 시작되었다. 졸업식장이 도떼기시장처럼 변하자 학교 측에서의 단속도 강화되었다. 경찰관과 교원을 배치하고 교문에서 일일이 학부모만을 가려 출입시켰으며, 가방과 외투를 뒤져 밀가루 봉지와 구두약을 빼앗았다. 하지만 아무리 철저히 단속한다 해도 학생들의 들뜬 해방감을 무력화시키지 못하였다. 식이 끝나자마자 어디선가 밀가루 봉지가 터지고, 구두약을 꺼내 얼굴과 머리칼에 마구 비벼댔다. 이렇게 생쥐 꼴을 한 학생들은 씩씩거리며 운동장을 뛰어다녔다. 한쪽에선 교복을 쭉쭉 찢거나 소매를 잡아당겨 너덜너덜 떨어져 나갔으며,[225] 다른 한쪽에선 달걀이 날아다니다 곳곳에서 터져서 노란빛이 낭자하였다. 교사들이 학생들을 제지하거나 심지어 멱살을 잡아도 이미 해방 공간이 된 고교 졸업식의 질주는 막을 수 없었다.

이런 학생들을 붙잡고 왜 그러냐고 물어보면 "해방과 자유를 자축하기 위해서"라고 대답하였다.[226] 추태를 부리는 학생들은 진학 길이 막혔거나 불량한 소수의 학생들이라고 애써 축소하더라도 학생 상당수는 졸업식을 해방의식으로 느꼈다. 어려

---

* 서울시교육위원회는 졸업식 이후의 탈선을 막기 위해 탈선학생은 졸업장을 회수한다는 엄포를 놓기도 하였다. (《조선일보》 1967년 1월 24일 '탈선학생은 졸업장 회수')

운 고교 과정을 마쳐서 기쁘다거나 친구들의 이별을 아쉬워 하는 것이 아니라 해방과 자유를 만끽하는 시점으로 여겼다. 특히 억압된 학교 교육을 상징하는 교복을 찢거나 졸업식장을 마구 교란시켜 3년 동안 쌓이고 응어리진 불만을 해소한 것이다.[227]

한편, 학생들은 졸업식을 '성인식'으로 생각했다. 조선 시대 양반의 성인식은 상투를 틀고 갓을 씌우는 관례(冠禮)였다. 서민들에겐 두레 모임에서 무거운 돌을 들어 올림으로써 성인으로 대접받는 '들돌 들기'와 같은 성인식도 있었다.* 산업화 시절은 전통적 성인식이 사라짐에 따라 고등학교를 졸업하면 곧 성인으로 인정받게 되었다. 그러므로 졸업식은 곧 성인식이었던 셈이었다. 대학교로 진학하거나 직장을 갖거나, 아니면 일찍 군에 입대하는 등 모든 것의 기점은 고등학교 졸업식이었다. 1970~1980년대는 법적으로 만 19세가 안 되어도 고등학교를 졸업하는 순간부터 미성년자의 금기사항이 풀리는 것으로 여겼다.

졸업식은 학교의 억압에서 자유로워지고 성인이 된 스스로를 자축하는 해방의식 겸 성인식이었다. 거친 졸업식 풍경은 식이 끝나고 학교 밖으로 이어졌다. 이것은 학생들이 학교 바깥에서도 단속과 지도를 받아야 하거나 출입금지 구역에서 통제를 받아야 했던 것과 마찬가지였다. 졸업생들은 당시 유명했던 뒷골목 유흥가로 몰려가 밤늦게까지 술을 먹고 취해 비틀거리거

---

* 조선 시대에는 법적 성년 나이가 있는 것은 아니었고 대체로 15세 이상 20세 이하의 청소년층을 대상으로 하였다. 민법상 만 19세 미만은 청소년이었지만 1970~1980년대에는 대개 고등학교를 졸업하면 성인으로 인정했다.

나 아무 곳에서나 당시 유행했던 고고 춤을 추기도 하였다. 술집과 디스코 클럽에서도 졸업식을 대목으로 여겨 고교생들을 끌어들이기 위한 각종 쇼와 행사 등 특별 프로그램을 마련하기도 하였다. 일부 졸업생들은 손에 졸업장을 들거나 교복을 입은 채로 '미성년자 입장불가'라고 써 붙인 장소에 버젓이 입장하였다. 졸업식 날에는 종로1가와 종로2가의 뒷골목을 비롯하여 신촌, 서대문, 미아리 유흥가에서도 술에 취한 고교생들로 초만원을 이뤘다.[228] 얼핏 보기엔 이런 세태가 용납하기 어려운 도덕적 문란이나 사회적 해이 현상으로 보인다. 그러나 중·고등학교 6년 동안 내재되었던 억압과 스트레스가 이날을 맞아 폭발하는 것으로 이해할 필요가 있다.

나는 교복은 입지 못했지만, 교련복은 입어봤다. 이 교련복은 남학생들에게 교복을 대체할 수 있는 유일한 복장이기도 하였다. 체육복을 입고서는 교문을 통과하기 어려웠어도 교련복을 입은 학생을 제지하지는 않았다. 교복자율화 이후에도 거의 10년 동안이나 고등학생들은 백색 바탕의 흑색 얼룩무늬 교련복을 입고 다녔다.* 교련복은 교련敎鍊 수업, 즉 학생의 군사훈련 수업 시에 입는 옷이다. 학교에서 군사훈련을 실시한 시기는 일제강점기였다. 일제강점기에는 육군 현역 장교가 학교에 배치되었으며 이들이 교련 수업을 진행하였다. 총검술을 배우고 제식훈련을 하는 등 기초적인 군사훈련의 목적은 언제든지 학생

---

* 자유당 정권에 의하여 실시되었던 고교 군사훈련교육은 4 · 19혁명 이후로 폐지되었다. 박정희 정부에 의하여 1969년 다시 복원된 교련 수업은 1994년부터 전면 폐지되었다.

제4회 고교 교련 총검술 실기대회(1975). 국가기록원 제공.

들을 전쟁터로 보내기 위함이었다. 실제로 일제 말기에는 많은
조선인 학생들이 학도병으로 끌려가 목숨을 잃기도 하였다. 일
제강점기에나 있을 법한 학교에서의 군사훈련이 1990년대까지
도 존재하였다는 사실이 참으로 어이가 없다.

　사라졌던 교련 수업이 다시 등장한 계기는 이른바 '김신조
사건'이라 부르는 1969년의 1·21사태 이후였다. 북한의 특수
부대 요원들이 청와대 근처까지 침투한 것은 큰 충격이었는데,
이를 계기로 박정희 정부는 온 나라를 병영화兵營化하고자 하였

252

다. 학교가 교련 수업을 실시한 것은 비상시 학생을 동원하고자 하는 목적 외에도 반공과 안보교육을 통해 군사정부의 이념을 충실히 따르도록 한 것이다. 고등학교의 남학생들은 마치 논산 훈련소에 갓 입대한 훈련병처럼 다뤄졌다. 조회 시간이나 각종 의식에서 학생들이 모이면 "열중쉬어, 차렷" 등 군대식 구령에 따라 일사불란하게 움직이도록 하는 것은 기본이며, 군인들이나 하는 거수경례를 시키는 일도 잦았다. 예비역 위관 장교들이 각 고등학교에 배치되어 교련 수업을 이끌었는데, 교련 선생님들의 상당수는 여전히 학생들을 군인처럼 여겼다.* 이들은 학생 지도와 선도부 운영을 도맡은 경우가 많았으며, 단체 기합이나 체벌로 악명이 높은 교사도 적지 않았다. 학교의 군사문화가 짙어질수록 교내 분위기는 거칠어지고 응당 학생들의 폭발력도 커지는 게 당연하였다.

신군부는 5·18 광주 민주화 운동을 무력으로 진압하고 정권을 잡았다. 이런 태생적 한계를 극복하기 위해서는 유화적 제스처가 필요하였다. 1982년 통금 해제와 중고생 교복 및 두발 자율화를 발표하였고, 1983년에는 학원자율화 조치도 선언하였다. 이미 천편일률적인 검은 교복을 다양하고 산뜻하게 바꿔야 한다는 교복자율화의 바람은 1970년대 후반부터 불었던 터였다.[229] 이런 분위기를 잘 몰랐던 나는 그저 교복 없이 중학교에 진학한 데 서운함만 있었다. 그런데 아이러니하게도 자율화

---

* 1993년 서울에서 교련 교사의 수가 850여 명이나 되었다. 이들은 학군단이나 3사관학교 출신의 예비역 위관장교였다. (《한겨레신문》 1993년 4월 19일 '군사문화 사라져야 한다(6) 고교 교련').

가 시행된 지 3년 만에 다시 학교장에 따른 교복 부활이 허용되었다. 교복이 3년 만에 다시 부활했다는 사실은 시사하는 바가 크다. 특히 교사보다 학부모와 학생들이 교복 착용을 더 찬성한다는 설문 결과도 나왔다.[*]

학생들이 교복을 싫어하는 것도 아니었고, 교복 자체가 문제가 되었던 것은 아니었다. 학생들이 아름답고 경건해야 할 졸업식에서 교복을 찢은 이유는 교복이 미워서가 아니라 거칠었던 학교 생활의 상징이었기 때문이다. 딱딱하고 검은 교복이 사라진 1990년대 졸업식에서는 더는 거칠었던 풍경이 연출되지 않았다. 찢을 교복도 없어졌고, 밀가루와 계란 세례도 옛말이 되었다. 괜한 눈물을 흘리게 했던 송사와 답사, 지루하게 여겼던 상장 수여의 시간도 대폭 줄여졌다. 거친 졸업식이 사라짐에 따라 학교 밖의 어수선한 탈선 장면도 잠들어갔다.[**] 영어로 졸업, 졸업식을 뜻하는 'commencement'는 동시에 시작을 의미하기도 한다. 사실 졸업식은 엄중한 통과의례가 아니라 또 다른 시작을 위한 의식이었다. 고등학교를 졸업한다고 해도 모든 압박에서 해방되는 것은 아니었다. 시작과 끝은 견고한 매듭으로 연결되었으니, 끝이란 또 다른 시작에 불과한 것이었다.

---

[*]   교복 부활에는 여러 가지 이유가 있다. 사복이 사치심을 조장하고, 빈부의 차로 위화감이 조성되며, 학생 생활지도의 어려움이 있다는 등의 이유였다. 1985년 서울의 S여고에서 설문조사를 한 결과 교사의 62%, 학부모의 78%, 학생의 약 76%는 교복을 다시 입는 것을 찬성하였다고 한다. (《동아일보》 1986년 4월 16일 '고개 드는 교복 향수')

[**] 정장 차림으로 졸업식을 간편하게 끝낸 학생들은 낮에는 극장과 당구장으로 향하고 저녁에는 호프집에 모여 맥주를 마셨다. (《경향신문》 1992년 2월 15일 '눈물바다 옛말')

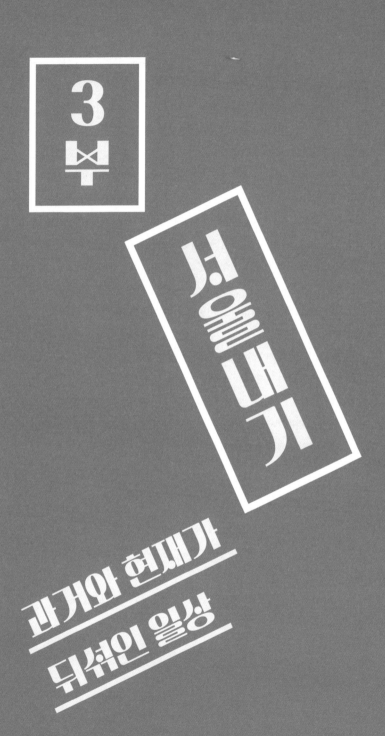

3부

서울 떠나기

과거와 현재가
뒤섞인 일상

● 서울 시대는 과거와 현재가 뒤섞인 시절이었다. 서울내기들은 전통과 현대가 충돌하고 새로운 문화가 출현하는 과도기를 보내야 했다. 3부 '서울내기: 과거와 현재가 뒤섞인 일상'에서는 '서울 사람의 화려했던 결혼 편력(5장)'과 '탄생에서 죽음까지, 서울 사람의 인생 고비(6장)'를 조명해 보았다. 태어나고, 성인이 되며, 결혼하고, 늙어서 죽는 순간들은 중요한 고비였다. 3부에서는 이때마다 치르는 전통적 평생의례와 아울러, 현대에 생겨난 흥미로운 의식도 살펴보았다. 바쁘고 정신없었던 산업화 시절에도 서울 사람의 사랑과 결혼은 뜨거웠다. 전통적 중매에서 벗어난 서울깍쟁이들은 자유로운 연애를 즐겼고, 대학가를 중심으로 미팅과 소개팅 등 새로운 풍속이 유행하였다. 도시화 시절 서울의 일상은 변화의 연속이었다. 신비한 배꼽을 관장했던 삼신할머니는 사라지고, 과거의 산실은 조산소와 산부인과로 거듭 바뀌었다. 과학의 발전에도 불구하고 서울 사회는 불안하기만 하여 서울내기의 점을 보는 풍속은 더 유행하였다. 현대국가는 풍속을 통제하고 관여하였다. 정부 인구 정책에 따라 '딸 아들 구별 말고 둘만 낳아 잘 기르자'라는 출산 관습이 생겨났다. 국가 통제는 되레 성감별, 낙태 수술 등으로 인하여 과학적 남아선호를 부추기도 하였다. 인구가 폭증하는 서울에서는 더불어 죽음도 많아졌다. 하지만 서울에서 영면의 공간은 점차 사라졌고, 망자는 경기도와 인근으로 떠나 영원히 쉴 곳을 찾아야 했다.

5장

서울 사람의

화려했던 결혼 편력

1 중매와 연애,
결혼상담소와 마담뚜

– 사랑과 결혼은 별개란 말인가

나는 남자중학교와 남자고등학교를 다녀서 여학생을 직접 만나볼 기회가 거의 없었다. 같은 반 친구 중에는 일찍부터 사랑에 눈을 뜬 녀석들도 있었지만 많은 친구가 연애 경험이 거의 없는 숙맥이었다. 어느 잘난 녀석이 제과점이나 레스토랑에서 여학생을 만난 이야기를 풀어놓으면 마치 화성에서 벌어졌던 일처럼 멀게만 느껴졌다. 그러다 대학에 처음 입학해서 여학생과 같이 수업을 듣고 생활하니 여간 어색한 일이 아니었다. 신입생 시절 여학생들과 자연스럽게 웃고 대화하는 동기들을 보면 부럽기도 하고 한편으로 질투가 나기도 하였다.

1학년 개강을 하자마자 학과에서는 동기들끼리 모여 과대표를 뽑았다. 과대표는 학과 학년의 대표로서 교수님을 만나 학생들의 의견을 전달하고, 과 사무실의 학사 행정과 관련된 소식을 일러주기도 하며, 민주화 투쟁에서 앞서 나가기도 하였다. 권한보다 책임이 많은 자리임에도 불구하고 당시에는 과대표를 하고자 하는 학생이 제법 있었다. 그러다 보니 투표로 선출을 해야 했고 후보들은 선심성 공약을 내걸어야 했다. 그중 신입생들의 마음을 혹하게 하는 공약이 바로 '남녀 미팅'을 주선하겠다는 것이었다. 이런 후보들은 대개 당선 가능성이 아주 컸던 만큼, 이후에는 공약을 실천하기 위해 중매쟁이로 분주히 뛰어다녀야 했다. 남녀 한 쌍을 연결하는 소개팅과 달리 일반적으로 남녀가 단체로 만나는 것이 미팅이었다. 7~8명의 남녀 그룹이 만나서 짝을 정한 후 시간을 보내는 방식이 다수였다. 남학생이 대부분을 차지하는 학과에는 여대의 어느 학과와 단체로 만나는, 이른바 '과팅'이라는 방식도 있었다.

미팅은 젊은 남녀의 가벼운 만남에 해당이 된다. 특히 대학생 미팅은 진지한 연애라기보다 이성과의 만남의 장에서 하루를 즐기는 일종의 놀이였다. 아울러, 남녀 교제 경험이 부족했던 학생들에게는 이성과 대화하고 서로를 이해하는 교류의 장이 되기도 했다. 가벼운 만남임에도 불구하고 막상 이를 주도한 과대표는 서로의 표정을 살피면서 긴장을 할 수밖에 없었다. 남자와 여자 측 만남을 주선한 대표들도 나와서 파트너를 정해주고 자리를 피하는데, 한두 쌍이라도 좋은 결과가 나오기를 기대하였다.

하물며 결혼할 남녀를 소개하고 짝을 지어주는 중매란 더욱 힘들고 어려운 일이었다. 우리가 잘 아는 "중매는 잘하면 술이 석 잔, 못하면 뺨이 석 대"라는 속담도 그런 뜻에서 생겨났다. 중매쟁이가 어떻게 하느냐에 따라 결혼 성사의 여부뿐만 아니라 향후 미래에도 큰 영향을 미치기 때문이었다. 안타깝게도 이혼을 하거나 가족이 불행한 일을 당하게 되면 결국 처음으로 돌아가 중매쟁이의 잘못된 소개 탓을 할 것이 뻔하였다. 조선 시대에는 혼인을 진행하기 위하여 신랑 신부 집을 찾아 다리를 놓는 여성을 '중신어미' 또는 '매파^{媒婆}'라고 불렀다. 중매쟁이는 여성이 대부분이었지만 남자인 경우에는 '중신아비'라고 하였다.

조선 시대에는 거의 중매쟁이를 통해서 신랑 신부 가정의 가풍을 미리 알아보고, 혼례 의향을 살펴본 뒤에 대례를 추진하였다. 중매쟁이의 역할이 매우 중요하였지만 그렇다고 해서 혼인 성사에 따른 보상이 큰 것은 아니었다. '남녀칠세부동석^{男女七歲不同席}'이란 말처럼 유교 사회는 엄격히 남녀를 분리하였다. 양반가에서 중매를 거치지 않고 남녀가 자유롭게 연애하여 혼인으로 골인한다는 것은 상상하기 어려웠다. 혼인은 남녀의 개인적 애정적 결합이 아닌 가문 대 가문의 사회적 결합으로 여겨졌다. 당사자의 의사는 존중되지 않았고, 부모들이 자식들의 혼인을 결정함을 당연하게 보았다.

사랑하고 결혼하는 풍속은 시대에 따라서 다양하게 나타났다. 신라에서는 두 남녀가 자유롭게 연애하여 결혼하는 '자유혼'이 있었고, 고구려에서는 형이 죽으면 형수를 아내로 맞는 '형사취수혼兄死娶嫂婚'의 관습이 존재하였다. 고려 시대에는 원나라에서 공녀貢女를 보내라는 강압에 따라 일찍 혼례를 시키는 '조혼早婚'이 유행하였다. 고려 이전에는 왕실에서 가까운 친인척끼리 결혼하는 '근친혼'도 자주 나타났다. 조선 시대에는 성리학적 세계관이 강화됨에 따라 근친혼이 금지되고, 중매를 통해 혼례를 시키는 '중매혼'이 자리를 잡았다. 중매혼이 남녀의 자유로운 연애를 억제하는 방식이기는 하지만 농업사회에서는 합리적인 측면도 존재한다. 농토에 의존한 채 거의 한 고을에서 평생을 지내는 사람들은 이웃집 숟가락이 몇 개인지까지 알고 지낸다. 한 다리만 건너면 자녀들의 됨됨이나 그 집 분위기를 쉽게 알 수 있으므로 매파를 보내서 사전에 의사를 엿보고 혼례를 추진하는 게 손쉬웠다.

일제강점기까지만 해도 우리나라의 전통적인 결혼 방식이 이어져 왔다. 결혼 풍속이 크게 뒤흔들린 때는 한국전쟁 이후였다. 한국전쟁 이후로 전통적인 정주 체계가 무너지고 사회적 이동 범위가 크게 확장되었다. 특히 서울에는 북에서 피란을 내려온 사람도 많았고, 농촌에서 올라온 사람도 많았다. 생면부지의 사람이 모여 살아가는 서울에서 옆집 이웃의 얼굴조차 모르는데 어찌 서로를 믿을 수 있겠는가. 농촌처럼 그 집의 어른과 가

풍을 미리 알아보고 중매쟁이를 보내 혼례 의사를 살펴보기가 어려워졌다. 게다가 과거처럼 연애가 곧 결혼이란 등식은 깨지기 시작했다. 전통사회에서는 남녀가 사랑한다는 것은 곧 결혼을 위한 것이요, 연애는 결혼을 전제로 하는 것이었다. 하지만 이성적 만남이 꼭 결혼으로 이어질 필요는 없는 법이다. 조혼 풍속이 사라지고 학력이 높아짐에 따라 이성을 여러 차례 만나 본 뒤에 결혼을 고민해 보려는 만혼晚婚관이 젊은이 사이에서 보편화되었다.

나의 학창 시절에는 어른들이 모인 자리는 중매냐, 연애냐를 두고 설왕설래가 잦았다. 더 좋은 상대를 만나서 안정적 결혼 생활을 하기 위해서 중매와 연애 중 어떤 쪽이 나은가를 두고 벌어지는 논쟁이었다. 그런데 당대는 이미 결혼관이 크게 변하였고, 전통적인 중매혼과 연애혼의 경계가 깨져서 모호한 상태였다. 실제로 중매라 하더라도 어느 정도 사귀어 본 다음에 혼례를 가늠했고, 연애라 하더라도 지인의 소개를 거쳐서 만나는 사례가 많았다. 전통적인 중매혼은 자식들의 의사를 중요히 여기지 않고, 부모가 전적으로 자식의 배우자를 결정하는 형식이었다. 1960년대까지는 서울에서도 한 번도 상대를 만나보지 않고, 배우자의 사진 한 장을 본 채로 부모의 의사에 따라 결혼식장에 들어가는 미혼 남녀가 꽤 많았다.

그러나 1950년대 후반부터 이미 전통적인 결혼관에 균열이 가기 시작했다. 해방 후 처음으로 서울 사람의 가족과 결혼관에 대해 조사한 바에 따르면, 배우자를 선택한 것은 본인이 아니라 대부분 부모였다. 하지만 자녀의 배우자만큼은 자식이 선택하고 부모가 허락하거나, 부모가 선택하더라도 자식의 의사를 확

인해 봐야 한다는 견해가 다수였다.* 부모나 자식이 결혼을 일방적으로 결정해서는 안 되고 함께 소통을 해야 한다는 분위기가 조성되었다. 또한 결혼방식에서도 중매와 연애 중 어느 한쪽에 찬성하기보다 절충적인 형태인 '중매연애'를 꼽는 서울 사람도 적지 않았다. 먼저 중매인의 소개를 받은 후 사귀어 보고 뜻이 맞으면 결혼을 하는 것이 중매연애이다. 이것은 남녀가 눈이 먼저 맞은 뒤에 형식상 양가에 다리를 놓는 중매를 취하는 '연애중매'와는 다른 것으로 여겼다.[230] 지금으로 보면 '중매연애'나 '연애중매'나 도긴개긴이지만 당시에는 자식의 혼례에서 부모의 의지가 중요하다는 의식이 반영된 것으로 보인다.

절충적인 형태인 중매연애혼이 사람들에게 호응을 받으면서 넓게 퍼져나간 풍속이 '맞선보기'이다. 산업화 시절 서울의 미혼남녀치고 유명 호텔의 커피숍에서 맞선 한번 안 본 사람은 거의 없을 것이다. 실제로 서울에 사는 기혼자 중에 결혼을 전제로 한 맞선이나 소개팅을 한 횟수가 5회 이상이 다수였다고 한다.** 맞선은 어느 날 갑자기 생각지도 않은 이성의 사진을 부모가 보여주면서 시작되었다. 당시에는 결혼을 반드시 해야 하는 일종의 의무로 생각했으며, 여성은 이십 대 중반이 넘으면 노처녀로 여겨져 맞선 상대의 폭이 크게 줄었다. 그리하여 총각보다는 처녀의 집안에서 시간이 갈수록 애달아했다. 결혼 생각

---

* 1959년 서울대와 이화여대가 합동으로 서울 시내 300가구의 주부를 대상으로 조사한 결과였다. 결혼평균 연령은 남자 29세, 여자 19세였다. (〈동아일보〉 1959년 11월 30일 '결혼에 진보적 절충형식')
** 1993년 서울 거주 20세 이상을 대상으로 한 조사였다. (〈경향신문〉 1993년 3월 3일 '기혼자 26.4% 맞선 경험 5회')

결혼상담소(《경향신문》 1962년 9월 10일).

이 별로 없는 노총각, 노처녀의 경우에는 당사자의 의사와는 무관하게 맞선을 미리 잡은 뒤에 사진을 보여주고 등을 떠밀어 맞선 장소로 데리고 갔다. 이럴 때 집안 어른이 되풀이하는 말은 "이런 좋은 자리를 놓치면 안 된다" "저만 한 사람도 없다" 등이었다.[231]

그러나 화성에서 온 남자와 금성에서 온 여자가 어느 날 갑자기 만났으니 맞선이 성사되는 확률은 매우 적었다. 먼저 실제로 만나보면, 실물이 사진과는 너무 달라서 실망하게 되었다.

264

그때나 지금이나 증명사진에는 최상의 얼굴이 찍혀있기 때문이었다. 아무리 사회적 조건을 따진다고 해도 맞선을 볼 때 가장 눈길을 끄는 것은 상대의 얼굴이나 용모였다. 대화를 할수록 실망은 계속되기 마련이었다. 처음으로 만난 남녀가 공통 관심사가 있기도 어렵지만 남녀의 생각 차이도 너무 컸다. 대개 남자는 결혼 후에 부모를 모시면서 효를 다할 생각을 하지만 여자는 부모로부터 독립된 가정을 꾸리기를 원하였다.

맞선의 실패가 계속될수록 미혼자의 마음은 움츠러들었다. 그러한 탓인지 결혼적령기의 젊은이들 사이에서는 맞선 징크스나 금기사항이 유행하였다. 먼저 맞선 당일에 함께 식사를 하면 실패한다고 여겼다. 이것은 식사를 하다가 잘못된 습관이 드러나거나 자신의 허점을 보일 수 있기 때문이었다. 또한 맞선 보는 날 아침에 거울과 그릇을 깨면 실패한다거나 꿈자리가 사나우면 성사가 안 된다 등의 징조를 믿기도 하였다. 서울 중구 장충동 인근의 유명 호텔 커피숍이 맞선 장소로 주로 이용되었는데, 어느 곳에 가면 성공하고 어느 곳에 가면 실패한다는 속설이 떠돌았다. 지금까지도 연인들의 금기사항으로 전해지듯이 맞선을 본 후 덕수궁 근처에서 데이트를 하는 것은 불길하다고 여겼다.[232] 이는 서소문 서울법원청사 건물에 가정법원이 들어섰기 때문이었다고 한다. 이혼하여 헤어지는 부부가 찾는 곳이니 당연히 따뜻한 사랑을 꿈꾸는 연인에게는 금기의 장소로 생각되었다.

전근대적 결혼 풍속이 급격히 재편되는 1950년대의 서울은 결혼하기가 참 힘든 세상이었다. 참혹한 전투로 인해 젊은 남성의 수가 급격히 줄어들었고, 토박이를 대신해서 외지인들이 몰려들었다. 당시는 연애혼을 꺼려하고 중매혼을 선호하는 시대였다. 서울에서는 믿을만한 혼처가 축소되었고, 그렇다고 자유연애를 거리낌 없이 하기에는 유교의식이 강고하였다. 이런 사회적 배경에서 새롭게 등장한 업체가 '결혼상담소'였다. 이 결혼상담소는 결혼을 원하는 남녀를 중간에서 소개를 해주는 업체였다. 지금의 결혼정보업체와 하는 일이 유사하였다. 중매쟁이가 농업사회의 유풍이라면 결혼상담소는 산업사회로 진입한 신풍속으로 볼만하다. 중매쟁이는 혼자 활동하면서 남녀 한 쌍을 연결하는 데 반해, 결혼상담소는 대규모 정보를 바탕으로 남녀 중매의 폭을 크게 넓혔다.

한국전쟁 직후 생겨난 결혼상담소는 원래 짝을 원하는 미군을 대상으로 영업을 하는 곳이었다. 속칭 '양부인'을 미군에게 소개하는 역할을 하다가 점차 일반인들의 중매로 시선을 돌렸다. 1960년대 초반까지 결혼상담소를 찾는 이들은 결혼적령기를 놓친 노총각과 노처녀, 그리고 재혼을 원하는 사람이 많았다. 이들은 상대적으로 학력이 높았으며 생각은 진취적이었다고 한다.[233] 당시에는 생소했던 결혼상담소를 찾은 것을 보면, 일반인들과 다른 조건이거나 색다른 결혼관을 가졌음을 짐작해 볼 만하다. 결혼상담소는 급격히 번창하였다.* 신문광고를 낸 후 사람을 유인하는 군소업체가 난립하였는데 실제로 믿을 만한 서울의 결혼상담소는 4~5개소였다. 명동의 한 결혼상담소는 신랑 신부 후보자가 3,000명이 될 정도로 명성과 인기가 높

---

* 1962년 7곳이었던 결혼상담소가 5년이 지난 1967년에는 300여 개로 증가하였다.

아졌다.* 그런데 남성과 여성이 희망하는 배우자의 조건은 달랐다. 남성은 여성의 용모와 성격에 관심을 가진 데 반하여, 여성은 남성의 직장과 학벌을 중요하게 여겼다. 한편, 여성들이 장남이 아닌 남성을 원한 것을 보건대 당시 이미 시부모 모시기나 제사 지내기가 큰 부담으로 다가왔던 것 같다. 이후로 결혼상담소가 뿌리를 내리면서 결혼을 하고자 하는 적령기의 미혼 남녀들이 많이 찾게 되었다. 결혼상담소의 최대 무기는 결혼을 하고자 가입한 회원 명단의 회원수였다. 회원이 많아질수록 성혼율이 높아지고, 업체의 소득도 증가하였기 때문이었다. 결혼상담소를 찾은 이들은 당연히 가입비를 내야 했고, 결혼에 골인한 경우에는 사례금도 지불해야 했다.[234]

결혼상담소는 결혼을 상업으로 여기는 업체였다. 전근대의 중매쟁이처럼 궁극적으로 좋은 인연을 엮어주는데 목표가 있기보다는 결혼을 바탕으로 장사를 하는 곳이었다. 그리하여 결혼상담소는 두 얼굴을 지녔다. "인생복덕방"이라는 애칭과 함께 "결혼사기소" "유령상담소"라는 혹독한 별칭도 얻었다.[235] 부실한 결혼상담소일수록 고객 유치가 절실하니 급히 상대를 만나게 해주겠다고 유인하였다. 회원 카드에 입력된 내용도 제대로 확인하지 않았고, 오히려 회원 정보를 과장해서 소개하는 일도 잦았다.[236] 우습게도 1960년대는 '절세미모녀艷世美貌女(뛰어난 용모를 가진 미녀)' '부유호직남富裕好職男(부유하고 좋은 직장을 가진 남자)'의 배우자를 찾는 기만 광고가 자주 떠돌았다. 모든 것을 갖

---

* 월 15~20명이 결혼에 골인할 정도로 성혼 비율도 높아졌다. (〈매일경제신문〉 1967년 5월 13일 '이상기업(1) 결혼상담소')

춘 남녀라면 굳이 결혼상담소를 찾을 필요도 없었으니 이런 광고는 대부분 허위였다. 허위광고에 끌려서 결혼상담소를 찾는 다면 비싼 등록비만 내고 헛수고를 할 게 뻔하였다.*

산업화 시절을 거치면서 각종 폐해에도 불구하고 문전성시를 이룰 정도로 서울의 결혼상담소는 성장하였다. 결혼상담소의 비약적 성장에 따라 중매결혼의 수도 늘었다. 바쁜 서울에서 업소를 통한 중매결혼이 관심을 받았다. 세계적 대도시로 덩치가 커진 서울에서 사람들은 이웃과 멀어져갔고, 쫓기듯이 바쁘게 살아갔다. 결혼 상대자를 고르는 일이 더 어려워졌고, 연애와 결혼은 별개라는 인식이 확산되었다. 그리하여 나에게 안성맞춤인 상대를 찾는 일은 결혼상담소에 맡기는 게 합리적이었다. 예전에 비하여 여성이 더 적극적으로 결혼시장에 나섰다. 집안에서 서두른 결과일 수도 있지만 남성보다 여성이 능동적으로 신청한 탓에 신청자들의 남녀비율은 1:2에 가까웠다. 결혼상담소도 신고제에서 허가제로 바뀌었는데, 관허 결혼상담소는 신원 조사와 방문 조사 등 신청 내용을 꼼꼼히 조사하여 나름 신뢰도를 높이고자 하였다.[237] 문을 두드리는 사람이 많아질수록 결혼상담소의 콧대가 높아지고 수수료와 사례금도 덩달아 올라갔다.** 이제 '중매혼'이라고 하면 중매쟁이뿐만 아니라 중

---

* 1960년대까지도 결혼상담소에 관한 관계 법령이나 제도가 정비되지 않았다. 1973년부터 가정의례에 관한 법률에서 결혼상담소에 관한 내용을 정비하였고, 신고제에서 허가제로 바꾸었다. (〈조선일보〉 1981년 12월 24일)

** 1978년 관허요금은 상담료 6,000원, 성혼 사례금이 1만 2,000원이었다. 하지만 실제로는 만날 때 마다 1만 원씩을 주었고, 사례금도 10만 원 이상을 주어야 했다. (〈동아일보〉 1978년 6월 29일 '서울 요철(30)결혼상담소')

매업체를 통한 결혼도 포함되어야 했다. 업체의 입김이 커질수록 돈 없는 사람은 결혼시장에서 배제되었다. 중매결혼이란 일류학교 입학시험만큼 합격하기 어려운 일이라는 말도 생겼다.

남녀가 대놓고 연애하기 어려웠던 시절에는 '펜팔^{pen pal}'이 유행하였다. 펜팔은 직접 만나기보다는 편지와 글을 통해서 사귀는, 간접적 방식의 연애였다. 1990년대까지도 남성들이 군에 입대하면 모르는 여학생으로부터 편지를 받았던 경험이 있을 것이다. 학교에서 일괄적으로 군 장병에게 보내게 하는 '위문편지'였지만 젊은 남성에게는 약간의 떨림을 줬다. 전자메일이 생기기 이전에 우리는 모두 손으로 쓴 편지를 보냈다. 아날로그의 시대에 손으로 쓴 편지는 자신의 생각과 감정을 표현하는, 애틋한 수단이었다. 특히 '연애편지'는 구애의 과정에서 자신의 감정을 전하고 상대의 마음을 알아볼 수 있는, 필수불가결한 요소였다. 연애편지 잘 쓰는 남성들은 인기가 높았으며, 친구의 연애에 끼어들어 대필까지 해주곤 하였다.

1950년대 후반 펜팔운동이 시작했을 때는 고교생과 대학생들이 외국인들과 서신을 주고받고자 했던 것이 주목적이었다. 편지를 쓰면서 자연스럽게 영어를 학습할 뿐만 아니라 외국의 우표를 수집하고 나아가 해외유학의 기회까지 엿볼 수 있었으니 펜팔은 그야말로 일석삼조였다.[238] 월남 파병 이후에는 파월 장병과 여학생들이 펜팔을 하는 일도 늘어났다. 펜팔이 보편화되면서 각종 신문과 잡지에 펜팔 상대를 구한다는 광고가 증가하였다. 예전 주간지의 뒷부분을 보면 펜팔 광고가 빽빽하게 차있었다. 이때 펜팔은 이성간 교제가 주목적이었고, 학생 외에 성인, 직장인들까지 다양하게 참여하였다.[239]

남녀가 펜팔을 하면서 사랑의 감정을 쌓다가 실제로 만나서 좋은 인연이 되기도 하였다. 그런데 지금의 온라인 모임이 그렇듯이 편지를 통해서만 남녀가 사귀는 것은 일정한 한계가 있었다. 아주 외로운 처지에 있거나 자신을 드러내지 못하는 사람들이 펜팔에 몰입하는 경우도 적지 않았다. 직접 대화하지 않고 편지글로만 소통하다 보니 더러는 과장을 하거나 더러는 상대의 마음을 오해하는 사례도 많았다. 상상력이 과잉된 상황에서 직접 대면하게 되면 상대의 행동과 성격에서 결함을 발견하게 되고 그동안 쌓였던 기대가 한꺼번에 무너질 수 있었다. 1972년에는 동대문구 이문동 초원다방에서 끔찍한 사제폭탄 폭발사건이 발생하였다. 펜팔로 사귀던 월남용사와 여성이 실제로 만나보니 편지에서 꿈꿨던 상대의 모습과 달라 헤어지려고 하다가 발생한 일이었다.[240]

펜팔이 유행할 무렵, 대학가에서는 남녀의 미팅meeting 풍속이 퍼져나갔다. 1960년대 서울의 대학가는 젊은 남녀가 자유롭게 만날 수 있는 특별한 공간이었다. 남녀를 분리하는 고정관념이 강했던 시절이었음에도 당시의 대학생들은 이성교제를 개방적으로 바라봤다. 1964년의 한 조사에서는 남녀 대학생의 과반이상이 이성교제를 하고 있으며, 그들 상당수는 연애가 결혼의 전제라 생각하지 않았다고 밝혔다.* 대학가의 미팅은 경직되거나 무거웠던 남녀 교제를 좀 더 가볍게 변모시켰다. 진지한 연

---

* 　1964년에 발표된 '남녀대학생 교제실태조사보고서'의 내용이다. 남학생 63.1%, 여학생 47.4%가 이성교제를 하고 있다고 하였다. 그중 60.7%가 연애는 반드시 결혼을 전제로 해야 한다고 생각하지 않는다고 하였다. (〈동아일보〉 1969년 4월 17일 '오늘의 젊은 그들(3) 남과 여')

애를 꿈꾸는 사람도 더러 있었으나 인생의 동반자를 찾으려고 미팅에 나오는 대학생은 거의 없을 게다. 미팅은 일회성 행사로 남녀가 만나서 하루를 즐겁게 보내는 방식이었다. 대학가에서 남녀의 단체 미팅이 유행한 때는 4.19혁명 이후였다.[241] 4.19 혁명 이후로 자유와 민주의 이념이 사회 전반을 휩쓸면서 대학 가에도 자유로운 분위기가 조성되었던 것 같다.

초창기부터 남녀 미팅은 일대일 만남이 아니라 그룹 미팅이 었다. 다른 말로 '매스 데이트mass date'라고 하였다. "미팅합시다" 라고 하면 "집단으로 한번 만나보자"라는 뜻이었다. 그룹으로 만나므로 아무래도 개인 간 만남에 비해 부담감이 적었다. 또한 남녀 대학생이 학과별로 만나는 일이 많았다. 신록이 짙어지는 봄철이 돌아오면 적극적인 남학생들이 여대 게시판에 과별 미 팅을 청하는 광고를 붙이곤 했다. 당시에는 음악다방과 같은 실 내 공간에 갇혀 있기보다 산과 들로 나가서 함께 즐기는 야외 행사도 적지 않았다. 그런데 대학생의 형편에서는 미팅 비용이 해결해야 할 문제였다. 대개 참여하는 학생에게 티켓을 발행하 여 일정한 경비를 거두었다. 이 티켓에는 짝을 정해주는 번호가 적혀 있었다.[242] 그룹으로 만난다고 해도 남녀의 짝짓기는 꼭 필요했다. 자신의 상대를 정하는 순간이 가장 긴장되는 과정이 었다.

1970~1980년대는 미팅이 꽃을 활짝 피운 시절이었다. 대 학에 갓 입학한 신입생들은 미팅을 동아리 활동이나 축제처럼 대학 문화의 일부분으로 받아들였다. 개강 초는 거의 미팅 시즌 이라 할 만큼 대학가의 찻집과 레스토랑이 미팅 참가자로 성황 을 이뤘다. 미팅에 열성인 학생들은 한 학기에만 10번 이상을

영화 〈바보들의 행진〉 스틸컷(1975). 한국영상자료원 제공.

한 사례도 적지 않았다. 이런 미팅은 연애라기보다 일회성 짙은
남녀 만남이라 할 수 있다.[243] 대학가의 미팅은 중·고등학생들
에게도 큰 영향을 미쳤다. 서울의 여고생 중 절반 이상이 미팅
을 해 본 경험이 있을 정도로 미팅은 대학의 풍속을 넘어 학생
사회 전반으로 퍼져갔다.[244] 당시에는 까까머리 남학생과 양 갈
래 댕기머리 여학생이 제과점에서 두 줄을 이뤄 만나는 쑥스러
운 장면을 목격하기란 그리 어렵지 않았다. 중고생들이 짝을 정
하는 방식도 대학가의 영향을 받았다. 남학생들이 볼펜, 수첩,
토큰 등 소지품을 꺼내서 모아 놓으면, 여학생들이 집은 물건의
소유자와 짝을 이루는 방식이었다.

한편, 대학가에서 단체 미팅이 시들해지고 소개팅이 바람을

타기도 하였다. 소개팅은 동료와 선배의 소개를 통해서 남녀가 일대일로 만나는 것이다. 과잉된 미팅은 하루 시간을 때우는 심심풀이 땅콩과 같다고 하여 "오징어팅" 또는 "땅콩팅"이라고 하였다. 미팅이 "혹시 하는 마음에 갔다가 역시 하며 돌아오는 만남"으로 되풀이되다 보니 시간낭비라는 인식이 퍼졌다. 보다 진지한 만남을 원하는 학생들에겐 소개팅이 훨씬 능률적이었다. 그들은 "미팅 열 번이 소개팅 한 번의 가치를 지닌다."라고 생각하였다. 사전에 상대의 키와 용모, 이력에 대해서 들어보고 마음에 들 때 나가는 것이 효과적이었다.[245] 그렇다고 해서 소개팅이 맞선과 같은 무거운 만남은 아니었다. 대학가 젊은 남녀들의 교제였던 만큼 결혼까지 생각하는 성인들의 중매와는 엄연히 달랐다.

미팅이 유행할 무렵 성인들의 중매는 더욱 조건을 따지기 시작했다. 플라토닉 사랑은 고전이거나 영화가 되었고, 실제로 중매를 통한 결혼은 남녀의 조건이 중요시했다. 결혼관이 크게 변화하는 시점에 새로운 중매쟁이, 이른바 '마담뚜'가 탄생하여 결혼 풍속을 뒤흔들었다. 마담뚜가 생겨난 때는 1970년대 중반경이었다. 마담뚜는 '마담madame'과 '뚜쟁이'가 조합된 단어였다.[246] 뚜쟁이는 남녀를 연결하는 '직업적 중매쟁이'를 뜻하므로 마담뚜는 여성 중매쟁이를 말하는 것이었다. 마담뚜는 권력층과 부유층, 그리고 지식층의 남녀를 중매해 주고 엄청난 중개료를 챙겼으니 전통적 중매 풍속과는 달랐다. 마담뚜의 등장 시기는 혼례를 계층 상승의 발판이나 사회적 조건의 결합으로 여기는 세속적 결혼관이 고개를 드는 시절과 일치하였다. 1970년대 서울에서는 경제성장 및 강남 개발로 인하여 많은 신흥부

자들이 탄생하였다. 이들에겐 자신의 부를 지키기 위한 권력이 나 가문의 지위를 상승시키기 위한 사다리가 필요하였다. 자식 들이 좋은 집안과 짝을 짓고, 혼맥으로 연결되는 것만큼 좋은 방법이 없었다.

마담뚜는 "보따리 중매쟁이"라고도 하였다.* 마담뚜가 실 제로 들고 다니는 보따리는 두툼한 물건이 아니라 혼기에 접어 든 젊은 남녀의 명단이 가득 든 수첩이었다. 보따리 중매쟁이 들은 10여 명씩 그룹을 형성하여 결혼시장을 주물렀다. 자가용 을 몰고 여기저기 호텔 커피숍을 누비면서 특권층을 대상으로 한 각종 결혼 정보를 교환하였다.[247] 이들은 보스 밑에 수십 명 의 일꾼을 둔 점조직으로 활동 무대에 따라 파벌을 이뤘다고 한 다. 대표적으로 종로파, 동대문파, 을지로파 등이 있었고, 민여 사파, 불광동 아줌마, 심사장, 오여사 등도 서울의 유명 마담뚜 였다. 마담뚜에겐 수첩이 생명줄과 같았다. 이 수첩에는 부유한 재벌가의 자녀, 고시 합격자와 의사, 명문대를 졸업한 대기업 엘리트 사원 등의 이름과 연락처가 빼곡히 실려 있었다. 그들은 개인 정보를 빼내기 위해서 안간힘을 썼다. 대학 졸업앨범은 기 본 자료로 삼았고, 가가호호를 방문하는 우유 외판원과 정부 부 처 및 대기업의 인사 담당자를 포섭하기도 하였다.[248] 그리하여 미래가 유망한 미혼 남녀가 자신도 모르는 채 은밀히 결혼 상품 으로 떠도는 일이 잦았다. 마담뚜를 검거하여 수사하던 어느 검 사는 자신의 이름을 명단에서 발견하고 아연실색하던 일도 있

---

*   이때의 보따리는 보자기에 싼 많은 물건이나 급히 다른 곳으로 이동하기에 좋 은 방식을 뜻한다.

었다고 한다.[249]

1980년대 사회적 물의를 일으킨 마담뚜가 몇 차례 구속되는 사건도 있었지만 그럼에도 특권층의 결혼시장에서는 이들이 여전히 큰 영향력을 발휘하였다. 이들은 경제 발전에 힘입은 중산층을 대상으로 보폭을 넓혀갔다. 여느 가정집에 느닷없이 전화를 걸어서 훌륭한 사윗감, 신붓감을 소개하겠다며 중매료를 요구하는 일들이 잦았다. 1980년대 후반에는 서울에서 활동하는 마담뚜가 500명을 넘을 것으로 예측되었다. 이들은 대개 중년 부인으로 전직 결혼상담소 직원, 보험 설계사, 은퇴한 고위 관리의 부인 등 출신이 다양했다. 대규모 정보를 가진 결혼상담소의 직원들은 지하 중매시장에서의 유혹 받기가 십상이었다. 1992년경 결혼상담소 업자와 직원들이 마담뚜로 전업을 하면서 서울의 마담뚜가 2,000여 명까지 증가한 반면, 결혼상담소는 절반가량 폐업을 하기도 하였다. 유명한 마담뚜로 변신하면 소개료와 성혼료 등 수천만 원을 챙길 수 있었다. 위험부담은 있어도 회사에서 일하는 것보다 훨씬 많은 수입이 보장되었다. 한편, 마담뚜에서 가지를 쳐서 나온 속칭 '새끼 마담뚜'라는 저가의 중매쟁이들까지 난립하여 중매혼 시장은 더욱 혼란스러워졌다.[250]

하지만 전통적인 수첩에 의지하는 마담뚜의 활동은 한계가 많았다. 그들은 예전과 같이 특권층의 중매혼에 주력한 나머지 중산층의 결혼시장까지 활동 영역을 더 넓게 확장하지 못했다. 마담뚜가 여전히 수첩에 의지하는 동안 결혼상담소는 변화를 꾀하여 중산층 결혼시장으로 뻗어갔다. 1980년대 중반 서울의 결혼상담소는 양적으로 증가하였거니와 상담건수도 크게 늘었다.* 이보다 더 중요한 사실은 컴퓨터 시스템을 도입하여 결혼정보업체로 변모했다는 점이다. 마담뚜의 중매처럼 이름, 용모, 학벌, 집안 등을 수첩에 적어서 상대를 찾아주는 수공업적 방식과는 달랐다. 결혼정보업체는 1,000여 명의 구혼신청서를 확보하였다. 1,000여 가지의 신상 정보를 입력하여 컴퓨터로 분석한 뒤 최적의 적합 상대자를 찾는 이른바, "알트만 시스템"을 도입하였다.[251]** 이러한 결혼정보회사가 등장하여 '컴퓨터 중매'를 널리 퍼뜨리자 종래의 중매쟁이는 힘을 잃었다. 이제는 중매보다는 '결혼상담'이라 하였으며, 중매쟁이라 하지 않고 '결혼 컨설턴트'라고 불렀다.

1980년대 서울 젊은이들의 결혼관은 크게 변화하였다. 특히 서울의 대학생들은 연애혼을 선호하였으며 중매혼은 인기가 훨씬 떨어졌다.*** 사랑과 결혼은 별개이고, 결혼할 때는 사

---

* 서울시내 결혼상담소는 1978년 30개소에서 1984년에는 86개소로 증가하였다. 결혼상담소의 상담건수는 약 1만5,000 건이었다. 당시 서울의 연간 결혼 건수인 4만 건에 비교해 보면 상당히 많은 결혼 상담이 이뤄지는 사실을 알 수 있다. (〈매일경제신문〉 1984년 6월 22일)

** 독일의 인류학자 율겐스는 배우자를 선택하는 이상적 방식을 연구하여 1957년 결혼적합성진단프로그램을 개발하였다. 이 프로그램을 기반으로 최적의 배우자를 소개하는 '글로벌알트만시스템인터내셔널'이란 회사가 등장하였다. (〈매일경제신문〉 1986년 8월 16일 및 〈세계일보〉 2010년 7월 12일)

*** 1980년대를 거치면서 젊은이들의 결혼관도 크게 바뀌었다. 서울의 남자 대학생들은 60% 이상이 연애결혼을 선호하였으며, 중매 후 연애결혼은 33% 정도가 찬성하였다. 중매결혼을 꼽는 대학생은 5%에 불과하였다. 서울의 남자 대학생은 부산에 비해서도 개방적이고 이기적인 결혼관을 가진 것으로 나타났다. 하지만 1980년대 젊은이들은 결혼과 성 문제에 있어서 개방과 보수의 양면성을 지녔다. 결혼과 연애를 별개로 보면서 결혼을 할 때는 사회적 지위나 신분을 따지는 반면, 혼전 성관계나 성욕에 대해서는 여전히 부정적으

회적 조건을 따져야 한다는 인식이 더 강해졌다. 이처럼 현실적 선택에도 불구하고 이혼율은 가파르게 상승하였으니 언제나 그렇듯이 사랑과 결혼은 모순적이었다. 그럼에도 여전히 결혼은 '필수'이며 "불행한 결혼이라도 결혼하지 않는 것보다 낫다"는 생각이 지배적이었다. 이런 시절에는 "중매냐, 연애냐"라는 물음이 유효하였다. 1990년 후반 외환위기가 한국사회를 강타하면서 신세대 젊은이들은 결혼을 미루거나, 결혼을 할 수 없는 어두운 시대로 진입하였다. 결혼을 생각지 않는 그들에겐 중매냐, 연애냐 하는 물음은 우문에 불과한 것이었다. 사랑해도 결혼하지 못하는 사회적 그늘이 짙어지면서, 사랑 아래 꽃피워야 할 결혼 풍속이 시들어가는 사실은 어쩔 수 없는 현상이었다.

로 바라봤다. (〈경향신문〉 1980년 3월 3일, 〈경향신문〉 1983년 10월 22일 '개방과 보수 두 얼굴의 결혼관')

2 장가든다, 시집간다, 예식장 간다

– 도떼기시장과 같았던 서울의 결혼식장

우리는 인생을 살아가면서 중요한 분기점을 맞이하게 된다. 태어나고 자라서 학교에 가고, 어른이 되어 결혼한다. 그러다 환갑과 칠순을 맞은 노인이 되고, 늙어 죽어 무덤으로 들어간다. 이러한 고비마다 그리고 중요한 시점마다 의식을 치르고 예의를 갖추는데 이를 '통과의례' 또는 '평생의례'라고 한다. 조선 시대에는 유교적 평생의례를 '관혼상제冠婚喪祭'라고 하였다. 풀어 말하자면 어른이 되는 관례冠禮, 부부가 되는 혼례婚禮, 사람이 죽으면 치르는 상례喪禮, 죽은 이를 기리는 제례祭禮 등이다. 이 가운데 동서고금을 막론하고 가장 중요한 의례는 혼례일 게다. 다른 의례는 대개 한 사람을 대상으로 하지만 혼례는 두 사람이 만나서 함께 가족을 꾸리는 의식이다. 혼례는 인생에서 가장 큰 행사이므로 '대례大禮'라고 부른다. 결혼은 개인과 개인을 넘어 가문과 가문의 결합이기도 하므로 가족과 친지 등 공동체 구성원의 큰 관심 속에서 진행된다.

혼례는 산업화 시절을 거친 평생의례 중에서 변동 폭이 제일 컸다. 기독교 전래 이후로 서구의 영향을 받은 점도 많았으며 국적 불명의 풍습이 끼어들거나 자기 과시, 상술까지 유입되어 혼례는 가히 카오스의 문화가 되었다. 게다가 정부는 과한 혼례를 '허례허식虛禮虛飾'으로 비판하여 일정한 제재를 가하였다. 그때마다 혼례의 풍속은 작용과 반작용을 거듭하면서 크게 변용되었다. 그래서인지 현대의 결혼식에서 치러지는 여러 풍속을 볼 때마다 어디에서 유래했는지, 어떻게 변화되었는지 가늠하기 어려울 때가 많다.

우리가 사용하는 결혼, 결혼식이란 용어는 일제강점기 이후로 보편화되었다. 조선 시대에는 혼례, 혼인 등의 용어가 사용되었다. 혼인婚姻은 남성과 여성이 하나의 부부가 된다는 뜻이다. 혼婚은 곧 어두울 혼昏과도 같은 의미이다. 고대 사회에는 혼인이 저녁 무렵에 치렀던 의식이라는 사실을 내포하고 있다. 혼례식을 치르면 남녀가 잠자리를 같이하고, 성적 결합을 사회적으로 인정받는 한편, 혼인은 신혼집을 꾸려서 함께 사는 출발점이 된다. 그래서 결혼식을 하고 함께 사는 곳이 신부의 집인지 신랑의 집인지가 중요하다. 장가든다, 시집간다라는 대조되는 표현도 그렇거니와 처가살이, 시집살이 등도 결혼 이후의 삶을 뜻하는 것이다.

고려 시대 이전에는 대개 '장가든다'라는 혼인 풍속이 일반적이었다. 대표적 풍속이 고구려의 '서옥婿屋'이다. 서옥은 여자의 집에 마련한 '작은 집'이었다. 이것은 남성이 여성의 집으로 장가드는 방식을 의미하며, 서옥 생활은 처가살이를 상징한다. 서옥에서 자식을 낳고 장성해서야 부인을 데리고 집으로 돌아갔다고 한다. 처가살이는 한두 해가 아니라 상당히 오랫동안 지속되었다. 고려 시대에도 남성이 여성의 집에 가서 혼례를 치렀으며, 아이들도 외가에서 자라는 것이 보통이었다.* 재산 상속도 아들과 딸에 대한 차별을 두지 않고 외갓집을 통해 상속받은 이도 꽤 있었다.

이런 장가 드는 결혼 풍속을 비판하고 뒤집고자 했던 것은 유교였다. 성리학은 남성 중심의 종법 질서를 추구했는데, (여성에게) 장가들기보다 (남성에게) 시집가는 방식으로 변화되기를

---

* 이런 혼인방식을 '남귀여가혼男歸女家婚, 서류부가혼婿留婦家婚, 솔서제率婿制' 등으로 부른다.

희망했다. 유교식 혼례에서 신랑이 신부를 친히 맞는다라는 뜻의 '친영親迎'이 그 절차였다. 하지만 수천 년 이어진 풍속이 하루아침에 쉽게 깨질 수가 있겠는가. 송나라 주자의 말씀을 주옥처럼 떠받드는 사대부조차 친영을 제대로 지키지 못하였다. 하지만 유교 질서가 공고해지는 조선 후기에는 신붓집으로 가서 혼례를 치른 뒤에 신랑집으로 돌아오는 풍속이 정착되었다.* 이도 저도 아닌 어정쩡하지만, 절충적인 대안이 도출된 셈이다. 조선 시대 각종 민요와 설화에서도 처가살이로 고생하는 사위보다, 시집살이로 고통받는 며느리가 등장하였다.

일제강점기 서울에서는 신붓집도 신랑집도 아닌 새로운 공간 예식장이 출현하였다. 혼례를 전문으로 하는 결혼식장의 출현은 결혼 풍속의 상당한 변화를 예고하였다. 근현대를 거치면서 대부분의 서울 사람은 '결혼은 예식장에서 한다'라고 생각하였다. 이제 혼례를 치르기 위하여 신붓집도 아니고 신랑집도 아닌 전문 예식장으로 가게 되었다. 혼례의 주요한 풍습이 대부분 예식장에서 이뤄졌고, 하루에 수백 쌍의 신혼부부가 예식장을 통해 한꺼번에 탄생하였다.** 그러하니 서울 결혼식장은 마치 상품을 자동공정에 따라 찍어내는 것과 같아 "부부 생산공장"이라는 말이 나왔다. 그리하여 산업화 시절 혼례 문화에서는 장

---

* 이것의 유래는 명종 때 서경덕이 주장한 반친영半親迎이다. 반친영은 혼례는 신붓집에서 치르되 다음 날에 신부가 시부모를 뵙고 인사를 드리는 형식이다. (박혜인, 2012,《서울 사람들의 혼인, 혼례, 결혼》, 서울특별시 시사편찬위원회, 77쪽)

** 일례로 70년 3월 28일(토)은 주당살이 침입하지 않는 '황도길일黃道吉日'이라고 알려졌다. 그날 하루 동안 70여 곳의 서울 예식장에서 700 쌍의 신혼부부가 한꺼번에 탄생하였다. (〈경향신문〉 1970년 3월 30일 '황도길일')

❶ 트럼펫 연주자 현경섭 결혼식(1937). 대한민국역사박물관 제공.

❷ 구보 박태원 결혼사진(1934). 서울역사박물관 제공.

가 든다. 시집간다 보다 '예식장 간다'가 더 비중 있는 관용어가 되었다.

근래 결혼식장은 더 화려해져서 마치 궁전의 여느 방처럼 보인다. 하지만 초창기 결혼식장의 풍경을 보면 교회의 예배당과 같은 모습을 띠고 있다. 그럴 법도 한 게 우리나라 최초로 치러진 신식 결혼이 교회에서 시작되었다. 구한말 아펜젤러 목사의 주례로 서울 정동교회에서 신식 결혼이 진행된 이후로 이화학당 출신인 최활란 등도 이 예배당에서 결혼식을 올렸다.*
1920년 국내 최초 여성 서양화가 나혜석과 김우영의 결혼식도 정동 예배당에서 거행되어 화제가 된 적이 있다.[252] 이후로는 교회 외에도 부민관, 신문사 강당, 요릿집에서도 신식 결혼이 진행되었다. 1930년대에는 서울에 '금구예식부', '만화당 예식부'라는 전문 예식장이 출현하였다. 신부 화장을 전문적으로 해 주거나 모닝코트와 면사포를 대여해 주는 가게도 생겨났다.[253]
하지만 일제강점기 이런 신식 결혼을 하는 사람은 소수였고 대부분 서울 사람은 신부의 집에서 구식 결혼식을 치르고 부부가 되었다.

당시는 가마 타고 시집가며, 말 타고 장가가던 시절이었다. 일반 서민은 가마나 말은 혼례 때나 탈 수 있었고, 예복으로 입는 단령이나 활옷도 평상시는 감히 입을 엄두도 못 내는 옷이었다. 그러하니 일제강점기에 결혼했던 어르신들에게 혼례에 관

---

*   초기의 신식결혼은 이화학당과 배재학당 출신의 기독교인이 주류를 이뤘다. 이를 '예배당 혼인, 사회혼인'이라고 불렀다. (〈조선일보〉 1986년 5월 28일 '신여성 100년 ⑰ 결혼풍속')

해서 물으면 무엇보다 "가마타고 갔다"라는 얘기를 먼저 하는 거다. 예전에는 "육례를 갖춰 혼인했냐?"라는 질문을 쉬이 들을 수 있었다. 이것은 제대로 유교식 혼례를 치렀냐는 물음이자, 양반 집안과 정식으로 결혼을 했냐는 질문이었다. '육례를 치른 부인'은 기나긴 혼례의 절차를 거쳤고, 시가에서 인정해준 사람으로 대접받았다.

하지만 실제로 전통 혼례에서는 육례六禮보다 사례四禮의 절차를 따랐다.* 《주자가례朱子家禮》에서는 혼인 약속이 이뤄지는 의혼議婚, 정식으로 청혼을 하는 납채納采, 신랑집에서 혼서와 폐백을 보내는 납폐納幣, 신랑이 신붓집에 가서 신부를 데리고 오는 친영親迎 등의 절차를 제시했다.[254] 이런 유교식 혼인과 이전의 풍속이 뒤섞이며 우리나라만의 혼례 문화가 창출되었고 근대까지 구식 결혼이라는 이름으로 이어졌다. 해방 전후 서울에서도 구식 결혼 풍속이 일반적이었다. 혼인 전날에는 하인을 함진아비로 삼아 신붓집에 함을 보냈다. 신붓집의 복 많은 어른이 함 속을 더듬어 채단을 꺼내는데, 청단이 잡히면 첫아들을 낳고, 홍단이 잡히면 첫딸을 낳는다고 여겼다. 예로부터 전래하던 점복占ㅏ 풍속이다. 귀한 함 속의 물건을 통해 앞으로의 운명을 예견해 보는 것이다. 신랑은 신붓집에서 혼례를 치르고 3일간 머무르다가 신부와 함께 집으로 돌아갔으며, 신부가 신랑집에 도착하면 사당에 고한 후에 집안 어른들에게 인사를 올렸다고 한다.**

＊　《의례》에서는 납채納采, 문명問名, 납길納吉, 납징納徵, 청기請期, 친영親迎 등의 육례로 구분하였다.

＊＊　전통 혼인식은 '전안례奠雁禮, 교배례交拜禮, 합근례合巹禮'의 순으로 진행되었다. 전안례는 신랑집에서 기러기를 가지고 가서 신붓집의 상 위에 놓고 절하는 것

전문 예식장의 등장은 전통 혼례 풍속에 균열을 가하였다. 서울에서 예식장이 결혼 장소로 부상하였을 때는 1950년대였다. 전쟁 이후로 주택 상당수가 파괴되어 집안에서 혼례를 치르는 것이 예삿일이 아니었다. 미국식 서양 문화가 강하게 밀려와 젊은이들의 신식 결혼에 대한 동경도 커졌다. 구식 결혼은 절차도 복잡하거니와 시간도 오래 걸렸다.* 하지만 전문 예식장은 돈만 주면 편리하고 간단하게 결혼식을 치를 수 있었다. 예식장에 대한 수요는 점차로 높아졌고, 봄과 가을의 결혼 철이 돌아오면 서울의 예식장은 대목을 맞았다. 특히 길일吉日에는 화촉을 밝히고자 하는 서울 사람들로 결혼식장은 만원을 이뤘다. 1950년대 서울에서 잘 알려진 예식장은 11개소였으며, 한 예식장에서 한 달 100여 건의 결혼식이 이뤄졌다. 수백 쌍의 신랑 신부가 몰려드는 길일에는 유명 예식장을 잡기 힘들어지므로 교회와 절, 요릿집을 이용하는 사람들도 많았다.255 당시 예식장에서의 식순은 신랑 신부의 입장부터 시작해서 퇴장으로 끝나는 것으로 지금과 비슷하였다.** 다만 천도교 의식에서 나온 고천문告天文을 읽는다거나 내빈들의 축사가 길고 지루하다는 점은

이며, 교배례는 신랑 신부가 절을 주고받는 것이다. 합근례는 신랑 신부가 술잔을 주고받는 의식이다. (《동아일보》 1994년 3월 21일 '서울 재발견〈58〉 풍속도 ④')

* 신부가 신랑집으로 가는 신행新行 또는 于歸 이후 다시 신부 집으로 인사를 하기 위해 돌아가는 재행再行의 절차까지 따지면 거의 일 년 이상이 걸렸다.

** 예식장에서 결혼식은 '개식, 신랑 입장, 신부 입장(주악), 신랑 신부 상견례, 고천문 낭독, 예물 교환, 주례사, 내빈 축사, 가족대표 인사, 신랑 신부 내빈께 인사, 신랑 신부 퇴장(주악), 폐식'의 순으로 진행되었다. (《경향신문》 1959년 4월 17일)

❶ 서울시 희망 합동결혼식(1967). 서울역사아카이브 제공.

❷ 을지예식장 광고.

요즘과 차이가 있었다.

그런데 전통 혼례와 달리 신식 결혼에서는 '주례자上禮者'를 필요로 하였다. 전통 혼례에는 홀기를 읽어 순서를 진행하는 집사가 있을 뿐이다. 성당이나 교회의 결혼식에서는 당연히 신부, 목사가 주례를 맡게 되었지만 전문 예식장에서는 별도로 주례를 섭외해야 한다. 대개 학교 은사, 직장 대표, 유명 인사를 모시거나 아니면 전문 주례자에게 맡겨야 했다. 산업화 시절 결혼식장에서의 주례자는 길고 지루한 주례사로 유명했다. 종교 사제로부터 출발한 주례자는 신랑 신부의 결혼 의사를 확인하여 신에게 고하고, 최종적으로 성혼이 되었음을 알리는 중계자의 역할을 했다.

한때 주례자로 왕성한 활동을 했던 사람은 놀랍게도 국회의원이었다. 예전에는 국회 회기會期에도 불구하고 슬그머니 자리를 뜨는 국회의원의 상당수는 주례 약속 때문이었다고 한다. 신랑 신부는 자신들의 결혼식에 감투를 쓴 유명 인사를 모시니 좋았고, 국회의원은 결혼식장에서 얼굴을 알리고 표심을 확보할 기회가 되었다. 결혼식장에 가는 국회의원이 많아지자 당 차원에서 회기 동안 주례를 금지하였지만 잘 지켜지지 않은 것 같다. 모 국회의원은 20대부터 주례를 시작해서 1만여 건의 주례 횟수를 넘겼고, 이후 신기록 보유자로 기네스북에 등재되기도 하였다.[256]

그런데 당해 본 사람은 알지만, 막상 주례자를 섭외하여 모시기가 쉽지 않다. 특히 배경이나 학력이 부족한 서민들이 사회적 지명도가 있는 주례자를 구하기는 더 어려웠다. 이 와중에 생겨난 직업이 예식장에 속한 '직업 주례자'였다. 서울의 큰

을지예식장 결혼식 장면(1968).

예식장에서는 전속 주례자를 두었거니와 이들이 바쁠 때 대체
해 줄 촉탁 직원까지 마련하였다. 전속 주례자는 동장, 교장, 중
급 공무원 등을 지낸 사람이 선호되었으며, 변두리 예식장에서
는 말 잘하는 복덕방 주인을 쓰기도 하였다. 1960년대 초반 서
울 시내에서는 80여 명의 전속 주례자가 활동하였는데, 자격이
까다로웠다고 한다. 일단 경력이 깨끗하고 높아야 하고, 이마가
훤하거나 위엄이 있는 등 풍채가 좋아야 했으며, 목청이 우렁차
고 언변이 있는 인물이어야 했다.[257] 반면에 상처喪妻를 하거나
자녀가 없는 사람, 조강지처를 소박한 남성은 주례자로 금기시
되는 인물이었다.[258]

  1960년대에는 서울의 결혼식장에 가기가 자못 편해졌다.
서울 시내에 종로, 서울, 을지, 동원, 우미 등 유명 예식장을 비

롯해 60여 군데의 결혼식장이 만개를 이뤘다. 벚꽃이 피는 길
일에는 예식장에서 '딴따라라-'의 결혼행진곡이 끊이지 않아
하루 500여 쌍의 부부가 탄생하였다. 결혼 복식도 변화하여 신
랑은 연미복에서 평상시 양복으로, 신부는 한복에서 드레스로
차림이 바뀌었다.* 당시 예식장에 가보면 한쪽에 답례품이 가
득 싸인 모습을 볼 수 있었다. 결혼식장에서 답례품을 주고받는
일은 근현대 결혼의 주요 풍습이 되었다. 한때는 일본식 혼례에
서 영향을 받아 친지와 친구들을 모아 놓고 피로연을 베푸는 방
식이 유행이었다. 이 복잡한 피로연 대신에 케이크 답례품을 나
눠주는 관습이 생겨났다. 이외 답례용 선물로는 찹쌀떡 같은 음
식도 있지만 타올, 가루비누, 주전자, 그릇, 재떨이 등 다양한
실용품을 주기도 하였다.[259]

    1960년대 서울의 예식장은 거의 '폐백실弊帛室'을 다 갖추었
다. 이것은 현대 건물에서 전통 혼례의 콘텐츠를 흡수하였으니
가히 '전통의 변용'이라고 할 만하였다. 동시에 현대 예식장이
구식 혼례의 수요를 파악하여 이를 수용한 '자본의 전략'이기도
하였다. 예식장은 이런 부속 시설을 사용할 때마다 모두 이용료
를 받았기 때문이다. 폐백실이 설치된 근본적인 이유는 신붓집
에 가서 초례를 치르고 다시 신랑집으로 돌아가서 시부모에게
인사하는 혼례 절차가 사라졌기 때문이었다. 전통 혼례에서는
신부가 신랑집으로 처음 들어갈 때는 폐백 음식을 준비해 가서

---

*   전쟁 직후 30대 만혼의 신랑이 많았으나 점차 나이가 적어져 1964년에는 남
    자 27세, 여자 24세가 가장 많았다고 한다. (〈조선일보〉 1966년 4월 17일
    '결혼만개')

시부모에 절을 하며, 시집의 어른들께도 인사를 드렸다.* 그런데 신붓집이 아니라 예식장에서 결혼식을 올리게 되었고, 예식장에서 식을 마치고 다시 신랑집으로 갈 수도 없으므로 간편하게 예식장 폐백실에서 폐백을 드리게 된 것이다.

결혼해본 사람은 알지만, 예식장에서 결혼식을 마치자마자 신랑 신부는 정신없이 폐백실로 가야 한다. 폐백 시간도 짧거니와 옷을 갈아입어야 하기 때문이다. 신부는 궁중의 옷인 원삼이나 활옷을 입고 화관을 쓰며, 신랑은 조선 시대 벼슬아치의 관복인 사모관대를 갖춰 입는다. 신붓집에서는 사전에 폐백 음식을 마련하였다. 주로 대추와 편포, 구절판 음식 등을 준비하여 시부모에게 드렸다. 신부가 시부모에게 각각 네 번의 절을 올리면 시부모는 부귀다남富貴多男을 축원하며 며느리에게 대추를 주었다.** 신부가 시부모에게 올리는 절은 꽤 어렵고 복잡했다. 무릎을 양쪽으로 벌려서 눕히고 양쪽 발바닥을 맞붙이는 식이므로 일어날 때 비틀거리기에 십상이었다. 초면에 실수하지 않으려면 사전에 폐백 절을 연습해야 했으므로 무료 강습에 참여하는 여성들도 많았다.***

1970년대 결혼식장의 예식 시간은 거의 30분으로 단축되

---

* 그래서 폐백을 현구고례見舅姑禮로 보기도 하였다.
** 대추는 시아버지에게, 편포는 시어머니에게 드리는 것이다. 편포는 고기를 다져서 양념을 한 음식이다. 폐백을 받은 시아버지는 대추를 신부에게 쥐어주고, 시어머니는 며느리의 허물을 덮어준다는 뜻으로 폐백을 어루만진다고 한다. (박혜인, 2012, 《서울 사람들의 혼인, 혼례, 결혼》, 서울특별시 시사편찬위원회, 130~132쪽)
*** 이런 절은 궁중식으로 알려졌다. (《동아일보》 1966년 3월 17일 '신부감에 인기 모은 폐백 드리기 강습')

었다. 예식 시간은 짧아졌는데 폐백실에서 시간이 지연되어 혼잡해지는 경우가 많았다. 지나친 영리 목적의 운영으로 폐백실이 논쟁거리가 되자 한때 정부는 폐백실을 폐지하라는 행정 지시를 내렸다.[260] 하지만 평생 한 번 전통 복장으로 부모님께 절을 하는 공간이며, 간단히 식장에서 친지들까지 모두 인사할 수 있다는 장점 때문에 이 조치는 흐지부지되었다. 그런데 신붓집에서는 신식 결혼식에 포함된 폐백 절차가 썩 마뜩잖았다. 전통 혼례의 절차는 거의 사라졌는데, 유독 신부가 신랑집에 인사하는 폐백만이 남았기 때문이었다. 신붓집 사람들은 폐백 음식을 정갈하게 마련해서 폐백실에 들여놓고는 밖에서 기다려야 했다.[261] 신부가 신랑집 친지들에게 인사를 드리는 동안 신붓집 사람들은 꿔다놓은 보릿자루처럼 차별 대접을 받는 것으로 느꼈다. 폐백실을 양가의 가족과 친척이 모두 모여 인사를 나누는 자리로 바꾸자는 의견도 상당했으나 이런 관행이 잘 고쳐지지는 않았다.

날로 번창하던 서울의 예식장 풍속은 1970년 전후로 큰 변화를 겪었다. 5.16 군사정변 직후 조직된 국가재건국민운동 본부는 전통 의례를 허례허식으로 비판하면서 표준의례를 발표하였다.* 하지만 당시에는 국민 정서상 법을 만들어 강제하기가 쉽지 않다. 1969년에서야 가정의례준칙에 관한 법령을 제정하기에 이르렀으나 이것도 원칙을 표방한 것에 불과하였다. 1973년이 되어 개정 법률이 시행되었고, 여기에 허례허식 행위

---

* 표준의례에 따르면 '납폐는 일체 폐지한다'라고 하였다. (《동아일보》 1961년 9월 20일 '표준의례규범을 발표')

가정의례준칙 포스터. 서울역사박물관 제공.

에 대한 금지가 구체적으로 명시되었다.[262] 당시에는 이 법률을 '삼무결혼三無結婚'으로 불렀다. 이 규제들로 인하여 결혼 시장은 큰 혼란을 겪었다. 삼무결혼은 청첩장, 답례품, 함진아비가 없는 결혼이었다. 즉 청첩장을 개별로 보내지 못하고, 답례품 증여가 안 되며, 혼인에 있어 함진아비를 보내는 행사를 금지했다. 이 가운데 '세금 고지서'라고 부를 정도로 사회적 문제가 되었던 청첩장은 축의금 모금과 하객 초청을 위해 필요한 것이었다. 하지만 답례품 증정이 금지됨에 따라 대신 피로연이 다시 유행하였다. 삼무결혼 외에도 각종 규제의 시행이 알려진 탓에 시행일 전에 이를 피해 결혼하고자 하는 사람들로 서울 예식장은 문전성시를 이뤘다.*

결혼식 업소들도 대혼란을 겪기는 마찬가지였다. 가정의례준칙 법규가 개정됨에 따라 예식장도 신규로 등록 신청을 하고 정부의 허가를 받아야 운영을 할 수 있었다. 1973년 서울에서는 종로구의 종로, 이화, 서울, 고려 등 큰 예식장을 비롯하여 시내에 82개소가 운영되었다. 이 업소들은 새로 예식장으로 등록하기 위해서 내부 시설을 개조해야 했는데 이 공사가 만만치가 않아 신청을 미루거나 업종을 바꾸는 사례도 많았다.[263] 하지만 서울에서 결혼에 대한 수요가 끊이지 않았던 만큼 서울의

---

* 이 법의 시행되기 직전인 5월에는 서울이 온통 결혼식장이라 할 정도로 혼인이 넘쳐났다. 당시 서울에는 35개소의 예식장이 있었으며, 5월의 주말에는 하루 50여 쌍이 결혼하였다. 그래서 서울의 예식장에선 하루 1,000여 쌍의 급행 결혼이 이뤄져, 결혼식장은 개업 이래 최대의 성시를 누렸다고 한다. (〈조선일보〉 1975년 4월 5일 '광복30년 세정산책⑭ 결혼식')

예식장도 다시 부흥하여 1976년에는 90개소에 달하였다.* 봄,
가을의 결혼 성수기에는 혼례 수요가 급증하므로 예식장의 횡
포와 갑질도 심해졌다. 대부분 결혼식장이 식장을 대여할 시에
신부 예복 대여, 신부 화장, 기념사진 촬영, 기타 용품 구입 등
을 함께 계약하도록 하였다. 쉽게 말하면 '끼워 팔기'인데 신랑
신부는 울며 겨자 먹기로 당할 수밖에 없었다.**

　신식 결혼이 대중화되면서 폐백을 제외한 전통 풍속이 거
의 자취를 감췄다. 하지만 유독 산업화 시절 함진아비와 함보내
기 풍속은 크게 유행하였다. 그런데 함진아비 풍속은 거칠어지
고 '예'가 아닌 '놀이'로 변모되어 눈살을 찌푸리게 하는 경우가
많았다. 다시 말해 예의와 격식을 갖추는 '함들이기'나 '함 보내
기'가 아니라 돈을 받고 함을 주는 '함팔기'가 되었다. 1973년
가정의례준칙부터 1990년대까지도 함진아비를 보내는 일이 금
지되었지만, 실효성은 없었다.*** 이 과정은 신랑집에서 신붓집
으로 예물과 혼서지를 보내는 중요한 절차였기 때문에 쉽게 사
라질 수 없었다.

　1990년대까지도 서울의 동네에서는 신붓집으로 함이 들어

---

* 봄 가을 결혼 시즌에 서울의 한 예식장에서는 주말에 40~60여 건의 결혼식
　이 이뤄졌다. 하지만 가정의례준칙 이전에 비해서 축하객 규모가 확연히 줄었
　다. 예식장 허가의 까다로운 요건으로 인하여 100~200석 등 자리가 적은 식
　장이 많아진 결과로 보인다. (〈조선일보〉 1976년 4월 15일 '4월은 결혼시
　즌…간소하고 멋있게')

** 당시 예식장 임대료 중 부대비용의 비율이 70% 전후였으니 신랑 신부의 지
　출 부담에 있어 배보다 배꼽이 더 큰 격이었다. (〈조선일보〉 1978년 3월 16
　일 '결혼식장 새 부조리')

*** 1999년 개정된 건전가정의례준칙에서 함진아비 금지가 해제되었다.

오는 날에는 몹시 시끌벅적했다. 신랑의 친구들로 구성된 함진 아비 무리는 저녁 늦게까지 "함 사시오"를 크게 외치며 다녔다. 그런데 신붓집에서 노잣돈을 두둑이 내줘도 술이 거나해진 함 진아비들이 쉽게 함을 내주지 않았다. 짓궂은 함진아비들은 자정을 넘어 새벽까지 함값을 흥정하는 탓에 신부와 가족들이 녹초가 되기도 하였다. 이로 인해 이웃들까지 밤잠을 설치기도 했지만 그래도 결혼을 앞둔 신부집에서 벌어지는 풍속이라 웃음으로 넘겨줬던 모양이다. 함을 직접 진 사람은 대개 오징어나 오징어 모양의 종이 가면을 쓰고 있었다. 구한말의 혼례 풍속화를 보더라도 오징어 가면은 확인이 되지 않는데, 이것은 과연 어디에서 온 풍속일까.*

함 보내기는 조선 시대의 혼례 절차 중 '납폐納幣'의 과정이었다. 양가에서 어느 정도 결혼에 대해 합의가 되면 신랑집에서 사주와 청혼서를 보냈으며, 이에 대한 응답으로 신붓집에서 허혼서와 택일을 하여 보냈다. 그러면 거의 혼례가 성사되어 이후에는 지금의 결혼식에 해당하는 초례를 치르게 된다. 초례 전날이나 당일에 신랑집에서 함을 보내는데 이를 납폐라고 하였다. 함에는 신부의 옷감인 청색과 홍색 비단, 혼서지와 패물 등을 넣었다. 함진아비는 함을 지고 가는 심부름꾼으로 대개 신랑집의 하인이었다. 물론 함진아비 혼자서 가는 것이 아니라 신랑

---

* 구한말 화가인 기산 김준근의 그림을 보면 앞의 두 명이 청사초롱을 들고, 뒤의 두 명은 함을 지고 가고 있다. 일행 끝에는 집사執事로 보이는 사람이 아무것도 들지 않고 걸어가고 있다. 오징어를 폐백 음식에 사용하는 경우는 있다. 폐백 음식에서 오징어를 오려서 장식하거나 동물 모양으로 만들기도 한다. (국립민속박물관,《한국민속대백과사전》, '폐백음식')

집을 대표할 사람이 함께 갔다. 함진아비가 신붓집에서 약간의
실랑이를 벌이기도 하였다. 함진아비는 함을 묶은 무명 끈을 맨
채로 팔짱을 끼고 있고, 신붓집 하녀가 팔짱을 풀어서 함을 빼
내려고 하였기 때문이었다. 그때 신붓집 쪽에서 얼굴에 검정칠
을 하려고 하면 함진아비가 이를 피하려고 팔짱을 풀어서 함을
내려놓았다.[264] 함진아비에게는 술과 음식으로 융숭하게 대접
하고 더러는 노잣돈을 주었다.*

　　함진아비 얼굴에 숯 검댕을 바르게 했던 것은 재앙과 부정
을 쫓아내기 위한 행위였다. 혼례는 부부의 인연을 맺는 의식이
므로 일생에서 가장 깨끗하고 행복한 순간이다. 이런 때에 끼어
드는 부정은 반드시 막아서 제거를 해야 했다. 신랑이 신붓집에
들어갈 때 잿더미를 던지는 행위 역시 귀신을 쫓아내는 주술이
었다. 그렇다고 깔끔해야 할 신랑이 잿더미를 뒤집어쓸 수는 없
으므로 아예 담요를 쓰고 들어가기도 하였다.[265] 초례가 끝나고
신부가 신랑집으로 가는 신행新行 또는 于歸에서도 귀신 쫓는 의식이
있었다. 신부가 시댁 마루에 들어서기 전에 엎어둔 바가지를 깨
고 나서 올라가는데 이것도 악귀를 물리치기 위함이었다. 그렇
다면 다소 기괴해 보이는 오징어를 쓴 이유도 부정을 제거하려
는 목적에서 출발한 것으로 보인다. 게다가 오징어는 검은 먹물
을 뿜는 생물이므로 전통적인 검댕 칠하기 풍속을 이어받기에
도 제격인 상징물로 여겨졌을 것이다.

---

*　　함진아비 일행이 돌아와서 이런 선물과 대접의 좋고 나쁨을 두고 왈가왈부하
는 일이 있었다. 안정복은 《순암집》에서 이를 두고 무식한 종들이 하는 짓이라
비판하였다. 아울러 성호 이익의 말을 빌려 함진아비에게 "돈을 주는 것을 옳
지 않다"라고 하였다. (《순암집順菴集》 제14권, 잡저雜著)

언제부터인가 친구들로 구성된 서울의 함진아비는 함을 주는 게 아니라 파는 것으로 여겼다. 실제로 신랑 친구들이 신부 가족에게 무리한 함값을 요구하다가 서로 얼굴을 붉히거나 싸움이 나기도 하였다. 1970년에 발생한 강남구 개포동 함진아비 사건은 편싸움과 폭력으로 얼룩진 최악의 사건이었다.* 아름다워야 할 혼례가 배금주의로 물들면서 결혼이 돈과 물품으로 치환되는 일이 잦아졌다. 특히 서울의 상류층 간 결혼에서 과한 혼수와 예물을 요구하다가 중간에 파투가 나는 사건도 비일비재했다. 전통적으로 찾아보기 어려웠던 명품가방, 보석, 고급 양장 등도 함에 넣어서 보냈다. 이렇게 함에 비싼 예물이 들어갈수록 함값은 상승하고 덩달아 함진아비의 기세도 등등해졌다.²⁶⁶

주택가가 아닌 아파트를 찾은 함진아비는 큰 소음으로 인하여 주변 이웃에게 짜증과 화를 유발했다. 계단을 오를 때마다 돈을 요구하거나, 엘리베이터를 층마다 멈추게 하여 신부 가족의 약을 올리는 못된 함진아비도 있었다. 이처럼 함을 둘러싼 놀이 문화의 정도가 너무 지나치다 보니 부작용에 따른 반작용도 강화되었다. 아예 신랑이 함을 혼자 지고 가거나, 친구 한 명만을 단출하게 데리고 가거나, 양 집안이 합의하여 함들이기를 생략하기도 하였다. 요즘은 전통 혼례 풍속 가운데 함진아비는 거의 사라지고 폐백만이 남아 있을 뿐이다.

---

* 신랑 친구들이 함값을 더 내라고 요구하다 결국 신부 가족들과 몽둥이와 곡괭이를 들고 편싸움이 일어나 여러 명이 중상을 입었다. (《경향신문》 1970년 11월 23일 '함값 더 내라')

함진아비(1968).

"함 사시오" 목소리가 크게 들려왔던 1980년대는 서울 예식장의 재편이 가속화되던 시절이었다. 서울 도심의 종로, 신혼, 고려, 행복 등 주요 예식장이 사라지고 강남에는 태극당 예식부, 목화, 원앙 등 주요 예식장이 25개소로 급증하였다. 바야흐로 결혼하러 강남으로 가는 시대가 도래했다. 강남의 예식장은 대리석과 샹들리에, 특수 유리, 신부전용 엘리베이터 등 각종 시설과 장식을 호화스럽고 으리으리하게 꾸며 놓았다. 분어발식 경영을 하는 이 예식장들은 본업보다는 드레스 임대, 음식점 운영 등 부대사업으로 인하여 큰 수익을 올렸다.* 당시 예

---

* 태극당 예식부는 과자 업체인 태극당이 역삼동에 있는 제과기술학원 건물을 개축한 것이다. 폐지되는 곳도 있었지만 1980년대까지 서울 예식장은 전반적으로 증가하는 추세였다. 1980년에 87개소였던 서울의 예식장은 6년 만에 2배 가까이 늘어났다. 이외 지방에서 올라오기 쉬운 역 근처인 영등포와

"함값 더 내라"…편싸움

新婦는 이웃집에 避身소동

곡괭이·몽둥이질, 6명重輕傷 修羅場된 잔칫집

함값 더 내라 편싸움(《경향신문》 1970년 11월 23일).

식장은 더 혼잡해져서 마치 도떼기시장과 같았다. 예식장 주변은 하객들의 승용차로 심한 교통체증이 벌어졌고, 식장 안팎은 기다리는 하객들로 북새통을 이뤘다. 예식장에 가려면 주머니 단속을 잘해야 했다. 축의금을 빼돌리는 사기꾼과 패물과 보석 등을 훔치는 소매치기로 인하여 예식장은 한바탕 홍역을 치르기도 하였다.[267]

그런데 함진아비 뿐만 아니라 결혼식장도 1990년대 정점을 이루더니 2000년대는 맥을 못 추게 되었다. 새벽 늦게까지 "함 사시오"를 우렁차게 외쳤던 함진아비가 꼬리를 내리듯이 문전성시를 이뤘던 결혼식장도 문을 닫거나 업종을 바꾸었다. 1997년 외환위기 이후로 결혼 문화가 확 바뀌었고, 잘 나가던 예식장도 걸음을 멈춘 것이다. 경제적 위기와 취업 불황 속에 젊은이들이 결혼을 잘 하지 않을뿐더러 결혼 연령도 한참 늦춰졌다. 과거와 달리 결혼을 위한 각종 씀씀이를 줄이게 된 것은 다행이지만 평생의례 중 가장 아름답고 고귀한 결혼 소식이 잘 들리지 않게 된 것은 안타까운 일이다.

청량리 인근에도 유명 예식장이 영업하였다. (《조선일보》 1987년 4월 2일 '예식장 문어발식 경영 횡포')

3 딸 아들 구별 말고
둘만 낳아 잘 기르자

- 주술적 기자속이 과학적 남아선호로

옛 조상들은 아들을 낳기 위해 애를 많이 썼다. 조선 시대에는 가부장제 사회가 공고화되어 아들을 낳아서 혈통을 잇는 일이 부부의 의무처럼 여겨졌다. 그러하니 여성들이 아들을 낳기 위하여 전력하는 풍속들이 전해졌다. 이를 '기자속祈子俗'이라고 하였다. 서울은 조선 왕조의 심장부인 궁궐이 있었고, 그것을 둘러싼 권세가들이 두텁게 존재했던 곳이다. 당연히 가부장제 이념이 강고했으므로 아들을 낳으려는 다양한 관습이 전해졌다. 절에 가서 불공을 드리거나 무당을 찾아가 굿을 하는 종교적 의식은 일반적이었다. 간단한 주술적 의식도 유행하였다. 아들이 많은 집의 수저를 훔쳐다가 베개 속에다 감추어 두거나, 은으로 고두쇠를 만들어 차고 다니기도 하였다. 심지어 여성에게 수탉의 생식기를 생으로 먹게 하였다. 이런 풍속은 모두 모방주술模倣呪術 또는 유감주술類感呪術의 하나였다.[268]

모방주술은 자신의 염원을 이루기 위하여 그와 비슷한 행동과 의식을 하는 것이다. 아들을 낳기 위해서 남성기와 유사한 물건을 지니는 것도 모방주술의 일종이다. 이런 기자 풍속은 남근 숭배 사상을 깔고 있었다. 서울에는 아들을 낳으려는 부녀자들이 빌었던 바위, 즉 기자암祈子巖이 여러 곳에 있었다. 이 바위들은 선바위, 입석, 말목 바위 등으로 불렸다. 이것들은 남성기와 비슷한 모양을 띠고 있어서 아들 출산을 기원하면 큰 효험이 있다고 여겨졌다. 대표적인 바위가 종로구 부암동의 부침바위, 인왕산 중턱의 선바위, 서대문구 봉원동의 말목바위, 성동구 응봉동의 입석 등이었다. 부암동付岩洞이란 이름도 이 부침바위에서 유래하였다. 이 바위에 돌을 붙이면 아들을 얻을 수 있다고 알려져 수십 리 밖 부녀자들이 찾아와 바위에 돌을 문지르곤 하

인왕산 선바위

였다. 얼마나 많은 여성이 표면을 문질렀는지 벌집처럼 오목한
자국이 있었다고 전한다. 하지만 이 바위는 1960년대 도로 확
장으로 사라졌다고 한다.[269]

　　인왕산 국사당 인근에 지금도 우뚝 서 있는 선바위는 근래
까지 여성들이 찾아와 임신을 기원했던 곳이다. 이 선바위를
스님이 장삼을 입고 서 있는 모양이라고 하여 '선암禪巖'이라고
도 하였다. 하지만 산 중턱에 서 있는 이 바위는 예로부터 기자
를 빌었던 곳이므로 남성 성기를 뜻하는 '선바위立岩'로 보는 것
이 맞을 것 같다. 또한 봉원동의 말목 바위는 말뚝처럼 생긴 바
위였다. 여성들이 정성으로 기도하고 말목 바위를 타면 아들을
낳을 수 있다고 전한다. 이 말목 바위를 '말바위'라고도 하였다.
말바위를 타는 행위는 임신을 하기 위한 남녀의 성관계를 의미

302

하는 것으로 보인다.[*]

오늘의 서울 사람들에겐 이런 기자 풍속이 한 편의 코미디처럼 보일지 모르지만 1990년대까지 기자 풍속으로 홍역을 치르는 곳이 많았다. 일례로, 한남대교 사자상의 이빨을 갈아 마시면 아들을 낳는다는 믿음 때문에 날카로운 송곳니가 수시로 뽑혀 남아나는 일이 없었다. 관할 구청에서는 새 이빨을 만들어 붙여주느라 곤욕을 치렀다고 한다. 예전에는 미륵불의 코를 만지거나 갈아 마시면 아들을 낳을 수 있다는 관념으로 인해 불상의 코가 마멸되는 사건도 잦았다.[**] 아마도 사자상 송곳니도 미륵불의 코처럼 남성 성기를 상징한다고 여겨졌을 것이다. 이처럼 현대의 서울에서도 전근대의 주술은 쉬이 사라지지 않았다. 주술은 간단한 행위나 주문을 통해서 염원하는 바를 이루려는 것으로 종교적 믿음과 별개가 아니다. 기성 종교에서는 공개적으로 주술을 인정하지 않지만, 주술적

---

[*]   이 선암은 정도전과 무학 도사의 전설을 품고 있다. 한양 도성을 쌓을 때 정도전은 이 바위를 성 밖으로, 무학대사는 성안으로 넣자고 주장을 했다. 결국 정도전의 주장대로 이뤄지면서 유교가 흥하고 불교가 쇠퇴하게 되었다는 전설이다. 이는 후대에 불교적 시선으로 이야기를 입혔을 가능성이 높다. 이 바위는 기자 목적으로 사람들이 찾았던 곳이므로 발기된 남성 성기 형태의 선바위로 보는 것이 합리적이다. 말바위를 타는 행위는 모방 주술과 함께 접촉 주술이 혼합된 형태이다. 접촉 주술은 무엇인가에 접촉함으로써 그것에 영향을 받는다고 생각하는 것이다. (서울역사편찬원, 2022, 《서울지명사전》)

[**] 서울에서는 강가에서 구멍 뚫린 바둑돌을 주워 와 장롱 속에 넣어두는 기자 풍속도 전해졌다. (〈동아일보〉 1994년 2월 28일 '정도 600년 서울 재발견 〈57〉풍속도(3)')

❶ 가족계획 포스터.
국립한글박물관 제공.
❷ 가족계획 포스터.
국립한글박물관 제공.

행위는 곳곳에서 살펴볼 수 있다. 산업화 시절의 초입까지 다산을 기원하고 남아를 선호하는 주술적 풍속의 영향력은 컸다.

하지만 전근대에 공고했던 기자 풍속이 근대로 넘어오면서 흔들리는 현상은 어쩔 수 없었다. 산업 발전과 경제성장을 중시하는 자본주의 사회는 의학의 발달로 인해 증가하는 인구를 통제하려고 하였다. 근대의 정부는 국토와 자원은 한정되어 있는데 인구가 증가하는 현상을 긍정적으로 보지 않았다.* 가족계획은 부부의 성관계를 전제_{前提}하는 은밀한 영역이었다. 국가가 사적인 가족관계에 개입함에 따라 국가와 개인, 그리고 세대 간 문화적 충돌이 불가피하였다. 하지만 막강한 힘을 가진 근대 국가의 지속적 개입으로 전근대 풍속과 관념은 조금씩 해체되고 새로운 근대 풍속이 자리를 잡았다.

우리 정부가 본격적으로 가족계획 사업을 시작한 때는 1961년이었다. 1950년대까지도 정부는 인구를 증가시키고 출산을 장려했을 뿐, 출산 억제를 위한 정책은 펼치지 않았다. 하지만 전후로 인구가 급증함에 따라 가족계획의 필요성이 드러났다. 2022년 현재 우리나라 합계출산율은 0.78명에 불과하며, 그중 서울은 0.59명이다.** 시계추를 1966년으로 돌려보면 전국의 합계출산율은 5.12명, 서울은 3.92명이었다.[270] 1960년대부터 서울에 살았던 우리 집도 대략 이런 통계의 범위에 포함된다.

---

* 본격적인 산아제한운동을 시작한 것은 신맬서스주의자들에 의해서이다. 피임을 반대한 맬서스에 비하여 신맬서스주의자들은 피임이 필요하다고 주장하였다. (앵거스 맥래런 지음, 정기도 옮김, 《피임의 역사》, 책세상, 1998, 303~307쪽)

** 합계출산율은 여성 한 명이 일평생 평균적으로 낳은 출생아의 수이다.

피임법 홍보 전단지. 대한민국역사박물관 제공.

부모님은 1960년대 후반에서 1970년대 초반까지 삼남매를 낳았다.* 당시에는 자녀가 2명인 집이 흔치 않았다. 그 당시 서울 가정에서는 적으면 3명, 많으면 5명까지 자녀를 두었다. 1960년대부터 서울은 젊은 부부가 많았고, 다른 지역에 비해 학력이 높은 터라 출산율이 줄어드는 경향이 있었다. 1970년대 정부는 전국적으로 가족계획의 고삐를 바짝 죄어 출산율을 2명까지로 떨어뜨리려고 하였다. 단순히 생각해 봐도 부부 2명이 아이 2명을 낳으면 인구는 증감보다 유지 추세로 갈 수 있는 것이다.

산업화 시절 정부의 가족계획은 궁극적으로 피임 정책으로 귀결되었다. 각종 방송과 언론, 그리고 정부 시설을 통해 피임하고 출산을 줄여야 한다고 홍보하였다. 지역마다 가족계획 상

---

* 차남인 나는 위로 형도 있고, 아래로 여동생이 있어서인지 삼남매가 적다는 생각은 해보지 않았다. 주위를 보면 친구들의 가족은 우리 집보다 자녀가 한두 명이 더 많았다.

담소를 설치하고, 가족계획 요원들을 통해 피임 지식과 피임약제 등을 전달하였다. 당시 군사정부는 마치 국토개발과 경제성장을 밀어붙이듯이 일정한 목표량을 정해두고 피임술을 보급하고자 하였다.* 실패 가능성이 큰 콘돔이나 피임약보다 성공률이 높은 정관수술, 난관수술 등 영구적 불임 시술을 보급하고자 하였다.[271]

   내밀했던 가족의 출산이 공론화되고, 정부의 산아억제정책이 파도처럼 밀려오면서 부작용도 만만치 않았다. 여전히 남아와 다산을 선호했던 노년층의 허탈감은 꽤 컸다. 피임을 홍보하기 위하여 가족계획 요원이 마을을 찾으면 지팡이를 들고 쫓아나오는 할아버지들도 있었다.[272] 부부 간 합의 후 불임 시술을 했다는 사실을 뒤늦게 안 노인들이 아들과 며느리를 불러놓고 불호령을 내리는 풍경을 보기란 어렵지 않았다. 내리 딸만 낳고 불임 시술을 강행한 집안이라면 세대 간 갈등은 최고조에 달하였다.[273] 이미 서울의 젊은 부부들은 저출산을 합리적으로 생각하였기에 다산을 원했던 어른들과 합의가 쉽지 않았다.**

   가족계획 사업 중 해외 토픽감이라며 논란이 많았던 사례도 있었다. 실례를 들면, 불임 시술자에게 '아파트 당첨 우선권'을 주거나 예비군훈련장에서 예비군에게 '정관수술'을 유도하는

---

*   1974년 서울시의 가족계획사업을 살펴보면 1억 8,000여만 원의 예산을 편성, 정관수술 6,600명, 루프 시술 6만 7,000명, 경구 피임약 33만 6,000명분 배부, 콘돔 25만 2,000명분 배부, 인공임신중절 330명 등으로 계획하였다. (《동아일보》 1974년 2월 14일 '가족계획에 일억 투입')

**   친할아버지는 장남인 아버지 슬하에 손자가 셋은 있어야 한다고 말씀하셨다고 한다. 당시 손자 둘도 적다고 생각하신 것이다.

피임의 집 사진(1976). 인구보건복지협회.

것이다. 우리나라에서나 볼 수 있었던 이런 가족계획 사업은 하나의 시대 풍속도라고 할 만큼 유행하였다. 근래까지도 예비군 훈련장에서 정관수술을 권유하고 즉시 데리고 가서 시술하는 일이 비일비재하였다. 남성의 정관수술은 정자가 나오는 관을 막는 것으로 이루어지는데 여성의 불임시술에 비하여 시술이 간단하기에 국가 차원에서 권장하였던 피임술이었다. "담배 한 개비 피우는 5분이면 끝난다"라고 선전했던 정관수술은 1970 년대 한 해 2~4만 명의 남성들이 받을 정도로 시술 건수가 높았다. 하지만 정관수술에 대한 근거 없는 의혹도 널리 퍼져 있었다. 서구에서 회춘법으로 처음 등장한 정관수술이 우리나라에서는 "남성을 거세한다, 정력을 감퇴시킨다" 등 헛소문이 퍼

져 있는 상황이었다.[274]

　그리하여 수백 명의 젊은 남성들을 한꺼번에, 강제로 소집하는 예비군 훈련장은 정관수술을 홍보하는 '피임술의 장'이 되었다. 매년 할당량을 채워야 하는 담당 부처의 눈에는 예비군 훈련장에 모이는 30대 전후의 젊은 남성이 간단하고 효과적인 적임자로 보였을 것이다. 예비군 훈련장에서는 예비군에게 정관수술을 권장하고 수술장까지 데리고 가는 장면이 연출되었다. 먼저 젊은 여성 요원이 가족계획 교육을 한 후에 정관수술 희망자를 보건소로 데리고 갔다. 정관수술을 하면 여러 혜택을 주고 나머지 예비군 교육도 면제해 준다는 말에 솔깃하여 수십 명의 예비군이 따라가곤 했다. 하지만 보건소 도착 전에 마음이 바뀌어 취소하거나 몰래 줄행랑을 치는 사건도 이따금 발생하였다.[275] 별 볼 일 없는 인센티브를 제공하고 즉흥적으로 결정하게 만든 사업인 만큼 부작용이 따르기 마련이었다. 이것은 마음이 변한 남성들이 막힌 정관을 재생하고자 복원 수술을 하려는 경향으로 나타났다.*

　'불임시술자 공공주택입주 우선권'은 부동산 투기가 횡행했던 서울에서 특히 주목받았다. 1976년 정부는 불임 시술자에게 공공주택입주 우선권을 주는 사업을 공식적으로 천명하였

---

* 1989년 정관수술을 한 남성이 6만여 명이었고, 복원 수술을 한 남성은 60명 당 한 명이었다. 외국에서는 대개 500명당 한 명꼴이었다. 우리나라에 즉흥적 결정자가 많다는 사실을 반영한 것이다. 재혼 뒤에 아이를 다시 낳으려 하거나, 사고로 자녀를 잃은 경우, 딸만 있어 아들을 낳아야 하기 때문 등 정관복원 수술의 이유는 다양하였다. (《한겨레》 1990년 9월 12일 '정관복원 수술 크게 늘고 있다')

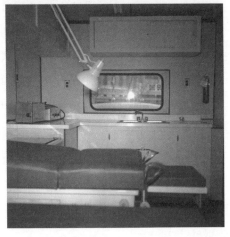

가족계획 사업용 특수이동 시술차량과 내부 모습(1972). 서울기록원 제공.

다.[276] 쉽게 말해 지금과는 정반대로 아이를 안 낳는 부부에게 주택 분양권을 우선 준다는 것이다. 정부 입장에서는 효과가 놓은 사업일지 모르지만 가정의 출산을 부동산 이익에 영합시키는 선례를 남기게 되었다. 또한 부동산 투기가 횡행하는 서울에서 투기를 부채질하는 역효과를 낳을 수 있었다. 불임 시술자의 우선권 부여는 정상적 젊은 부부의 내 집 마련 기회를 박탈한 월권행위이며, 어린이의 웃음소리가 사라진 삭막한 아파트를 만드는 것이라는 비판이 일었다.[277] 혹자는 서울 강남의 모 아파트를 "고자 아파트" "내시 아파트"라고 부르면서 정관수술자가 입주하는 아파트를 비꼬아 풍자하기도 하였다.[278]

무엇보다 안정적 주거가 절실했던 30~40대 부부에겐 이러한 부동산 유인책은 매혹적인 조건이었다. 반포아파트는 불임 시술자의 우대 조건으로 논란이 많았던 공공 주택이었다. 반포아파트 추첨 시에 국민주택 청약자 중 불임 시술자에게 우선권을 주었다. 그래서인지 짓기 전부터 반포아파트는 불임 수술자의 집결지가 된다는 전망이 나왔다. 정부도 향후 주택공사가 짓는 아파트 중 4,000여 가구분은 불임수술을 한 부부에게 돌아갈 것이라고 예상하였다.[279] 실제로 불임 시술자의 아파트 입주 우선권이 발표된 후 강력한 불임 시술의 바람이 불었다. 정부가 정한 여성 난관수술*의 목표 인원을 3개월 만에 돌파하였고, 한 달 만에 8,000여 명의 남성이 정관수술을 받는 등 부동산 우대 정책에 순풍이 불었다. 서울의 불임시술 지정 병원을 찾는 희망자도 부쩍 늘어 서대문구의 어느 병원에서는 하루 시술자가 20명을 넘어서는 날도 많았다고 한다.[280]

산업화 시절 서울 골목길에는 여기저기 정부의 홍보 표어가 붙어 있었다. 관공서와 동네 게시판, 그리고 건물과 전봇대 등 잘 보이는 곳에 여지없이 부착된 표어가 말을 하였다.** 개중

---

* 여성의 난관 수술은 난자가 나오는 나팔관을 차단하는 피임술로 전신 마취를 해야 하는 등 남성의 정관수술에 비해 훨씬 까다로웠다.

** 표어는 구호를 앞세운 선전 정치로 활용되었다. 특히 각종 매체를 총동원하여 물량 공세를 폈던 군사정부 시절에는 정부의 이념을 전파하는 도구이기도 하였다.

인구증가를 부정적으로 표현하고 산아 억제를 주장하는 가족계획의 표어가 눈에 띄었다. 표어는 간결한 어구로 정부의 정책을 홍보하는 말이다. 표어는 시대 주장이므로 시대 상황에 따라 달라지는 문구가 눈여겨볼 만하다. 예컨대 1960년대는 "많이 낳아 고생 말고 적게 낳아 잘 키우자" "덮어놓고 낳다 보면 거지꼴을 못 면한다" "적게 낳아 잘 기르면 부모 좋고 자식 좋다", 1970년대는 "딸 아들 구별 말고 둘만 낳아 잘 기르자", 1980년대는 "둘도 많다" "하나씩만 낳아도 삼천리는 초만원" "잘 키운 딸 하나 열 아들 안 부럽다" 등의 표어가 유행하였다.[281]

이중 사람의 마음을 휘어잡는 표어는 1960년대 "덮어놓고 낳다 보면 거지꼴을 못 면한다"가 아닐까 싶다. 1960년대 서울은 가난한 도시였으며, 우리나라는 보릿고개를 넘고 끼니를 걱정해야 하는 국가였다. 그러하니 '대책 없는 출산이 곧 거지로 치닫는 길'이라는 뜻을 담은 표어가 사람들에게 먹힌 것이다. 한편, 국민의 기억 속에 잘 남아 있는 표어는 역시 1970년대의 "딸 아들 구별 말고 둘만 낳아 잘 기르자"이다. 이 표어는 하도 많이 듣고 봐서 누구나 외울 정도였다. 포스터 외에도 우표, 담뱃갑, 주택복권 등에 실렸고 텔레비전과 라디오, 신문 등 안 나오는 매체가 없었다. 그런데 남녀평등의 이상적 구호를 앞세운 이 표어가 1970년대 관습에서 잘 통용되었을까?

안타깝게도 당대 서울에서 남아선호 사상은 물러설 기미가 보이지 않았다. "전후 강해진 것은 여자와 나일론 양말"이라고 하면서도 서울에서 남녀 차별은 여전하였고, 출산의 공간에서도 마찬가지였다. 1970년대 젊은 부부들은 자식을 낳으려면 아들을 낳으리라는 생각이 변치 않았다. 당시 서울 산부인과 분만

312

실에서는 아이의 성에 따라 산모의 희비가 교차하곤 했다. 출산 전에는 "아들딸 구별 말고 순산이나 했으면" 말했어도 막상 산통이 시작되면 마음이 바뀌었다. 분만실에서 산모들이 아들을 낳으면 기뻐하고 딸을 낳으면 매우 섭섭하게 여겼다. 서울의 한 산부인과 의사는 "딸을 낳고 흐느끼는 산모는 있어도 아들을 낳고 슬퍼하는 사람은 없습니다"라고 말했다.* 이처럼 남아선호 사상이 강하게 유지되고 있으니 정부의 산아 억제정책은 엉뚱한 방향으로 흘러갈 수 있었다. "딸 아들 구별 말고 둘만 낳아 잘 기르자"라는 시대 주장이 왜곡되어 "둘만 낳아야 하니까 꼭 아들을 낳자"라는 기류로 바뀐 것이다.

과거로 갈수록 사람들은 태아의 성이 더욱 궁금하였을 것이다. 산모의 뱃속을 볼 수도, 알 수도 없었기 때문이다. 그리하여 아이의 성별을 미리 맞추어 보는 '태점胎占'이 성행하였다. 이 태점도 주술적 믿음에 기초한 것이다. 예컨대, 태동이 심하면 아들, 약하면 딸이라고 여기는 것이 대표적 풍속이다. 아직도 은연중에 이를 믿는 어르신이 있다. 임산부가 콩을 한 줌 쥐어서 홀수면 아들, 짝수면 딸이라고 여기거나, 임산부의 배가 평평하면 아들, 뾰족하면 딸이라고 생각하는 방법도 있었다. 심지어 임산부를 뒤에서 불렀을 때 오른쪽으로 돌아보면 아들, 왼쪽으로 돌아보면 딸이라고도 믿었다.[282] 이 태점을 넘어 딸을 아들로 바꾸는 술법도 있었다. 《동의보감》에서도 "임신 3개월을 시

---

* 1970년대 우리나라 부인의 출산 의식을 조사해본 결과, 53%는 아들이 없으면 아들을 낳을 때까지 계속해서 낳겠다고 했으며, 50%는 아들을 낳을 수 없는 경우 첩이라도 얻어서 낳겠다는 조사가 있다. (〈조선일보〉 1973년 6월 21일 '남과여 불평등의 현주소 ⑥의의 구조 아들선호사상')

태아 성별 등을 알려준다는 점집 광고지. 국립민속박물관 제공.

태始胎라고 하여, 이 시기에는 여아를 남아로 바꿀 수 있다"라고 하였다. 이 가능성을 믿고 한약을 지어 먹는 부인들이 꽤 있었다. 이외 임산부가 활을 차거나 수탉 꼬리를 이불 밑에 몰래 두거나 하는 등의 방책도 여아를 남아로 바꾸는 주술 중 하나였다.[283]

산업화 시절 주술 뿐만 아니라 과학까지도 남아선호 사상에 부응하는 것은 마찬가지였다. 주술은 대개 믿음에서 끝날 때가 많지만 과학은 믿음을 현실로 만들어줬다. 전근대 부녀자들이 아무리 아들 낳기 위한 주술을 행한다고 해도 여아와 남아의 출생 비율은 약 100 : 105였다. 자연의 법칙에 따라 아들과 딸의 출산 비율이 반반을 유지하였던 셈이다. 사람이 주술에 의존하던 시대는 최소한 자연의 법칙을 위배하지 않았다. 그런데 과학과 의학이 발전하면서 신비했던 출산의 법칙이 깨질 우려가 커졌다. 남아선호 사상이 강고한 상황에서는 과학이 훨씬 위험하였다. 특히 초음파를 통한 성별 검사는 신비하고 은밀했던 출생의 법칙을 완전히 바꾸었다. 과거 기대했던 아들이 태어나면 박수를 치며 환호했던 분만실의 풍경도 사라졌다. 출산 이전부터 태아의 성별을 알고 있었던 터라 한마디로 김이 새버린 것이다.

1970년대에 이르면 우리나라에서도 태아의 성감별이 화두가 되었다. 특히 아들을 낳아야 하는 딸 부잣집이 촉각을 곤두세웠다. 초기에는 자궁의 양수를 일부 빼낸 뒤 태아의 표피에서 떨어진 세포의 염색체를 확인하는 방법이 사용되었다. 이 방법은 시간이 오래 걸리고 부작용도 많았다.[284] 하지만 1980년대 들어서는 신속하고 정확도가 높은 초음파 검사가 등장하였다. 초음파 검사는 본래 선천적 기형아의 판별을 위한 것인데 태아의 성감별에도 활용되었다. 서울의 유명 산부인과에서 초음파 검사가 일반화되었고, 지방에서 올라와 원정 검사하는 사례도 늘어났다. 초음파 검사는 자연의 법칙을 깨는 무시무시한 결과로 이어졌다. 서울에서 초음파 검사가 시작된 후 남아의 출생이 급증하였다. 서울의 한 병원에서는 평상시 신생아 남녀 출생 비율이 3:2 수준까지 올랐다고 한다.[285]

왜곡된 남아선호의 욕망은 여아를 지우기 위한 낙태 수술로 향했다. 전근대 시절에는 어쩔 수 없이 임신하여 낙태를 선택하는 여성들이 있었다. 극한 상황에서 산부들은 민간에서 은밀히 전하는 음지의 방법을 취하였다. 임신 3개월이 지날 무렵에 담배나 누룩을 탄 독한 물을 먹어 유산을 시도하거나[286] 이도 저도 안 되면 언덕에서 구르는 등 최악의 방법을 선택하기도 했다. 이런 풍속은 범죄 피해 등 반도덕적 반사회적인 임신일 경우 해당되었으며, 성감별에 따라 여아를 지우기 위한 것은 아니었다. 하지만 현대의학이 문을 열어준 낙태 수술은 정부의 산아 억제정책과 맞물리면서 무분별하게 사용되었다. 피임이 안 되었을 경우 출산 억제의 또 다른 대안처럼 생각한 것이다. 1970년 서울의 여성 중에는 인공유산을 38회나 경험을 해본 여성이 있었으며, 어떤 부인은 한 해 동안 8회까지 임신중절 수술을 하였다는 충격적인 조사가 있었다.[287]

　서울에서는 일찍부터 임신중절 수술이 은밀히 유행하였다. 1964년에는 서울 기혼 여성의 25%, 1976년에는 50%까지 낙태를 경험한 것으로 나타났다.* 그런데 시간이 지날수록 미혼 여성의 사례가 증가하였다. 1980년 전후로 우리나라에서 100만 건 이상의 낙태 수술이 행해졌을 것으로 추정되었다.[288] 태아를 살아 있는 생명으로 여겼던 전통 관념이 지극히 약화한 것이다. 서양에서는 태어난 후 일 년이 지나야 한 살로 치지만 우리 전통문화에서는 아기를 낳자마자 한 살로 여겼다.[289] 엄마의 태내에서 자란 일 년을 나이로 쳐주는 관념은 매우 중요하다. 이것은 뱃속의 태아를 갓난아기와 똑같이 독립된 생명으로 존중하는 것이다.

　신생아의 남녀 균형이 깨지는 문제가 크게 분출된 곳은 학

---

*　　가족계획이 강력히 추진되는 1962년부터 형법상의 낙태죄는 무력화되었다. 1973년 모자보건법이 통과되면서 한정적으로 인공유산이 허용되자 별다른 죄의식 없이 낙태가 일반화되었다. (홍성봉, 1988, 〈인공유산의 변천〉《대한 산부회지》제31권 제11호, 대한산부인과학회, 1,503~1,504쪽)

교였다. 아이들이 초등학교에 입학하게 되자 당장 신입생의 반 배정이나 짝꿍 배치가 문제가 되었다. 성비 불균형에 따라 여학생 짝이 없는 남학생들이 많아졌다. 특히 핵가족 문화가 정착된 서울의 강남구에 이런 현상이 두드러졌다. 강남의 모 초등학교의 경우는 남녀 학생 비율이 54:46으로 심각한 수준이었다. 아파트 단지가 밀집된 서울의 초등학교에서는 저학년으로 내려갈수록 남학생이 많았다. 교실 분위기나 집단의 정서를 고려하여 일주일마다 남녀가 섞여 앉을 수 있도록 좌석을 바꾸는 학교도 있었다. 남자 짝꿍끼리 계속 앉히는 경우 불만이 생겼기 때문이다. 남녀 반반으로 학급을 편성했던 중학교에서는 여학생 수가 모자라자 남학생반을 따로 만들기도 하였다. 이 반을 "홀아비반"으로 불렀다고 하니 웃지 못할 일이었다.[290]

뿌리 깊은 남아선호사상 외에 근거 없는 띠별 속설도 성비 불균형을 일으키는 요인이었다. 12띠 중에서 말띠·용띠·범띠는 바깥 활동이 많은 남성에게는 맞지만 집 안에 있어야 할 여성들에게는 어울리지 않는다고 생각했다. 즉, "여자 범띠·말띠는 팔자가 사납다" "여자 용띠는 남자의 출세를 가로막는다" "호랑이띠 여자는 가정적이지 못하다"라는 등의 띠별 속설은 여성을 집안에 가두거나 여성 혐오로 왜곡될 소지가 컸다. 그런데 이런 속설이 현대의학과 만나 강한 작용을 하였다. 이는 1980년대의 여아 100명당 남아 출생 성비를 보면 잘 나타난다. 1986년 범띠 해에는 남아가 111.7명, 1988년 용띠 해에는 남아가 113.2명으로 치솟았다. 최악의 경우는 백말띠로 알려진 1990년인데, 남아가 116.5명이었다.[291] 띠별 속설 중에서 백말띠의 여성은 가장 팔자가 세다고 알려져 있다. 과학이 발전하면 이런 속설은 희미해져야 정상이다. 하지만 믿지 못할 속설이 되레 성감별, 여아 선별 낙태 수술 등 현대의학과 결합하여 자연의 출산 법칙을 거스르는 비정상적 결과를 초래한 것이다. 이런 출산 경향으로 인하여 한동안 과잉 남아 성비를 걱정하는 여론이 높았다. 지금은 30대 후반에서 40대 초반이 된 세대들인데 그때의 우려를 딛고 씩씩하게 잘 살아가고 있는지가 궁금해진다.

한편, 현대의학을 십분 활용하여 아이의 사주팔자를 의도적으로 만들려는 신풍속도 발생했다. 알다시피, 사주팔자는 아이가 태어나는 일시에 따라 선천적으로 정해지는 것이다. 자연 분만 과정에는 운명론으로 받아들였던 사주팔자를 인공분만 시에는 의도적으로 조정이 가능하였다. 1980년대 우리나라 산모들의 20%가 제왕절개를 할 정도로 수술 분만이 많아졌다. 제왕절개 수술이 늘어나는 경향은 산모가 출산의 고통을 두려워하거나 병원 측이 제왕절개 수술을 권하는 등 여러 이유가 있었다.[292] 놀랍게도 그중 하나는 태아에게 좋은 사주의 일시를 택해서 낳고자 하기 때문이었다. 어차피 수술할 바에 이왕이면 철학관에 가서 미리 사주를 봐서, 수명장수, 부귀영화를 누리는 좋은 일시를 잡아서 아이를 낳자고 생각하였다. 병원 측에서도 기왕이면 아이의 사주팔자를 좋게 하자는 산모와 가족의 의견을 따를 수밖에 없었다.*

---

* 좋은 사주팔자 일시에 맞춰 무리하게 시간을 당겨서 낳다 보니 미숙아를 낳거나, 갑자기 시간을 바꾸자고 떼를 쓰는 산모의 가족들도 있었다. (《조선일보》 1982년 5월 8일 '젊은 부부에도 성행')

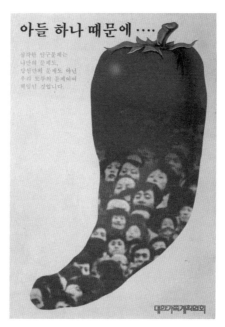
아들 하나 때문에 포스터. 대한민국역사박물관 제공.

1970년대 둘만 낳자는 가족 계획정책은 결과적으로 성공을
거뒀다. 일찍부터 서울에서는 젊은 세대들의 피임이 일반화되
었고, 출산율도 확 떨어졌다. 하지만 주술이나 속설이 현대 과
학과 상응하면서 예기치 못했던 결과가 나왔다. "딸 아들 구별
말고 둘만 낳아 잘 기르자"라는 구호는 저출산의 사회적 분위
기를 조성하는 것까지만 성공한 것이다. 1980년대 가족계획 포
스터에는 "아들 하나 때문에…"라는 구호가 붙었다. '아들 하나
를 낳으려고 이렇게까지 해야 하는가'라는 시대 인식이 반영된
것이다. 과학과 의학이 급성장했던 산업화 시절에도 주술이나
속설은 여전히 강고했다. 당시는 참 불확실했던 시대였다. 그러

하니 인간의 간절한 바람과 믿음에 조응하는 주술이나 속설을
버릴 수 없던 시대였다. 기자암에 빌었던 주술적 남아선호는 성
감별과 수술에 의존하는 과학적 남아선호로 변했을 뿐이다.

6장

탄생에서 죽음까지, 서울 사람의 인생 고비

1 서울 아기의 산실 변천기

– 삼신할머니에서 산파로, 조산소에서 산부인과로

어린이에게 배꼽은 무한한 상상력이 자극되는 산실이다. 배 한 가운데 있는 배꼽은 쓸모가 없는 것 같은데 자꾸 신경이 쓰이는 신체 부위였다. 유아 시절, 나는 저도 모르게 배꼽을 만지다가 어머니께 종종 혼이 났다. 이따금 간지럽기도 하고, 때가 낀 것 같기도 하고 배꼽을 만지는 버릇이 생겨난 것이다. 어머니는 배꼽을 만지다가는 병균이 배로 들어가서 배앓이를 한다고 말했다. 겉보기에는 막혀 보여도 아무래도 배꼽은 배 안으로 통하는 길인가 보다. 딱지나 구슬치기를 하다가 배꼽이 드러난 친구들을 놀리기도 했다. 입술 같이 튀어나온 배꼽, 여러 갈래 주름이 진 배꼽도 있었고, 어떤 녀석은 동굴처럼 쑥 들어가 잘 보이지 않는 배꼽을 가지고 있었다. 우리네 얼굴처럼 만 가지 표정을 가진 배꼽은 서로 같은 것이 없었다. 그런데 왠지 내 배꼽은 함부로 보여주면 안 되는 속내 같아서 보여주기가 싫었다.

초등학교에 입학한 이후로 엄마가 아기를 어디로 낳는 것인지 궁금해지기 시작했다. 하루는 이모들이 모였을 때 물어보니 "이놈 고추가 제법 컸나 보네, 어디로 나오긴, 배꼽 있자녀, 배꼽으로 아기를 낳제"하면서 키득키득 웃는 것이었다. 아무리 봐도 배꼽은 꽉 막혀 있거니와 이 좁고 작은 배꼽으로 아이를 낳는다고는 도저히 이해할 수 없었다. 궁금증이 폭발할 무렵에 나보다 한참 웃자란 똘똘한 친구에게 진지하게 물어보니 아기가 어떻게 생기는지, 아기가 어디로 나오는지를 상세히 가르쳐 주는 것이었다. 아, 그때의 충격이란. 하여간 배꼽의 본질을 아는 것은 어른이 되어감을 의미했다. 하지만 신비스럽게 여겼던 세상의 비밀이 풀릴 때는 상상력의 맥이 빠지는 느낌이 드는 것은 어쩔 수가 없었다.

삼신할머니 무속도. 국립중앙박물관 제공.

1990년대 초반까지 배꼽을 함부로 드러낼 수 있는 여성은 별로 없었다. 엄마들이 수유를 위해 가슴을 드러낼 수는 있어도 배꼽 노출은 금기로 여겨졌다. "배꼽을 맞춘다"라는 말이 곧 성교를 은유하는 것이니 배꼽은 또 다른 은밀한 성기라고 생각했다. 그런데 배꼽 노출을 금한 것은 에로틱한 영역 외에도 다양한 문화적 함의가 있다. 예컨대, 배꼽을 덮는 것은 배를 따스하게 해서 기의 순환을 돕는 동양의학의 관념과 통하는 것이었다. 배꼽은 탯줄이 달렸던 흔적이다. 탯줄은 산모와 태아를 한 몸으로 연결하는 매개체로서 태아는 탯줄을 통해 산소와 영양분을 흡수할 수 있었다. 이처럼 태란 생명의 원천이었으니 그 중요한 흔적을 과감하게 드러내기 어려웠다.

배꼽 노출을 삼갔던 시대는 태를 소중히 다뤘던 풍속이 남아 있었다. 산업화 시절에도 서울의 산실을 돌이켜 보면 태를 가르고 처리하는 일은 갓난아기 다루듯이 매우 소중히 하였다. 실제로 탯줄은 태아의 생명줄이고 목숨줄이었으니 잘렸다고 해도 함부로 다룰 수 없었다. 대개 탯줄은 가위로 조심히 잘랐으나 입으로 자르는 경우도 있었다. 가위로 자르면 아이가 단명하고 복이 없다고 하는 속설 때문이었다. 자른 태는 불에 태운 뒤 남은 재는 땅속에 묻거나 물에 띄워 보냈다. 태를 태울 때는 아무 곳에서나 하는 것이 아니라 손 있는 방향을 피해서 했다.[293] 예전에는 아기의 몸과 분리된 태이지만 아기의 생명과 연관되었다고 보았다. 태를 잘못 다루면 아기에게 해를 입히거나 불길한 기운이 닥친다고 생각하였고, 특히 왕실에서는 자손을 낳으면 태를 소중히 여겨 항아리에 넣은 뒤 석실에 보관하도록 하였다. 이처럼 왕족의 태를 안치한 곳을 '태실胎室'이라고 한다. 왕의 시신을 왕릉에 묻어 영원히 관리하듯이 왕족의 운명과 직결되었다고 여긴 태도 귀중하게 보관하였다.

배꼽이 소중하고, 태를 귀하게 여겼던 시대에 가장 바빴던 신은 삼신할머니였다. 1970년대까지도 삼신할머니는 결코 낯선 이름이 아니었다. 우리 집 안에서도 형과 내가 집에서 태어난 후 밥과 미역국, 그리고 맑은 물로 삼신할머니 상을 차려서 방 한곳에 두었다. 여동생은 산부인과에서 낳았지만 그래도 삼일이나 이렛날에는 삼신할머니 상을 방안에 모셔두었다고 한다. 한편, 문 앞에는 금줄(인줄)을 걸어서 외지인의 출입을 금했다. 아들을 낳을 때는 숯과 고추를, 딸을 낳으면 숯과 솔잎을 낀 금줄을 걸어 두었다. 그때만 해도 삼신할머니는 아이를 점지하고, 산모의 출산과 아이의 건강을 돕는 훌륭한 역할을 했다. 당시 삼신할머니에 대한 믿음과 풍속을 두고 미신이라고 비판하는 사람도 있었다. 하지만 그 시절까지도 사람들은 임신과 출산은 인간이 손댈 수 없는 신비로운 과정으로 생각했고, 삼신할머니가 미지의 영역을 관장하는 것으로 여겼다.

요즘은 내 주변을 돌아봐도 아기를 낳는 이도, 갓난아기를 보기도 쉽지 않다. 예전에는 집안 모임이나 잔치가 있으면 으레 아기들을 데리고 왔고, 가족들은 아기를 보며 덕담이나 조언 한

마디씩 거들었다. 그때 기저귀를 갈다가 아기 엉덩이 근처에 있는 파란색 배냇점이 드러나면 할머니들은 놓치지 않고 삼신할머니 이야기를 꺼내며 웃었다.* "삼신할머니가 빨리 나가라고 이 녀석 볼기를 세게도 쳤구나." 초등학생이었던 나는 이 말을 들으면 파랗게 멍든 자국처럼 보이는 배냇점에 대한 풀이가 그럴듯하게 여겨졌으나 삼신할머니가 어디에 있는 존재인지는 알 수가 없었다. 사실 삼신할머니에 대한 이야기를 많이 했어도 그 존재에 대해 구체적으로 아는 이는 드물었다.

삼신할머니는 과연 누구일까? 서울을 비롯하여 우리나라에서는 대부분 '삼신할머니', '삼신할미'라고 일컫는다. 전라도와 경상도 일부 지역에서는 삼신할머니를 '지앙할미'라고 부르기도 한다. 삼신할머니가 산모의 임신과 출산, 그리고 아이의 건강을 지켜주는 신이라는 점에서는 이견이 없다. 하지만 삼신의 연원에 대해서는 여러 견해가 있다. 먼저 삼신을 한문으로 '삼신三神'이라고 하여 '세 명의 신'이라는 풀이한다. 실제로 서울에는 삼신할머니상을 차릴 때 밥과 국, 물을 각각 세 그릇을 올리는 집이 있다.[294] 이 견해로는 삼신의 연원을 단군신화와 관련하여 환인, 환웅, 단군을 뜻하는 것으로 해석한다.** 서울에서도 아이를 낳으면 산모는 3·7일 즉 21일 동안 삼가고, 외지인의 출입을 금지하였다. 이것도 곰이 3·7일을 굴속에서 삼가며

---

* 백인우월주의 시각을 가진 서양인들은 배냇점을 '몽고반점'이라 불렀다. 하지만 일부 백인도 반점을 가지고 태어난다는 사실이 밝혀졌다.
** 최광식 교수는 지앙이나 재앙은 제왕帝王에서 온 것으로 불교의 제석신을 뜻하는 것으로 보았다. (최광식, 1982, 〈삼신할머니의 기원과 성격〉《여성문제연구》11, 효성여대 부설 한국여성문제연구소, 52쪽)

쑥과 마늘로 버틴 대가로 사람이 되었다는 단군신화에서 유래하였다고 본다. 하지만 삼신을 아이의 출산을 주관한다는 뜻으로 '산신産神'으로도 쓰거나, 드물게는 삼신이 '산신山神'에서 유래하였다고 보는 이도 있다.

삼신할머니의 '삼'을 한문으로 풀이하지 않고 한글로 본다면 의미가 달라진다. 우리말에서 '삼'은 '태'를 뜻한다. 탯줄을 '삼줄'이라 부르고, 태를 자르는 일을 '삼가른다'라고 한다. 또한 출산을 돕는 산파를 '삼할머니'라고 하였다. 나는 삼을 숫자가 아닌 '태'로 보는 것이 낫다고 생각한다. 태아의 생명줄인 태는 산모로부터 영양을 공급받는 생명의 원천이다. 그리하여 삼신할머니는 이 탯줄 즉 아이의 생명을 주관하는 신이 되는 것이다. 이렇게 보면 삼신할머니가 출산과 양육을 돕는 신격으로 자리를 잡게 된 것이 자연스럽다. 다음으로는 삼신할머니를 조상신으로도 충분히 생각할 수 있다. 엄마와 태아를 연결하는 태가 집안의 대를 잇는다는 의미로도 읽힐 수 있으므로 이 태를 주는 신은 다름 아닌 조상신이다. 삼신을 무릇 여성신으로서 돌아가신 시할머니, 시어머니로 특정하여 모시는 집안이 있다. 그런데 여성신인 삼신을 부계혈통을 따라 집안에 한 명만 있다고 여기는 사실이 흥미롭다. 한 지붕 아래에서 시어머니와 며느리가 함께 출산을 할 수 있지만 며느리와 딸이 함께 아이를 낳을 수 없었다.* 출가외인인 딸의 아이는 다른 집안의 삼신이 낳게 했다는 관념이 작용한 것이다.

---

* 삼신의 '삼'을 우리말 동사인 삼가다, 삼다에서 유래한 것으로 볼 수도 있다. (국립민속박물관,《한국민속대백과사전》, '삼신할미')

삼신할머니가 왕성하게 활동하던 시대에 아이를 받았던 사람은 주로 가족이나 친족이었다. 할머니, 외할머니, 시어머니, 친정어머니 등 아이를 낳아본 적이 있고, 출산을 곁에서 도와준 경험이 풍부한 사람이 맡았다. 이런 가족들이 없는 경우에는 마을 여성 중 다산을 하였거나, 출산을 보조한 경험이 많은 사람에게 도움을 받았다. 이렇게 산모의 출산을 돕고 탯줄을 자르는 등 해산解産을 맡은 여성을 '삼할머니'라고 불렀다. 삼신할머니는 신이지만 삼할머니는 사람이다. 삼할머니는 삼신할머니와 산모의 중간에서 가교 역할을 하면서 산모가 순산할 수 있도록 도왔다. 과거 출산 풍속은 주술과 속신에 기대는 것이 많았다. 남편의 허리띠를 산모에게 둘러주거나 순산했던 부인의 치마를 입히면 산모가 순산할 수 있다고 믿었다.[295] 서울에서도 순산을 위해서 은반지나 엽전을 넣고 물을 끓인 뒤에 달인 물을 마시게 하는 풍속이 전해졌다.[296] 이런 풍속은 주술에 의지하는 것이므로 의학적 효과는 없겠지만 산모와 가족들이 심리적으로 안정감을 찾는 효과는 있었다.

나는 어머니께 나를 '산파'가 받아줬다는 말을 곧잘 들었다. 외할머니가 해산을 돕기 위해 왔는데 출산이 안 되자 급한 일 때문에 다시 가신 후 갑자기 산통이 시작되어 동네의 산파를 불러서 나를 낳았다고 한다. 우리가 흔히 '산파産婆'라고 부르는 출산 도우미는 '삼할머니'와는 차이가 있다. 산파라는 용어가 본격적으로 등장한 때는 일제강점기부터였다.* 그전에는 여성 가족들이거나 친족, 이웃 등 경험이 풍부한 이가 산모의 해산을

---

* 1914년 〈산파규칙〉이 제정되면서 산파라는 용어가 대중화되었다.

돕는 것이지 특별히 직업으로서 출산 전문가가 존재하지는 않았다. 하지만 일제강점기에 근대적 의료체계가 도입되면서 출산은 의료의 영역으로 편입되었다. 산파는 일정한 교육과정을 수료하고 면허증을 소지한 자가 되도록 하였다. 일제강점기에는 경성대학교(현 서울대) 병원 내에 산파양성소가 설치되었다. 여기에 중등학교 2년 이상을 다닌 여성에 한하여 입학 자격이 주어졌으며, 1~2년의 산파교육을 수료한 뒤 면허증을 받았다. 당시 산파는 월급쟁이보다 나은 수입을 벌 수 있었으니 중등교육을 받은 여성들에게는 유망한 직업이었던 것 모양이다.[297]

근대 의학을 학습한 산파가 양성되면서 전통적 삼할머니는 무지와 미신의 존재로 비판을 받기도 했다. 근대의 산파는 삼할머니를 삼신판을 차려놓고 삼신할머니에게 비는 사람이라 보았다. 의학적 지식이 전무한 이들에게 산모와 태아의 생명을 맡기는 것은 위험한 일이라고 지적하였다.[298] 당시에는 속설과 주술에 따른 출산 풍속이 많았다. 난산으로 산모와 태아의 생명이 위독한데 삼신판에 빌거나 법사에게 경을 읽히고, 무당을 불러 굿을 하는 일은 근대 산파의 눈에는 한심해 보였다. 자손이 귀한 집에서는 아이의 명이 길어진다는 속설로 인해 아빠가 입으로 탯줄을 끊는 풍속이 있었다. 이는 비위생적인 행위로 아이와 산모의 건강에도 해를 입힐 수 있었다.* 하지만 근대의 산파가

---

* 남녀 쌍둥이를 낳으면 저승에서 부부가 이승에서 형제로 나왔기 때문에 안 좋다고 하여 여자아이를 죽이는 일이 종종 있었다. 또한 태반을 몰래 훔쳐다가 부엌에서 태워서 밥을 지어 먹으면 애기를 낳는다는 풍속도 있었기에 태반을 잃어버리지 않도록 주의하였다고 한다. (〈동아일보〉 1939년 10월 2일 '해산과 삼할머니의 관계(3)')

산파개업 허가증(1948).
대한민국역사박물관 제공.

등장했으나 당시 출산에 미치는 영향은 미미했다. 1930년에 조선인 산파는 기껏 173명에 불과했다. 일제는 만주사변을 일으키고 전쟁 동원을 하면서 인구증가를 위해서 조선인 산파의 양성을 확대했다. 1943년에 이르러 조선인 산파는 874명으로 증가하였다.[*]

해방 이후 근대의 산파들은 적극적인 활동을 펼쳐나갔다. 서울에서는 700여명의 산파가 모여서 서울산파회를 결성하였다. 이들은 조직의 단결을 꾀하면서 가난한 임산부에게 봉사활동을 하는 등 사회 공헌에 앞서고자 하였다.[299] 해방 공간에서 산파는 의사, 간호사, 약사와 어깨를 나란히 하는 의료인이었다. 1949년 남한에는 의사 3,700여명, 간호사 1,300여명, 산파가 1,400여명이 활동하고 있었다. 이들 중 대부분은 서울에 몰려 있었다. 아이를 낳는 사람도 많았고, 출산을 돕는 산파의 역할도 중요했던 시절이었다. 1950년대 이후로 산파의 이름이 달라졌다. 관련법이 개정됨에 따라 산파는 조산원이 되

---

[*]   1930년 일본인 산파는 1,007명, 1943년에는 1,221명이었다. (이임하, 2016, 〈1950년대 여성 전문 인력으로서의 조산사의 양성〉《사회와 역사》, 한국사회사학회, 189~190쪽)

었다가, 다시 조산사로 명칭이 바뀌었다.[*] 한국전쟁 이후로 미국의 제도를 도입하였으며, 간호학교를 졸업한 사람에게 조산원 시험 응시 자격이 주어졌고, 간호사가 조산원을 겸하는 일이 잦아졌다.[300] 한편 전쟁 이후로 미국과 유엔의 지원을 받아 병원이 개설되고, 의료인들이 배출되었다. 의료기관이 기독교의 복음을 전파하는 역할을 하였다. 출산 시에도 기독교적 믿음이 강화되었으므로 삼신할머니의 설 자리는 좁아졌다.

산업화 시절 서울에서 삼신할머니의 위상은 약화되었다. 산모들이 출산할 때 삼신할머니에게 의존하는 경우는 드물었다. 일부 집에서 삼신상을 차리거나 인줄을 치는 사례가 있었지만 산실이 바뀌면서 삼신할머니의 위상이 흔들리는 것은 막을 수가 없었다. 인줄을 만들고자 해도 서울 도심에서 짚과 솔가지 등을 구할 길이 없었다. 시골 친정이나 시댁에서 인줄을 만들어 보내는 사례도 있었지만 이마저도 점점 보기가 어려워졌다.[301] 서울의 산실은 방안을 벗어나 병원이나 조산소 등 시설로 들어갔다. 예컨대 1971년 서울(성동구)에서는 병원에서 아이를 낳은 경험자가 40% 가까이에 이르렀다.[**] 서울과 시골의 산실은 차이가 있었다. 1979년까지도 전국적으로 가정 분만율이 80%에 달했다고 한다.[302] 산부인과 병원과 조산소가 가까이 있었던 서울과 여전히 안방에서 산실을 차리고 삼할머니의 도움을 받았던 시골의 출산 풍속은 크게 달랐다. 산업화 시절 벽촌에서는

---

[*]   1951년 국민의료법에 따라 산파는 조산원으로, 1987년 개정 의료법에 따라 다시 조산사로 바뀌었다. (이임하, 앞의 글, 186쪽)

[**] 1970년 서울시(성동구)에서는 시설(병원) 분만 경험자가 36.6%에 이르렀다. (《동아일보》 1971년 6월 14일 '병원 분만, 도시농촌의 명암')

1960년대 서산부인과 광경. 김중업건축박물관 제공.

전과 다름없이 낫으로 태를 잘랐으며, 소독된 가위와 가제를 쓰는 경우는 흔하지 않았다.

지금은 거의 사라졌지만 한때 서울에서도 조산소 간판을 내건 곳이 꽤 많았다. 조산소는 조산사(산파)가 운영하는 출산 전문 의료기관이다. 1950~1960년대 조산소가 전국적으로 유행하였고, 1970년대 중반까지 서울에서도 190여개의 조산소가 운영되고 있었다. 서울에서 조산소가 잘 나갈 때는 조산사가 한 달에 40회 정도로 아기를 받을 정도로 성업을 이뤘다.[303] 그러나 조산소는 대학병원이나 개인 산부인과에 밀려났다. 의료법이 개정되면서 분만실과 대기실을 마련해야 하고, 도로변 상가에 위치해야 하는 등 영세한 조산소가 감당하기에는 버거운 기준이 만들어졌다. 이에 비해 경제적 성장과 의료 산업의 발달에 힘입어 산부인과 병원은 덩치가 계속 커졌다.

산부인과는 분만실과 신생아실, 그리고 회복실과 입원실로 엄격히 구분되었다. 분만은 철저히 의료진의 통제 속에서 이뤄졌는데, 산모는 침대에 누워서 아이를 낳게 되었다. 누워서 낳는 분만 자세는 17세기 이후 서양에서 의사들이 분만실에 들어오면서 형성되었다고 한다. 그전에는 나라와 지역에 따라서 앉거나 서거나 엎드리거나 무릎을 꿇거나 다양한 분만법들이 전해졌다.[304] 우리나라에서는 남편의 상투를 잡고 해산을 하는 산모들이 많았다고 한다. TV 드라마에서 자주 나오듯이 삼베으로 만든 새끼를 대들보에 걸고, 그 새끼를 힘껏 잡아당기며 아이를 낳기도 하였다.[305]

현대의 산부인과에서는 아이를 낳자마자 산모는 회복실로, 갓난아기는 신생아실로 들어간다. 소독된 신생아실에는 산모도 함부로 들어갈 수 없었고 담당 의사와 간호사만의 출입이 가능했다. 아무리 신통한 삼신할머니라도 신생아실의 두꺼운 유리창을 통과할 수 있을지 의문스럽다. 게다가 자신이 점지한 아이가 누군지도 헷갈릴 것 같다. 위생 상황이 전에 비할 바 없이 좋아졌어도 한꺼번에 아기들을 수용하면서 여러 문제가 발생했다. 여러 명의 신생아를 쉬이 구별하기 어려워 발목이나 손목에 꼬리표를 달았음에도 이따금 아기가 바뀌거나 심지어 사라지는 사건이 발생하였다.[306] 그래도 산실이 집안에서 벗어나 병원으로 들어감에 따라 현대의학의 혜택을 톡톡히 받게 되었다. 출산 시 산모와 갓난아기가 노출되었던 위험이 크게 줄어든 것도 사실이다. 1994년에 이르면 우리나라의 시설 분만율은 약 99% 이었다. 거의 산부인과 병원에서 아이를 낳는 시대가 된 것이다. 한편으로는 민간에서 전해졌던 출산 풍속은 단절의 상황에 직면하게 되었다.

공교롭게도 서울에서 민간의 출산 풍속이 거의 사라질 무렵에 등장한 패션이 '배꼽티'였다. 배꼽티는 가는 어깨끈으로 고정하고 배를 노출한 윗옷으로 당시 젊은 여성들 사이에 크게 유행하였다. 배꼽티와 핫팬츠는 햇볕이 강렬한 바닷가에 어울리는 의상이다. 이러한 차림이 서울 거리를 활보하게 되자 기성세대가 충격을 받았다. 보수적 한국 사회가 1960년대 미니스커트로 받았던 충격만큼이나 1990년대 배꼽티를 둘러싼 논란은 대단했다. 노출로 인해 다른 사람에게 불쾌감을 주니 경범죄로 처벌해야 한다는 여론도 커졌고, 어느 공립도서관에서는 배꼽티를 입은 이용자의 출입을 금하기도 하였다.[307] 지금의 시선으로 보면 1990년대 배꼽티 논란은 배꼽이 빠지게 웃을 일일지도 모른다.

1990년대 한국 사회의 배꼽 노출에 대한 대응은 1960년대와는 달랐다. 1960년대는 무릎 위 15cm 이상의 미니스커트를 입은 여성을 풍속 위반으로 처벌한다며 경찰이 자를 들이대기도 했다. 하지만 개인의 자유가 소중해진 1990년대는 이것을 하나의 문화 현상으로 보고 여성의 노출에 대한 진지한 담론이 일기도 했다. 서울 거리를 아예 벌거벗고 다닐 수 없다는 문화적 관념으로 볼 때 배꼽티는 노출의 마지막 경계일지도 모른다. 신체적 속성이나 노출의 범위를 떠나서 배꼽은 탄생의 과정을 알려주는 비밀 부호이기 때문이다. 내가 엄마와 연결되었거나

6장 탄생에서 죽음까지, 서울 사람의 인생 리듬

334

분리되었던 신비의 신호이고, 생명이 탄생하면서 이루 말할 수 없었던 고통이 절정에 이르는 천지개벽의 순간을 배꼽이 말해주기 때문이다.

하지만 배꼽을 드러낼 수 없고 반드시 가려야만 하는 금단의 영역으로 여기는 남성적 시각에는 점차 균열이 발생하는 것이 불가피해졌다. 사실 오랫동안 여성의 몸은 개인 의지가 담긴 주체로 여겨지지 않았고 남성의 가계를 잇는 임신의 대상으로 여겨졌다. 남성 혈통을 중시하는 가부장적 사회가 고착화되면서 여성 스스로 출산을 선택할 수 없었다. 아이 특히 남아를 낳지 못하는 여성은 가정에서 고립 또는 방출되는 기이한 현상까지 벌어졌다. 하지만 1990년대에 들어 우리는 여성이 결혼을 선택할 수도 있는 사회로 진입하였다. 아이를 반드시 낳고 길러야 하는 것이 아니라 자신의 의지에 따라 결정할 수 있는 다양성의 사회가 된 것이다. 출산은 참으로 소중한 일이나 여성의 몸은 출산이 전부가 아니다. 배꼽 역시 감추거나 드러내거나 여성 스스로 결정할 일이다. 배꼽티가 오는 시대에 맞춰 출산 풍속에서 사라진 삼신할머니도 여성의 선택을 존중하지 않을까.

2 서울 사람의 운명과 점 보기

– 서울 사람의 운명은 왜 미아리로 갔을까

우리는 살면서 누군가가 '점占 봤다', '점쳤다'라는 말을 듣는다. 점을 본다고 해서 자신의 운이 달라지는 것도 아닌데 여전히 우리의 미래가 궁금하기만 하다. 어떤 이들은 유달리 점 보기를 좋아해서 제집 드나들 듯이 점집에 가는 사람들도 있다. 이집 저집 다니면서 누가 용하고, 누가 신통하다는 등 유명한 점쟁이를 꿰뚫고, 친지들에게 소개해 주기도 한다. 그런데 운수를 잘 맞힌다는 말을 들으면 나도 모르게 마음이 혹해져서 그 점집을 찾아가게 된다. 점집에서 올해 내게 재물운, 합격운, 승진운이 들어왔다고 하면 기분이 좋아지지만, 올해 재수가 없다, 교통사고와 병치레를 조심해야 한다는 등의 얘기를 들으면 심리적으로 위축된다. 평소 점 보기를 미신으로 치부했던 사람도 마음이 흔들리기는 매한가지이다. 이처럼 사람의 마음을 들었다 놨다 하는 점이란 과연 무엇일까.

간단히 말하자면 점은 앞으로 일어날 일을 미리 알아보는 것이다. 점을 보는 이유는 미래에 닥칠 운세나 길흉화복吉凶禍福을 먼저 알고 대처하기 위함이다. 학술적으로는 점보다 점과 복을 합친 '점복占卜'이라는 말을 쓸 때가 많다. 예전에는 '문복問卜', 복술가卜術家' 등을 사용하기도 하였다. 그런데 "점 본다", "점쟁이" 등의 말을 주로 쓸 뿐, "복 본다", "복쟁이"란 용어를 사용하는 사람은 거의 없다. 그렇다면 복卜은 무엇일까? 역사적으로 보면 복에는 선사와 고대 사회에서 점보는 수단과 방법을 알 수 있는 코드가 숨겨져 있다. 복은 동물 뼈獸骨나 거북이 껍질龜甲을 불에 태워서 터지는 형상을 보고 미래에 일어날 조짐을 알아본다는 의미였다. 과거에 동물 뼈와 거북이 껍질로 점을 봤던 선사·고대의 역사를 말해주는 것이다. 점占은 복卜 아래에 입口이

거북형 점통. 국립민속박물관 제공.

붙어 있는 형상이다. 그리하여 굳이 점과 복의 우선순위를 따져
보자면 나는 점보다 복이 먼저라고 생각한다. 점은 점쟁이가 복
의 결과를 두고 입으로 말해준다는 뜻으로 해석할 수 있기 때문
이다.

고대 사회에서 점복은 주로 왕과 나라의 운명을 알아보는
일이었다. 점복 행위는 전쟁과 같이 국운이 걸린 중요한 일을
결정하기 전에 종교적 사제를 통해 공식적으로 치르는 행사였
다. 한자의 유래를 알 수 있는 갑골문^{甲骨文}도 점치는 행사와 밀
접한 관계가 있다. 갑골문은 다름 아닌 동물 뼈와 거북이 껍질
을 불로 지져서 길흉의 조짐을 파악한 내용을 적어둔 글이다.
우리나라에서는 아직 갑골문이 발견되지는 않았지만 점칠 때
사용하는 동물 뼈는 여러 유적에서 발견되고 있다. 이 동물 뼈
를 '복골^{卜骨}'이라 부르는데, 뼈의 부위는 사슴과 노루, 소등의

❶ 점술서와 산가지. 국립
민속박물관 제공.
❷ 판수경 읽는 모양(기산
김준근 그림). 국립민속박물
관 제공.

어깨뼈를 주로 사용하였다.* 부여족이 전쟁하기 전에 소를 잡
아서 그 발굽을 가지고 길흉을 점친다는 기록으로 보면 꼭 어깨
뼈에 한정된 것은 아니라 동물의 다양한 뼈 부위를 점치는 도구
로 사용하였다.308

---

*   전북의 여방리 유적, 광주의 신창동 유적, 경남의 늑도 유적, 경북의 임당 유적
      등지에서 출토되었다. 희생된 동물은 멧돼지, 사슴, 노루, 소 등으로 다양하다.
      부위는 어깨뼈, 갈비뼈, 발굽, 뿔 등을 사용하지만 견갑골이라는 어깨뼈가 제
      일 많이 사용되었다.

구한말까지 조선의 운명이 점의 결과로 결정되는 일이 많았다. 대사를 앞둔 위인들이 점쟁이에게 그 일을 위탁하기도 했지만 스스로 점을 봐서 앞날을 예측해 보기도 했다. 그 대표적 인물이 임진왜란의 위기에서 나라를 구한 이순신 장군이었다. 《난중일기》를 보면 이순신 장군이 스스로 점을 쳐서 다가올 날씨와 아들의 병환, 그리고 류성룡의 운명 등을 예측해 보는 장면이 자주 나온다. 그는 이 책에서 "점괘에서 얻은 그대로이니 참으로 절묘하다"라고 했으니 점괘의 효능을 꽤 믿었던 것 같다.[309] 한 개인을 벗어나 수도 서울의 운명이 동전에 걸렸다는 사실을 떠올려보면 아찔하기까지 하다. 태종이 최종 한양을 수도로 결정했을 때 동전에 국운을 맡겼던 이야기다. 1차 왕자의 난 이후 수도는 한양에서 개성이 되었다. 2차 왕자의 난 이후 이방원이 왕으로 즉위하자 한양 재천도 논의가 일어났다. 태상왕인 이성계는 개성에서 한양으로 수도를 옮기라고 촉구하였으나 대신들이 쉽게 동의하지 않는 상황이었다. 진퇴양난의 위기에서 태종이 결정한 방법은 종묘에 가서 소반 위에 동전을 던져 길흉을 점치는 것이었다. 이른바 '척전법擲錢法'이었다. 결과는 나머지 선택지로 거론되던 송도松都(지금의 개성)와 무악毋岳(지금의 서대문구 연희동 일대) 보다 한양이 좋게 나왔고, 이를 통해 한양 천도가 신의 뜻임을 만천하에 입증할 수 있었다.*

일본과 전쟁을 치르던 이순신이나 신생 조선의 정치적 혼란 속에 있던 태종이나 극히 불안한 상황이었던 사실은 부인하기

---

* 　　신도는 2길吉, 1흉凶이 나왔고, 송도와 모악은 각각 2흉 1길이 나왔다. (서울특별시사편찬위원회, 《서울육백년사 1권》, 1977, 191쪽)

어렵다. 그들은 어쩔 수 없이 예전의 관습처럼 점복에 기대어 사회적 정당성을 부여하고 심리적인 안정감을 찾았다. 그런데 이렇게 국가의 대사를 동전을 던지거나 산가지를 뽑은 결과로 결정하는 이유는 무엇일까. 부연하자면 그 결과에 모든 이들이 순순히 따르는 이유는 무엇일까. 실은 점 보기의 과정은 어떤 사안에 대해서 신의 의지를 묻는 신탁神託의 절차였다. 동서양을 막론하고 점을 치는 행사는 매우 성스러운 의식으로 행해졌다. 윷을 던지거나 화투패를 뒤집는 놀이와 별 차이가 없는 것 같아도 그 과정은 신에게 묻는 것이며, 그 결과는 신이 내려준 것으로 동의하기에 모두 따르는 것이다.

우리 역사에서 해방 정국 역시 극도로 혼란한 상황이었다. 정치와 사회 시스템이 안정적으로 갖춰지지 못하고 강대국에 종속되어 이데올로기 대립이 횡행하였다. 그래서인지 예언서인《정감록鄭鑑錄》이 세상을 풍미하였고, 인간 사회의 길흉을 판단한다는 무속인과 점복자(점쟁이)를 찾는 사람이 많아졌다. 병원과 의료가 발달하지 못했던 당시에 콜레라와 장티푸스 등 전염병까지 유행하였으니 무당굿과 독경에 의지해서 치료하는 사람들도 적지 않았다. 서울에서는 남산공원으로 가는 길 양쪽에 사주팔자를 봐준다는 글이나 무신도를 펼쳐놓고 노천에서 점을 봐주는 점복자들이 증가하였다. 더 과감하게 명동 일대 찻집을 돌아다니거나 사무실 아무 곳이나 들어가 일 년 신수점을 보라고 소리치는 점복자, 민감한 남북통일이나 전쟁 문제까지 운운하는 이들도 있었다.[310]

일제강점기에는 점을 치는 풍속은 '미신'으로, 점복자들을 '미신업자'로 여겨 억압하였다. 해방 이후에도 일제강점기처럼 미신을 통제하는 정책은 이어졌다. 우리 정부는 서울 장안에 무속인과 점복자들이 우후죽순으로 늘어나는 것으로 보고, 이들을 사회를 혼란하게 하고 국가 안보를 문란케 하는 범법자로 여겼다. 가톨릭, 기독교, 불교, 천도교, 대종교 등 공인 종교를 제외하고 무당이나 점복자들을 모두 미신으로 묶어 경찰 당국을 통해 단속하고자 하였다. 특히 수도 서울의 거리에서 즐비하게 자리를 늘어놓고 국가 체면을 훼손하는 노천의 점복자들부터 일소한다는 방침을 세웠다.[311] 그런데 문제는 해방 이후 서울의 무당과 점복자의 숫자, 그리고 이곳을 드나드는 손님의 통계가 전혀 없다는 점이었다. 현황이 파악되지 못한 상황에서 '미신 타파 주간'을 수립하여 밀어붙였지만 결국은 탁상공론에 그치고 말았다.[312] 해방 정국에 이어 연이어 터진 한국전쟁은 남북 주민 모두에게 비참한 현실을 안겨주었다. 전쟁 때에는 잠시 주춤했을지 모르지만 남북이 분단된 이후로 불안한 현실 속에서 점술에 의지하고자 하는 주민들이 늘어났다. 게다가 점술업도 생업의 일종이므로 먹고 살기 위해서 뛰어드는 생계형 점복가도 많았을 것이다.

1950년대가 해방 직후와 다른 점은 그래도 무속인과 점복자, 풍수가 등 소위 미신행위에 종사하는 숫자가 개략적으로 파악되었다는 사실이다. 1955년 당시 서울에서 활동하는 이들은 591명으로 파악되었지만, 아마도 이것은 등록된 숫자에 불과하고 실제로는 훨씬 초과했을 것이다.* 당시 서울에서 점복 수

---

* 〈조선일보〉 1955년 1월 26일 '문화민족의 수치, 미신을 하루속히 없애자'. 3년 후인 1958년 11월 서울시 당국 집계에 따르면 미신업자의 수는 877명

요가 가장 많았던 때는 음력 1월 초로 부인들이 새해를 맞이하여 무당집을 찾아가 신수점을 보는 일이 잦았다. 외국의 원조가 많았고 기독교가 널리 전파되는 시절이므로 우리나라 관료들은 이런 민간신앙을 창피하게 여기고 스스로 야만적 풍습으로 보았다. 한번은 우리나라를 방문한 민사원조사령부[UNCACK]의 외국인이 "쌀도 없고 먹을 것도 없다던 사람들이 흰밥을 퍼 던지는 일이 있으니 어떻게 된 것이냐"라고 물었다고 한다. 무당이나 점복자가 치성 의례를 할 때 주위에 밥을 뿌리는 풍속을 보고 질타한 것 같다. 한 서울시 관료는 이런 난처한 상황을 당한 후에 "무당이나 점쟁이에게 줄 것이 있다면 차라리 전쟁고아나 거지에게 주는 것이 낫겠습니다"라고 호소하였다.[313]

해방 이후로 남산은 점술촌으로 유명해졌다. 남대문시장에서 지금의 백범 광장으로 올라가는 계단에 점술가들이 모여서 좌판을 펼쳐두고 점을 보기 시작했다. 이곳에 점술가들이 몰린 이유는 시장과 공원에 다니는 사람들이 많았기 때문이었다. 바람이라도 휘익 불면 사주, 궁합 등의 광고지가 날아갈까 걱정해야 하는 노천 점술가들이 대부분이었지만 개중에는 작은 하꼬방을 만들어서 그 안에서 점을 봐주는 이들도 있었다고 한다. 흥미로운 사실은 남산에 자리를 잡은 점술가들이 대개 북한에서 내려온 맹인[盲人]이었다는 점이다.

(여 567, 남 310명)이었다. (《동아일보》 1958년 12월 6일 '날로 느는 미신업') 당시 신문에서 통계상 오류가 있지만 미신업의 종류를 살펴보기 위해서 그 숫자를 열거하면 다음과 같다. '무당 450(남40, 여 410), 점쟁이 194(남 83, 여111), 관상 66(남), 수상 13(남11, 여2), 골상2(남), 풍수 6(남), 사주 81(남 67, 여14), 독경 54(남 35, 여19)'

일제강점기 거리의 점쟁이와 점치는 모습. 서울역사아카이브 제공.

　역사적으로 점복의 주요 계승자는 맹인이었다. 지금도 그렇
지만 앞이 안 보이는 시각장애인의 생업 활동은 매우 제한적이
었다. 조선 시대까지 맹인들은 점복과 독경讀經, 침술, 악기 연주
등에 종사하며 살았다. 특히 맹인은 점을 봐주고 경을 읽어주는
민간신앙의 전승에서 주요한 역할을 했다. 눈이 안 보이는 대신
청각, 촉각 등 다른 감각과 신경이 발달하여 종교와 신앙을 담
당하는 중심축을 차지하였다. 한편, 조선 시대의 유능한 맹인
은 천문과 지리, 음양학 등을 담당했던 관상감觀象監의 관리로 일
을 하였다. 맹인을 높여 '봉사奉事, 참봉參奉'이라고 부르는데, 이
것들은 모두 조선 시대 관직의 명칭이었다. 조선 시대에 사람의
운명을 점칠 줄 아는 맹인들은 '명통사明通寺'라는 사찰에 모였
다. 맹인들은 이곳에서 한 달에 두어 차례 모여 경전을 읽고 수

명을 빌었던 것으로 전해진다. 또한 지금의 중구 저동에 있었던 영희전永禧殿 인근에 맹청盲廳을 설립하여 이곳에서 맹인들이 함께 경을 읽고 집회를 가지기도 하였다.[314] 이런 활동을 통해서 점복에 종사하는 맹인들은 서로 협력하여 어려움을 극복해 나갔을 것이다.

보통 우리는 '점 봤다'라고 두루뭉술하게 말하지만 실제로 점 보기에는 다양한 방식이 있다. 먼저 점술가가 누구인가에 따라 '신점神占'과 '역리점易理占'으로 구분할 수 있다.* 신들린 무당이 접신 상태ecstasy에서 점을 봐주는 것이 신점이다. 그들은 신이 전해주는 말인 '공수'를 하다가, 예컨대 그릇에서 쌀을 집어 그 숫자로 운세가 좋고 나쁜지를 판가름한다.** 역리점은 스승이나 서적을 통해 주역과 명리학을 배운 역술가가 그 이치를 기반으로 하여 운세를 봐주는 것이다. 맹인들은 대체로 이러한 명리학과 주역을 통해서 점을 봐주고 있다. 그런데 역리점을 보다가 신이 들리는 경우도 있었다. 이를 "주역 공부를 하다 보면 잡신이 들려 눈이 삐뚤어지기도 한다"라고 하였다.[315] 이것은 신점을 얕잡아 보는 말이기도 하다. 하지만 만신萬神(신을 받은 큰 무당) 가운데도 더 정확히 점을 보기 위하여 주역이나 명리를 공부하는 이들도 간혹 존재한다.

---

* 신점쟁이(무당)가 사용하는 점복 도구도 매우 다양하다. 예컨대 엽전, 방울, 염주, 지남철, 쌀, 촛불, 오방신장기 등 여러 기물이 있다. (서울특별시, 1993,《서울민속대관 5》(점복신앙), 37~38쪽)
** 무당에 따라 차이가 있지만 대개 손으로 집은 쌀의 숫자가 짝수이면 좋은 괘, 홀수이면 나쁜 괘로 해석한다.

명리학으로 보는 점을 흔히 '사주팔자^{四柱八字}'라고 일컫는다.[*] 사주팔자는 사람이 태어난 연월 일시에 해당하는 여덟 자(육십갑자 중)를 뽑아서 운명의 흐름을 봐주는 것이다.^{**} 주역은 64괘를 풀이한 경전이다. 64괘를 잘 살펴보면 한 괘^卦마다 음(--), 양(ㅡ)의 조합인 6개의 음양부호로 구성되어 있다.^{***} 한 괘는 6개의 효로 이뤄졌으므로 이를 기반으로 점을 보는 것을 '육효점^{六爻占}'이라고 한다. 육효점은 최종 뽑힌 괘상^{卦象}을 통해 그 사람의 운수를 풀이한다. 육효점은 동전을 던지거나, 산통에서 산가지를 뽑거나, 솔잎을 뽑는 등 다양한 도구를 사용한다.³¹⁶ 어떤 도구든지 음양부호만 표시되어 있으면 6효와 64괘를 쉬이 만들 수 있기 때문이다. 명리학과 육효점은 서로 보완적인 관계를 지닌다. 명리학은 사람이 타고난 운명의 흐름을 거시적으로 보는 반면, 육효점은 사람이 구체적으로 부딪치는 미시적 사건의 향방을 말해준다. 일례로 명리학은 어떤 사람이 타고난 부모 덕과 교육운을 말해준다면 구체적으로 어떤 학교에 합격할지를 물을 때는 육효점을 봐서 판단한다.

국가가 주도했던 점복 풍속이 민간으로 퍼지면서 하나의 의미로 정의하기에는 어려울 정도로 개념이 확산되었다. 점복 풍속을 크게 보면 얼굴의 생김새를 보고 운명을 파악하는 관상^觀

---

*   사주팔자는 자연의 이치가 사람을 만들었다는 동양철학에 기초한다. 즉 목^木, 화^火, 토^土, 금^金, 수^水 등의 오행과 음양^{陰陽}의 관계로 사람의 운세를 판단한다.

**   사주는 사람이 태어난 연주^{年柱}, 월주^{月柱}, 일주^{日柱}, 시주^{時柱}의 네 기둥을 말하는 것이다. 팔자는 네 기둥에 해당하는 각각 두 개의 글자로 이뤄졌다. 팔자 중 위쪽 글자를 '천간^{天干}', 아래쪽 글자를 '지지^{地支}'라고 한다.

***   태극기의 네 모서리에 있는 상징이 바로 '괘'이다. 괘를 이루는 부호 하나를 '효^爻'라고 부른다.

相이나 손의 형태와 손금을 보고 운세를 판단하는 수상手相까지도 포함한다. 그뿐인가. 국가의 운명이 바뀌거나 새로운 왕조가 나타난다는 등 미래를 예언하는 도참圖讖 사상까지도 점복에 넣을 수 있다. 농업사회에서 백성의 최고 관심사는 '농사일'이고, '농사의 풍흉'이었으므로 이를 미리 점쳐보는 풍속도 유행하였다. 이런 점 보기 풍속은 석전石戰과 줄다리기 등 마을간 단체 놀이와 승부 싸움으로 놀이화되었다. 마을간 단체 놀이를 통해 이기는 쪽에 풍년이 든다는 믿음을 가졌으니 승부를 두고 거친 싸움이 전개되기도 하였다. 한편, 정월대보름에 콩, 보리, 오곡 등 곡물을 이용하여 그 해의 농사일이 잘되는지를 예측해 보는 풍속도 유행하였다. 이런 농업사회의 유풍은 산업사회로 진입하면서 점차 옅어졌으며 주요한 점의 종류도 사업과 재물, 그리고 취직과 승진 등 당시의 수요에 맞게 재편되었다.

산업화 시절 우리나라 정부는 '미신 타파'를 끊임없이 외쳤지만, 점술가들은 오히려 증가하는 추세였다. 점술가들이 해마다 늘어나서 1970년경에는 4만 7,053명에 이르렀다. 그중 서울의 점술가는 전체의 약 10%인 4,480명이었다. 이것은 정부(보사부)의 집계이므로 실제 점술가의 수는 훨씬 많았을 것으로 보인다. 서울에서는 매년 평균 262만여 명의 시민들이 점술가들을 찾고 있는 것으로 추산되었다. 당시 서울 인구 400만 중 거의 반 이상이 매년 점집에 간다는 사실을 알 수 있다.[317] 이 통계는 산업화 시절 서울에서 점에 대한 수요가 예전보다 늘어났다는 증거로 보인다. 급격한 산업화 도시화의 과정에서 서울 살기가 불안했다는 측면도 있다. 서울 사회가 복잡해지고 각종 영역이 분화됨에 따라 미래와 운명의 예측에 대한 수요가 늘어났다고 보는 것이 타당하다. 어떤 사안에 대한 수요는 공급을 낳는 것이 당연하다. 사회 구성원들이 요구하는 대로 점 보기의 영역도 분화되어 사업, 승진, 이동, 택일, 결혼, 궁합, 진학, 시험, 부동산, 이사 등으로 훨씬 다양해졌다. 하지만 과학의 발전에 따라 사라지는 영역도 있었다. 일제강점기까지는 질병점^{疾病}^占에 대한 수요가 많았고, 무속인들이 치병 의례를 많이 치렀지만 현대에는 의학의 발달에 따라 이런 분야는 시들해졌다.

점술인 내부적으로는 빈부 차이와 계층 분화가 심해졌다. 이른바 용하거나 신통한 점술가로 소문이 난 집과 그렇지 못한 점집은 손님 수에서 큰 차이가 있었다. 용하다고 소문이 나면 돈을 많이 벌 수 있다는 요행에 따라 간판에 "소문난"을 많이 쓰는 것도 이 때문이었다.[318] 빈부의 격차에 따라 노천에서 점을 보면서 비바람을 걱정해야 하는 점술가가 있었고, 반 평 남짓한 판잣집에서 연탄 난로를 피워 추위를 녹이며 점을 쳐주는 변두리 점술가도 있었다. 이에 반해, 경제적으로 윤택한 점술가는 도심지의 현대식 빌딩에 입주하여 갖은 비품을 지닌 채 점을 봐주기도 하였다.[319] 서울에서 용한 점집으로 잘 알려진 곳은 하루에 거의 100여 명이 다녀갈 정도로 성시^{成市}를 이뤘다. 일례로, 종로구 적선동의 K작명소에서는 새벽부터 점을 보러 오는 사람들로 붐벼 줄을 서야 했다. 이때도 바로 점을 보는 게 아니라 접수 용지를 받은 후에 예약 날짜를 잡아 다시 점을 보러 와야 했다. 밀려드는 인파를 정리하기 위해 4~5명의 관리인을 두었으며, 집 앞에는 공중전화까지 설치하였다고 한다. 손님 중 상당수는 자녀의 진학 문제 때문에 점집을 찾았다. 안타깝게도 어느 대학에 지원해야 할지를 담임교사가 아니라 점술가에게 묻는 학부모들이 적지 않았다. 이런 현상은 교육제도의 허점으로 인해 학생과 학부모들이 적성이나 노력보다 합격운에 의존하고 있었다는 사실을 드러내 준다.[320]

수도 서울이 인구 약 950만 명의 거대도시로 성장하였건만 점을 보러 가는 서울시민들은 꾸준히 증가했다. 1984년경 점집에 들르는 서울 사람은 하루 평균 5,000여 명에 이르는 것으로 알려졌다.[321] 점복가들이 몰려 있는 점집촌, 점집거리도 서울의 여기저기에 조성되어 성업 중이었다. 경복궁 서쪽인 적선동과 통의동 일대, 광희동과 창신동 일대, 남대문과 회현동 일대 등 점술가들이 몰려서 점복업을 하고 있었다.[322] 점집의 단골은 대부분 여성이었다. 점집을 찾는 여성과 남성의 비율은 7:3 정도로 여성이 월등히 높았다. 여성은 왜 점집으로 향하는 것일까? 역사적으로 봐도 남성은 대체로 유교에 의지했지만, 여성은 불교와 무속을 믿고 따랐다. 게다가 산업화 시절까지 여성은 주부로서 가정을 주로 책임지는 역할을 하고 있었기에 부동산, 교육, 건강, 이사 등 모든 문제를 해결해야 하는 것도 그들의 몫이었다. 그래서인지 점집을 찾은 소수의 남성은 자신의 사업과 승진 문제를 물어보지만, 다수의 여성은 자신이 아니라 남편과 자식 등 가족의 운명에 대해서 문의하였다. 특히 결혼 생활이나 애정 문제로 여성들이 점집을 많이 찾았는데, 당시 여성이 사회적 진출이 제한되었고, 경제적으로 독립하지 못했던 상황과 밀접한 관련이 있어 보인다.[323]

1970년대를 거치면서 서울의 점집촌 중 미아리 점집거리가 가장 유명해졌다. 지금까지도 성북구 동선동에서 돈암동으로 넘어가는 얕은 고개인 동소문로의 길가에는 철학관과 작명소

등 점집들이 모여 영업하고 있다. 이 고개는 흔히 '미아리 고개'라고 불린다. 미아리라는 지명은 오래전 '미아사彌阿寺'라는 절로 인해 유래되었으며, 병자호란 시에 되놈胡人이 침입해온 고개라고 해서 '되너미고개'라고 불렸다. 일제강점기에는 미아리 공동묘지가 조성되었다가 1950년대 철거되었으며, 한국전쟁 이후로는 피란민들이 판잣집을 짓고 살면서 달동네가 되었다.[324] 그야말로 파란만장했던 역사를 넘어 삶과 죽음이 교차했던 곳이니 미아리 앞에는 〈단장의 미아리 고개〉 노랫말처럼 늘 "한 많은"이란 수식어가 붙게 되었다.

지금까지도 미아리는 '점집촌, 점집거리, 점성촌, 점마을, 점복가, 점집골목' 등으로 불린다. 미아리는 서울 사람들이 자신과 가족의 운명을 알기 위해서 가장 많이 방문하는 곳이 되었다. 앞서 언급했지만 1960년대까지만 해도 남산이 점술 거리로 유명하였다. 하지만 도시계획으로 인하여 남산 거리의 무허가 점집들이 철거되면서 남산의 점술가들은 하나둘 그곳을 떠나 미아리로 옮겨 오게 되었다. 미아리로 옮겨 온 이유는 여러 가지 이유 때문이었다. 미아리는 도심에서 그다지 멀지 않은 곳으로 시내와 변두리를 연결하는 중간 지대이다. 그러니 대중교통편도 나쁘지 않아 손님들이 접근하기에 무리가 없었다. 또한, 차가 다니는 고갯길이므로 주거지역으로는 환경이 불량하며, 방값도 다른 곳에 비해서는 싸기 때문에 점집이 입주하기 좋은 조건이었다.[325]

1978년 20여 개소에 불과하던 미아리 점집은 1995년에는 100여 개까지 증가하였다. 1990년대까지 미아리 점집은 활황을 누렸다. 주인들도 낡은 집을 점집으로 운영하는 것이 낫다

미아리 확장 도로 개통식(1966). 서울역사아카이브 제공.

고 여겨 재개발 요구를 거절하기도 하였다.* 미아리 점집 거리
에서 활동하는 주요 점술가들은 남산과 마찬가지로 시각장애인
들이었다. 당시 미아리 점집은 "제 앞은 못 봐도 남의 앞은 본
다"라는 맹인촌으로 일컬어졌다.[326] 미아리에서는 점복가 90%
가까이 역리점을 봐주고 있으며, 신점은 10% 정도에 불과하였

---

*   1960년대부터 조금씩 성장하던 미아리 점집은 1970년대 20여 개소, 1980
     년대는 70여 개소로 증가하였다. 1990년대는 100여 개소로 정점을 이루다
     2000년대 이후로는 감소하였다. (〈경향신문〉 1995년 10월 3일 '세기말 집
     단최면인가 시대가 낳은 정신병인가')

현재 미아리 점집 거리 모습

다. 지금도 그렇지만 한 업종이 같은 거리에 밀집되면 장사에 손해가 나는 것이 아니라 오히려 시너지 효과를 발휘한다. 시각장애인들은 생활상에 일정한 보호가 필요하므로 함께 모여 일을 하는 것이 안전에 있어서도 장점이 많았을 게다.

미아리의 역사와 마찬가지로 점복가 맹인들은 가슴에 응어리진 개인사를 품고 있다. 어린 나이에 열병을 앓고 시력을 잃은 그들은 미아리의 점마을로 오기까지는 말할 수 없는 고초를 겪었다. 아픈 가정사도 그렇지만 점술을 공부하기 위해서는 일반인보다 더 각고의 노력을 기울여야 했다. 먼저 한글 점자를 깨우쳐야 했고, 역술 서적까지 습득하려면 거의 10여 년의 세월이 지나갔다. 맹인 역술인 중에는 더 많은 공부를 하기 위해서 외국으로 유학까지 다녀온 이도 있었다.[327] 다행히 1920년대 한글 점자인 '훈맹정음訓盲正音'이 만들어지면서 시각장애인의 교육 여건이 크게 개선되었다. 점자가 나오기 전까지는 스승이 말하는 것을 듣고 무조건 외워야 했다. 그런 와중에 점자의 창안은 점복 교육에 큰 영향을 미쳤다. 미아리는 시각장애인 점복가의 생업 공간이기도 하였지만, 현대 시각장애인의 교육에도 중요한 기능을 하게 되었다. 1990년대 동선동에 성북점자도서관이 개관하였고, 시각장애인복지관까지 문을 열면서 미아리는 점자교육과 역학인 양성의 주요 산실로 기능하게 되었다.[328]

1984년 당시 서울에서 맹인점술가와 일반 역술가를 합하면 1,000여 명 가까이 점술 활동을 하고 있었다.[329] 점집을 찾는 이들 가운데는 자신의 운세가 궁금해서 한번 방문하는 사람들도 있지만 연초마다 신수점을 보러 오는 사람들도 있고, 한 달에도 한두 번씩 찾아와 집안의 잔일까지 마음 터놓고 얘기하는 단골도 있다. 서울에서 단골은 특정한 무당과 종교적 관계를 맺은 신도들을 뜻한다.[330] 단골 관계를 맺는다는 것은 자신의 운세를 묻는 이상으로 심리적으로 상담하고 위안으로 삼는 끈끈한 관계가 되었음을 의미한다. 점집을 찾는 대부분은 답답한 처지이거나 안타까운 사정을 맞이하여 자신의 미래가 궁금하기 때문이다. 폭발적이고 모순이 가득했던 산업화 시절의 서울에서 하루하루 살아나기가 힘들었으니 점집을 찾은 서울 사람은 자신의 미래가 풍전등화처럼 느껴졌을 것이다. 이들에게 정확한 운세를 짚어주는 것도 중요하지만 애타는 심정을 달래고 보듬어주는 것 역시 중요한 일이었다.

모든 것이 그렇지만 점복의 풍속도 사회의 발전과 조응하기 마련이다. 1990년대 이르면 점복이 컴퓨터 산업과도 손을 잡았다. '사주 박사'라는 소프트웨어가 등장해서 자신의 사주를 쉽게 검색하거나 통신서비스 업체에서 회원 간이나 유명연예인과의 궁합을 봐주는 '사주 미팅' 서비스도 유행하였다.[331] 여성의 사회적 진출이 활발해짐에 따라 무엇보다 자신을 중심으로 가정과 사회를 바라보는 세계관이 강화되었다. 그러하니 점집에 가서 최우선으로 남편의 사업이나 건강을 묻는 것이 아니라 자기 사업이나 자신 운세를 상담하는 기혼 여성들도 증가하였다고 한다. 예전에는 어머니와 시집간 언니가 가서 대신 점을 봐주는 것이 일반적이었으나 이제 친구와 함께, 아니면 혼자서라도 점집에 가는 미혼 여성들도 적지 않게 되었다. 점괘도 수많은 정보 중 하나이고 점집에 가는 일이 여가생활이라고 여기는 탓이었다.[332] 점괘에 전적으로 의지하기보다 자신에 대한 숱한 정보와 자료 중의 하나로 보기 때문에 가능한 일이다.

사주팔자는 자신이 태어난 연월일시로서 세상을 살면서 자신의 운명을 지탱하는 네 가지 기둥四柱을 의미한다. 그런데 역술가 중 이 사주에 하나 더, 심주心柱라는 마음의 기둥을 추가하여 오주五柱를 봐서 사람의 운명을 판단해야 한다는 이도 있다. 그것은 어떤 운명이 닥치더라도 마음을 강하게 먹고 노력하는 정도에 따라 사람의 미래가 달라질 수 있다는 주장이다. 개인적으로 나는 세상의 풍파와 마주칠 때 '운칠기삼運七技三'이 아니라 '운삼기칠運三技七'이 크게 작용한다고 믿고 있다. 즉 사람의 일은 운보다는 재주와 노력이 70% 좌우한다고 생각한다. 그래서인지 나는 점집에 간다고 해도 역술가가 준 점괘를 그대로 받아들이지 않는다. 좋은 일이든 나쁜 일이든 내일 당장 어떤 길흉화복이 다가온다 해도, 그 운명은 내 생각과 노력에 따라 크게 달라진다고 믿기 때문이다.

3 이승에서도 만원, 저승에서도 만원

– 서울 사람의 쉴 곳은 서울에 없다

사람은 죽어서도 고귀하다. 동물의 사체처럼 아무 데서나 썩게 둘 수는 없는 노릇이므로 오래전부터 시신을 땅속에 매장하는 방식이 관습으로 자리를 잡았다. 물론 시기와 장소에 따라 장례 풍속은 다른 모습을 지녔다. 삼국과 고려 시기까지만 해도 화장법이 유행하였고, 불에 타고 남은 유골을 용기에 담아 땅에 묻기도 하였다. 1980년대까지도 해안가와 섬에서는 이엉으로 관을 덮어둔 초분草墳을 보기가 어렵지 않았다. 이것은 살이 썩고 나면 뼈만을 수습해서 장례를 다시 지내는 세골장洗骨葬 풍속의 일부였다. 그런데 어느 풍습이든 가릴 것 없이 대부분 장례를 지내는 사람들은 죽은 자의 가족이나 후손들이다. 우리나라 사람들은 대개 부모나 조부모가 죽은 이후에도 그 영혼은 후손들에게 영향을 미친다고 여긴다. 이런 죽음 관념은 조상숭배와 풍수지리 사상과 연계되면서 조상의 무덤을 신성시하게 되었다.

우리 국토는 비좁지만 사는 사람은 많다. 산다는 것은 곧 죽는다는 것이다. 매년 20만 명 이상이 사망하고 있는데 망자를 위한 무덤을 계속 조성한다면 금수강산은 그야말로 묘지강산으로 변할 수밖에 없다. 특히 1950년대 이후 서울 인구는 폭증하고 그에 따라 사망자도 증가하였다. 당시는 서울 사람들도 매장을 선호하던 시절이었으나 무작정 묘지를 늘릴 수도 없었다. "서울은 묘지도 만원이다" "서울의 저승은 만원이다" 등등 듣기에 불편하지만 경청해야 하는 말들이 언론에서 끊임없이 흘러나왔다. 이에 서울시는 매장 대신 화장을 유도하거나 묘지의 수와 면적을 줄이기 위하여 고심해야 했다.

2024년 2월에 개봉한 영화 〈파묘〉가 관중을 매우 놀라게 한 장면이 있다. 바로 풍수사 김상덕(최민식 분)이 '첩장疊葬'을 발견하는 사건이었다. 첩장은 관 아래 또 다른 관을 포개서 묻은 장례법으로 우리나라에서는 거의 볼 수 없는 방식이다. 그런데 아래의 관이 수평으로 묻힌 게 아니라 수직으로 묻혀 있었다. 철조망을 두르고 세로로 묻힌 이 관을 보면 누구나 등골이 오싹하고 기괴한 느낌을 받기 마련이다. 이 관의 주인공은 전쟁광으로 목이 잘린 일본 장수였다. 범의 허리를 상징하는 곳에 이런 몹쓸 시신을 묻은 까닭은 조선의 기운을 끊고 식민 지배를 유지하고자 함이었다.

우리나라 사람들에게는 괴이한 사건으로 보이지만 관을 수직으로 묻는 풍속은 세계사에 종종 있는 장례법이었다. 화장을 주로 하는 인도에서는 국토의 면적을 줄이기 위하여 매장 시에 관을 세워서 묻도록 하였다고 한다.* 1970년대 네덜란드에서도 유해를 세워서 매장하였는데 묘지 면적을 줄이기 위한 대책이었다. 나라를 위해 싸우다 희생된 유공자가 묻힌 하와이의 국립묘지에서도 관을 세워서 묻었다고 한다. 이처럼 우리에게는 매우 생소하고 기이하게 다가오지만, 해외에서는 일찍이 관을 수직으로 묻음으로써 무덤이 차지하는 면적을 줄이려고 노력하였다. 매장에 비한다면 망자의 공간이 많이 축소되는 화장도 마찬가지였다. 예컨대, LA의 봉안당에서는 화장으로 남은 유골을 벽돌 크기의 용기에 담아서 벽에 층층이 끼운다고 한다.[333] 이처럼 우리보다 넓은 국토를 보유한 국가에서도 일찍부터 죽은 자가 차지하는 면적을 줄이려는 시도를 해왔다.

---

* 1960년대 인도의 매장 관습이었다. (《매일경제》 1969년 9월 18일 '묘지공원 점점 좁아질 영원한 안면')

조선 시대 유교는 정치와 사상뿐만 아니라 생활 관습까지 지배했다. 특히 일생을 지내면서 주요 고비마다 치렀던 통과의 례인 관혼상제冠婚喪祭를 사대부뿐만 아니라 서민들도 지키도록 하였다. 이미 성종 시절(1470년)에 불교식 장례인 화장을 금함으로써 유교식 장례법을 권장하였다.[334] 하지만 장례법은 보수적인 특징을 가지고 있으므로 조선 정부가 강요한다고 해도 서민들이 유교식 매장을 따르기까지는 상당한 시간이 흘러야 했다. 그런데 조선 시대 한양의 백성들은 장례를 치르기도, 무덤을 조성하기도 무척 어려웠을 것이다. 한양 도성으로부터 십 리까지 산줄기를 보호하는 금산禁山으로 묶여 있으므로 백성들이 망자를 매장할 산지가 부족했다. 백성들은 도성 안에서 숨을 거둔 망자를 수구문水口門 또는 시구문屍口門으로 일컫는 광희문과 서소문으로 조용히 내보내 매장해야 했다. 하지만 조선 후기로 갈수록 금산 규제가 느슨해졌고, 점차 서울 변두리의 산지는 공동묘지로 변해갔다. 이처럼 마을 사람들이 공동으로 묘지를 쓰는 산지를 '북망산北邙山', 무주공산無主空山'으로 불렀다.*

조선 말기 서울 근교의 산은 거의 백성의 무덤으로 뒤덮였으리라 짐작된다. 당시 한양을 방문했던 호러스 알렌 선교사가 "서울 주변 벌거숭이 산에는 가난한 사람들의 무덤이 많이 있어 마치 심하게 얽은 사람의 얼굴과 같다"라고 할 정도였으니 말이다.[335] 조선을 침략한 일제에게 이러한 서울의 북망산은 매

---

* 조선 말기와 식민지 시절의 서울의 공동묘지에 관해서는 다카무라 료헤이의 글을 참고하였다. (다카무라 료헤이, 2000, 〈공동묘지를 통해서 본 식민지 시대 서울-1910년대를 중심으로-〉《서울학연구》15, 서울학연구소)

신당동 인근 조선인 공동묘지(1915). 서울역사아카이브 제공.

우 꺼림칙한 공간이었다. 일제는 남대문 정거장이나 일본 군용
지 등을 설치하기 위해서 서울 인근 북망산의 개발을 밀어붙였
고, 하루아침에 조상의 무덤을 빼앗길 처지의 백성들과 충돌이
불가피했다. 조선의 매장법을 '구습^{舊習}'이라 여기고 타파하고자
했던 일제는 1912년에 '묘지규칙'이란 법을 만들었다. 이 법은
묘지를 만들거나 폐지할 때 국가의 허가를 받아야 하고, 묘지는
지방공공단체 등이 아니면 신설하지 못하도록 하였다. 조선 시
대에는 백성들이 국유지에 무덤을 만드는 것을 암묵적으로 용

인했다면, 묘지규칙의 제정으로 말미암아 이제는 조선총독부가 공동묘지를 통제하고 관할하는 시대가 열린 것이었다.

조선 사람에게 조상의 묘지는 매우 소중한 곳이므로 아무리 일제라도 함부로 다룰 수 없었다. 그래서 공동묘지를 선정할 시에는 한성부 면장들의 의견을 수렴하였고, 이에 서울 인근의 북망산 상당수가 국가가 관리하는 공동묘지로 포함되었다.[336] 일제 초기 서울 사람과 일본인이 죽으면 매장되는 공동묘지는 미아리, 수철리(지금의 성동구 금호동), 신당리, 이태원, 신사리 등 19개소였다. 경성부는 공동묘지를 신설하기도 하였는데, 1914년 국유지에 만들어진 이태원 공동묘지가 바로 그것이다. 지금은 고층빌딩과 고급 빌라들이 입주해 있지만 일제강점기 이태원동과 한남동의 대부분은 공동묘지로 사용되었던 공간이었다.* 일제는 조선인의 묘지 개혁이 어려운 이유를 풍수지리 탓으로 여기면서도 역설적으로 신설하는 이태원 공동묘지의 입지조건을 풍수지리에서 찾았다. 이태원 공동묘지를 북쪽에는 남산이 버티고, 남쪽에는 한강이 흐르며, 멀리 관악산이 바라보여 묘지로서 최적이라고 선전하면서 '모범묘지'라고 불렀다.[337]

이후로 일제는 미아리 묘지를 증설하거나 망우리 공동묘지를 신설하는 한편, 숱한 공동묘지들을 폐지하거나 이장하였다. 일제가 대경성부 계획을 꿈꾸며 행정구역을 확대하고 도시개발을 진행함에 따라 점차 경성의 공동묘지들은 외곽으로 밀려났다. 일제가 모범묘지로 치켜세웠던 이태원 묘지도 주택지로 개

---

* 1935년경 이태원 공동묘지는 12만 평의 면적에 약 5만여 백골이 묻혀 있었다. (《조선일보》 1935년 2월 24일 '이태원 공동묘지 금년 내 정리 준비')

미아리 공동묘지 전경(1958). 서울역사아카이브 제공.

발하기 위해서 이곳에 잠들었던 망자의 무덤을 미아리와 망우리 등으로 이장시켰다.[338] 해방과 함께 일제가 물러가고 머쓱해진 곳이 서대문구의 '홍제동 공동묘지'였다. 이곳은 일본인 전용의 공원묘지였다. 일제는 홍제동 공원묘지를 "인간이 최후로 영원히 쉴 수 있는 안전을 완비한 묘소"로 홍보했건만 패망과 함께 후손들이 돌아가자 쓸데가 없어진 것이다. 이곳에서 조상의 유골을 챙겨간 일본인들도 있었지만 급히 귀국하느라 방치된 묘지들이 1만 여기가 넘었다.[339] 이 홍제동 공동묘지는 한국전쟁 직전에 폐지되었어도 함께 설립된 장재장葬齋場(화장시설)은

1960년대까지도 운영되었다.[340]

　한국전쟁이 끝난 후 서울의 공원은 을씨년스럽기 짝이 없었다. 중구의 장충단공원을 비롯하여 효창공원, 종로구의 삼청공원 등에 시신을 몰래 암장^{暗葬}하는 사례가 비일비재하였기 때문이다. 심지어 시신을 그대로 공원에 내버리는 해괴한 경우도 있었다.[341] 전쟁으로 희생된 사람이 많아졌음은 물론이고, 국가가 통제력을 상실했던 시절이었으므로 넓고 으슥한 공원을 불법 묘지로 이용하였다. 서울의 공원과 언덕이 음산한 공동묘지로 변하였음에도 이를 이장하여 복원하지 못하고, 예산 탓을 하는 당국을 향하여 "핑계 없는 무덤 없다"라며 여론의 질타가 쏟아졌다. 이런 상황은 보기에도 불편했지만 우리 관습과도 대척되기 때문이었다. 우리나라 사람들은 철저히 삶과 죽음을 분리하고 산 자는 마을에, 죽은 자는 산으로 간다는 관념을 가지고 있었다.* 서울 사람들이 생활하고 있는 시내 도처에서 망자의 흔적을 보는 것은 매우 괴로운 일이었다.

　삶의 보금자리를 앗아가는 전쟁은 간혹 특수한 환경을 만들기도 한다. 일제강점기 이후로 미아리는 서울 사람의 대표적 공동묘지였고, 공동묘지 근처에 산다는 것은 여간해서는 생각하기조차 어려웠다. 그런데 전쟁이 끝나고 서울의 인구가 급격히 늘어남에 따라 미아리 공동묘지 인근까지 피란민들이 모여 살기 시작하였다. 오갈 데 없는 피란민들에겐 삶을 이어가는 게 목적이었으므로 죽음의 공간조차 가릴 것이 없었다. 그러다

---

*　가까운 일본만 하더라도 도시 한가운데 사찰과 신사가 있고, 부속시설로 공동묘지를 운영하고 있다.

미아리 난민 정착지(1958). 서울역사아카이브 제공.

1950년대 후반 미아리에 전재민 집단 이주를 위한 주택지 조성이 확정되었고, 미아리 공동묘지도 폐지의 수순을 밟았다.[342]

1950년대 미아리 하면 공동묘지를 떠올릴 정도로 미아리는 서울 공동묘지의 대명사였다. 미아리는 시내와 비교적 가까워서 버스를 타고 다니는 서울 사람들도 미아리 공동묘지의 광경을 쉽게 목격하곤 했다.* 우리가 한 번쯤 들어본 공동묘지 기

____

* 승객들은 미아리 묘지를 이장할 때 백골들이 흩어져 있는 광경을 버스 창밖으로 보았다. (《경향신문》 1959년 5월 18일 '공동묘지')

담이 자주 떠다니는 곳도 미아리 공동묘지였다. 미아리 공동묘지에서 생겨난 기담을 살펴보면 이러하였다. 청진동에 사는 젊은 남성 권 씨는 어린 딸이 죽자 미아리 공동묘지에 시신을 묻었다. 죽은 딸을 잊지 못해 묘지에 자주 와서 말을 붙이곤 하는데, 어느 날 "아빠, 아빠"하는 소리가 들려왔다. 무서운 생각이 들어 한동안 묘지를 찾지 못하다가 벌초하러 다시 오게 되었다. 벌초를 끝내고 담배를 피우는데 이번에는 딸의 울음소리가 들리는 게 아닌가. 비가 내리는 음산한 가을날에 과자와 장난감 등을 가지고 다시 딸의 산소를 찾아왔다. 딸의 명복을 빌기 시작한 순간에 어디선가 모래가 날아와서 뿌려지는 것이었다. 까무러칠 정도로 놀란 권 씨는 도망쳐 내려온 이후로 딸의 산소를 찾지 않게 되었다. 이런 기담은 망자를 너무 사랑한 나머지 잊지 못하고 묘지를 계속 찾는 사람이 귀신에 놀란다는 종류의 이야기다.[343]

또 하나는 미아리 공동묘지 인근의 선술집에 나타난 노인 귀신 이야기다. 이 선술집에 강원도 출신의 여성 한 명이 새로 와서 일을 하게 되었다. 어느 날 다른 사람들은 다 술집에서 나가고 혼자 자게 되었는데 자정 무렵에 "어여, 어여"하는 상여 나가는 소리가 들렸다. 놀란 여성이 성냥불을 밝히려고 하자 문 앞에 수의를 입은 노인이 서 있는 게 아닌가. "사람 살려!" 하면서 여성은 노인을 피하고, 노인은 자꾸 다가서기를 반복하다가 닭 우는 소리가 들릴 무렵에야 사라졌다.[344] 이런 기담은 귀신과 마주친 사람이 밤새 고생하다가 새벽녘에야 제정신으로 돌아온다는 이야기다. 공동묘지 기담을 주로 전파하는 사람은 묘지에서 일을 하거나 이장 작업에 참여했던 인부들이었다. 이런 기담은 누군가로부터 묘지 귀신을 봤다는 이야기를 쉬이 듣는 이들에 의해 세상에 널리 알려졌다. 혹자는 원한을 품은 귀신이 공동묘지에 출몰한다는 이야기는 공동묘지가 생겨난 일제강점기 이후에 생긴 것이라 주장한다. 조선 시대 민담에서는 후손이 묘지를 명당에 잘 써서 발복發福한다는 이야기들이 대다수이므로 이것은 설득력이 있는 주장이다.

1960년대까지만 해도 서울의 곳곳에는 공동묘지가 자리를 잡고 있었다. 지금은 흔적조차 찾을 길 없지만 현재 은평구 신사동, 관악구 신림동, 강동구 명일동, 송파구 방이동, 강서구 외발산동, 양천구 신월동, 강남구 개포동, 논현동(과거 학동), 신사동 등에 시립 공동묘지가 있었다. 이런 공동묘지는 1970년 이후 서울시 정책에 따라 택지개발로 인하여 모두 사라지고 망우리, 용미리(파주시), 벽제리(고양시), 내곡리(남양주시) 등 4개의 공동묘지만이 남게 되었다.* 결국 서울 시내에 공동묘지는 발 붙이지 못하고 모두 서울 경계나 경기도로 밀려난 셈이다. 이것은 시내에도 묘지나 봉안당이 설립된 외국과는 딴판이다. 삶과 죽음이 늘 공존하는 현실과 달리 서울에서는 죽음의 공간을 바깥을 몰아낸 꼴이다. 서울 사람들은 조상의 묘지를 찾으려면 더 먼 걸음을 해야 하므로 삶과 죽음을 분리하는 관습은 현실과 동떨어진 것이다.

내가 어렸을 적에 망우리는 공동묘지의 상징이었다. 아직 나는 '망우리' 하면 떠오르는 것이 공동묘지, 삼표 연탄공장 그

---

* 　13개소의 시립묘지가 도시개발에 따라 4개소로 확 줄었다. (《조선일보》 1970년 7월 15일 '벽제면에 맘모스 장재장')

리고 상봉터미널이다. 우리 집안의 선산은 양평에 있었다. 명절이면 양평에 가려고 이따금 상봉터미널에서 버스를 타고 망우리 고개를 넘어갔다. 산소가 띄엄띄엄 있는 양평의 선산과 달리 망우산을 뒤덮은 수많은 무덤이 눈에 들어왔다. 어린 나는 망우산 무덤들이 자꾸 늘어나 인근의 산들도 묘지 산이 될 것만 같았다. 그런데 실은 망우리 공동묘지는 1973년 이후로 분묘 사용이 금지되었다. 1933년 경성부립묘지로 출발하여 40년이 흐르면서 4만 7,700여 기의 주검을 받아들인 망우리 공동묘지는 그 생명이 다하였다.[345] 그런데도 자취를 완전히 감춘 다른 시립묘지와 달리 망우리 공동묘지는 '망우역사 문화공원'이라는 이름으로 지금껏 공원묘지의 외관을 유지하고 있다.

　망우리 북쪽의 구릉산은 음택풍수의 훌륭한 입지 조건을 가진 곳이다. 이곳은 태조가 잠든 건원릉을 비롯하여 9기의 왕릉이 있다고 하여 '동구릉'이라고 부른다.* 조선을 건국한 태조는 살아서도 왕계를 잇기 위해 노력했지만 죽어서도 마찬가지였다. 전설에 따르면 태조는 자기가 묻힐 명당을 찾기 위해 꽤 고심하였다고 한다. 그러다 동구릉에 자신의 묘지 터를 잡고 돌아오는 길의 산마루에서 쉬면서 드디어 근심을 잊었다고 하여 '망우리忘憂里'라는 지명이 생겨났다고 전한다.** 오래전부터 망

---

* 능이 조성될 때마다 늘어나므로 동오릉, 동칠릉 등으로 불리다가 동구릉이 되었다. 그런데 왕후의 능까지 합치면 실제로는 9기보다 많다.

** 〈경향신문〉 1973년 1월 15일. 하지만 이것은 전설일 뿐 역사적 사실과는 다르다는 주장도 있다. 태조 이성계는 먼저 죽은 신덕왕후 강씨 곁에 묻히기를 원했지만 이를 꺼렸던 태종이 당시 양주 검암산 아래의 건원릉에 묻었다는 것이다. 태종은 도성 내인 정동에 있었던 강씨의 무덤을 헐고 지금의 성북구 정릉동으로 내보냈다.

현 망우역사 문화공원 유관순 묘역

우리에는 망자의 무덤이 조성되었지만 실은 산자에게도 훌륭한
삶터로서 기능을 하였다. 이곳에는 동래 정씨를 비롯하여 의령
남씨, 평산 신씨 등의 집성촌이 수백 년 동안 이어져 왔다.

특히 동래 정씨의 집성촌은 서울에서 가장 오래된 마을이었
으며, 지금도 망우리 일대에는 동래 정씨가 살고 있다고 한다.
동래 정씨 집성촌의 입향조는 정구鄭矩 선생이다. 그는 '태조 건
원릉 신도비'의 머리글자를 전서체로 쓴 인물로도 알려져 있다.
1966년 정구 선생의 17대손인 정준섭 할아버지가 망우리 양원
마을을 떠나려고 하자 수천 명의 인근 주민들이 만류하고 나섰
다. 구청장과 경찰서장까지 선물을 들고 찾아와 계속 살아달라
고 당부하기까지 했다. 노인의 집안은 한 집, 한 터에서 600여

년을 살아온 망우리 역사의 산증인일 뿐만 아니라 살기 좋은 명당의 기운을 상징하였다.* 그때 정 노인은 이웃들의 만류를 못이긴 채 마을을 떠나지 않고 눌러 앉았지만 이후로 옛 양원마을은 주택 개발로 인하여 사라지고 말았다.

망우리 공동묘지는 죽음이 끝이 아니라는 교훈을 준다. 망자는 사라졌지만 그렇다고 그의 삶 자체가 사라지는 것은 아니었다. 망우리에는 우리나라 근현대사를 전면에서 부딪쳤던 유명한 인물들이 잠들어 있다. 항일 독립운동가 유관순, 한용운 등을 위시하여 국어학자이자 의학자 지석영, 아동문학가 방정환, 시인 박인환, 소설가 김말봉, 서예가 오세창, 서예가 김규진, 화가 이중섭 등 다양한 분야에서 익히 들어온 인물들이 영면하고 있는 곳이 바로 망우리 묘역이다. 애국지사의 묘역은 명예로운 죽음이 무엇인지 말해준다. 그런데 망우리에는 고귀한 죽음만이 있는 것은 아니었다. 이승만 정부 시절 부정선거를 주도하였던 이기붕과 그 가족은 한순간에 몰락하였다. 비참한 최후를 맞은 이기붕 가족이 처음 묻힌 곳은 망우리 공동묘지였다.³⁴⁶ 그런데 누군가가 이기붕 일가의 묘를 자꾸 훼손시켰고 나중에는 다른 사설 묘지로 이장되었다. 망우리는 사람이 일생을 어떻게 살아야 하는지를 일깨워주거니와 어떻게 죽음을 맞이해야 하는 지도 가르쳐주는 곳이다.

서울의 공동묘지가 바빠지는 것은 한식과 한가위(추석) 날이

---

*   정 노인은 지세가 500년이 지나면 명당의 기운이 나간 것으로 보고 의정부 쪽으로 이사를 하려고 하였다. 만약 정 노인이 이사한다면 동민들은 명당의 기운이 사라지는 것으로 느껴질 수 있었다. (〈조선일보〉 1966년 10월 2일 '6백 년 할아버지' 및 〈동아일보〉 1966년 10월 3일 '횡설수설')

추석 망우리 공동묘지 성묘객(1977). 국가기록원 제공.

다. 문중 선산이나 가족묘에서는 볼 수 없는 장사진 풍경이 연출되었다. 한식과 한가위에는 공동묘지로 가는 길이 자동차로 홍수를 이루고, 묘역은 성묘객들로 인산인해를 이룬다. 이때 망자의 공동묘지는 죽음의 공간에서 삶의 공간으로 변한다. 추석 전후로는 벌초하러 오는 사람들로 인하여 공동묘지가 모처럼 활기가 넘치고, 추석 당일에는 송편과 삼색 과일, 술을 들고 조상의 묘소를 찾는 성묘객들로 북적인다.[347] 한식과 추석에 수십만의 성묘객이 서울 공동묘지를 찾아 대혼잡을 이루자 서울시가 나서서 성묘 버스 수백 대를 임시 운행하는 일도 당시의 신풍속이었다.[348]

우리나라 사람들은 예로부터 추석 전후의 벌초 풍속을 중히 여겼다. 그리하여 "추석 전에 소분掃墳을 안 하면 조상이 덤불을 쓰고 명절 먹으러 온다"라거나 "8월(음력)에 벌초하는 사람은 자식으로 안 친다"라는 속담이 있다. 추석 벌초는 곧 자식의 의무라는 뜻이다.* 그에 비해 대충 눈가림으로 하는 일을 "의붓아비 묘 벌초하듯" 또는 "처삼촌 묘 벌초하듯"이라고 하였다. 남의 묘를 억지로 벌초할 때 건성건성 하는 일을 비꼬아서 말하는 것이다. 그런데 추석 벌초에 따라서 연고자가 있는 유연분묘와 그렇지 않은 무연분묘는 분위기가 크게 달라졌다. 유연분묘는 쑥쑥 자라난 잡초들이 제거되어 이발을 마친 것처럼 깔끔해졌지만 무연분묘는 덤불이 우거져 음산한 쑥대머리가 되었다. 1960년대 성묘객의 발길이 전혀 없는 무연분묘가 서울 공동묘지의 55%를 차지하였다고 한다.** 하지만 가족의 발길이 잦았던 유연분묘도 언젠가는 무연분묘가 되고 마는 것이 세상의 섭리였다. 죽음을 피할 연고자는 아무도 없기 때문이다. 결국에는 무덤도 죽고, 죽음도 죽는 것이다. 공동묘지에서는 죽음조차 완전히 멸할 때 새로운 죽음이 들어섰다. 이따금 서울시는 일제 정비라는 이름으로 무연분묘를 정리하여 새로운 묘터를 확보할 수 있었다.[349]

망우리에서 분묘 조성을 금지한다는 사실은 서울 사람이 죽어도 서울에 묻히지 못함을 의미하였다. 서울은 이승에서도 만원이지만, 저승에서도 만원이 되었다. 폭증하는 서울 인구는 삶

---

*   "제사 안 지낸 것은 남이 몰라도 벌초 안 한 것은 남이 안다"라는 속담도 있었다. 벌초가 제사만큼 중요하다는 얘기다.

**   〈경향신문〉 1967년 9월 16일 '성묘할 사람 없는 묘'. 관리사무소나 구청의 직원이 대신 제초하였으나 그 쓸쓸한 기운은 가시지 않았다.

의 면적을 비좁게 만들었을 뿐만 아니라 죽어서 누울 자리를 모자라게 하였다. 1970년대 중반 경기도의 벽제리, 내곡리, 용미리의 시립 공동묘지도 사용할 수 있는 면적이 불과 몇십만 평밖에 남지 않았다. 하루에 시립 공동묘지를 이용하는 건수는 10여 건이므로 곧 서울의 저승은 꽉 차서 들어갈 자리가 없다는 사실은 불을 보듯 뻔한 일이었다.[350] 모순적으로 서울시 공동묘지는 서울 바깥인 경기도에 존재하였고, 이 공동묘지에 묻히는 망자의 90%가 서울 사람들이었다.* 공동묘지가 점차 혐오시설로 인식됨에 따라 지역주민의 반대가 거세졌고, 서울시 공동묘지의 증설은 어려워졌다. 경기도의 사설 공원묘지도 마찬가지였다. 해마다 5만여 기의 묘지가 늘어나고 양지바른 명산이 묘지 산으로 변하는 경기도는 더는 사설 공원묘지의 허가를 수용할 수 없었다.

산업화 시절 서울의 이승에서는 '유전무죄 무전유죄'라는 말이 유행하였다. 이를 빗대어 보면 저승의 길에서는 '유전유묘 무전무묘 有錢有墓 無錢無墓'였다. 부유한 사람은 묘지를 쉽게 구할 수 있는 반면에 가난한 서민들은 묘지 구하기가 힘들어졌다. 묘지 수요는 많고 공급이 부족하니 오르는 것은 땅값이었다. 묘지난이 심각해지자 부유한 서울 사람들은 미리 돈을 내어 경기도의 사설 공원묘지의 묘터를 선약하였다. 그에 따라 당장 상을 당한 서민들은 되레 묘터를 구하기가 어려워졌다. 개인 묘지를 조성

---

* 〈동아일보〉 1987년 3월 19일 '서울 주변 공동묘지 만원'. 경기도의 사설 공원묘지에서는 서울 사람의 분묘가 70%, 나머지는 경기도민의 유택이었다고 한다. (〈경향신문〉 1981년 4월 10일)

하기 위해 수도권의 논밭을 사는 사람들도 많아져서 땅값이 10배 이상 뛰는 경우도 생겨났다.[351] 땅값이 들썩거리자 묘지 투기도 더 기승을 부렸다. 묘지 투기꾼이 쓸만한 묏자리를 미리 매입한 뒤에 웃돈을 받고 팔아넘기는 수법이 성행하였다. 당장 묘지를 써야 할 유족들은 어쩔 수 없이 엄청난 웃돈을 지불하고 묏자리를 구하였다. 묘지 투기 바람은 전국적으로 묘지 가격의 상승을 부추겨 서민들을 울게 했다. 묘지 투기꾼은 일부 풍수사를 동원하여 명당 자리도 매점매석하였다. 이런 명당은 알선 브로커를 통해 부유층에 팔아넘겨졌고, 투기꾼은 큰돈을 벌기도 하였다.[352]

1980년대가 되자 서울의 묘지난은 심각을 넘어 위급한 상황이 되었다. 그나마 망자의 누울 자리였던 벽제리와 용미리 시립묘지가 곧 만장滿場 될 처지였기 때문이다.* 국토의 이용률을 봤을 때도 위기 단계였다. 묘지가 서울 면적의 1.5배로 국토 1% 가까이 차지하고 있거니와 매년 여의도의 1.5배 면적이 묘지 터로 변하고 있었다.[353] 살 자리도 부족한데 죽을 자리까지 부족한 상황에서 묘안이라면 매장 대신 화장火葬을 택하는 방법이었다. 1960년대까지 서울의 유일한 화장시설 홍제동 화장장은 늘 대만원이었다. 하루 평균 50여 명의 시신을 화장하는 주요 시설이었음에도 인근 주민들의 빗발치는 반대 여론에 천덕꾸러기 신세였다.[354] 그리하여 홍제동 화장장은 1970년 지금의 고양시 대자동(당시 벽제면 대자리)으로 옮겨왔다. 나는 유년 시

---

* 내곡리 공동묘지도 1982년 이후로 분묘 사용이 금지되었다. (《동아일보》 1989년 3월 1일)

벽제 화장장 개장식(1977). 서울역사아카이브 제공.

절 잠시 고양시 삼송리에 살았는데 마을 뒤 고개만 넘으면 대
자리였다. 통일로를 따라서 대자리 쪽으로 놀러 가다 보면 굴뚝
위로 연기가 올라가는 것을 자주 목격하였다. 어른들은 그곳을
'벽제 화장터'라고 불렀다.

 그때만 해도 화장하는 경우는 일반적인 죽음보다 사고사를
당했거나 행려자의 죽음이었다.[355] 시신을 불태우는 화장을 한
다면 그 죽음에 의문을 가지던 시절이었다. 1970년대는 서울
사람의 장례에서 매장률이 80%에 달했고, 지방으로 갈수록 그
비율이 더욱 높아졌던 시기였다.[356] 정부가 화장을 권장한다고
해도 대중의 마음을 얻지 못하였다. 그러나 살 자리가 없다는

위기의식은 기존의 강고했던 유교식 장례법을 변화시켰다. 게다가 묘지 면적을 계속 줄여나가는 정책을 펼쳤던 정부는 최대 60년까지만 묘지를 사용하도록 하는 한시적인 매장 제도를 구축하였다. 1990년대 이후로는 우리나라 사람의 화장률이 급속히 늘어났고 특히 서울과 같은 대도시는 매장보다는 화장이 대세가 되었다.*

사실 장례법에는 종교와 철학적 관념이 담겨 있으므로 매장과 화장 중에서 무엇이 좋다거나 무엇이 나쁘다고 단정하기는 어렵다. 그렇지만 산 사람들의 입장에서는 보다 넓은 면적을 차지하는 매장은 국토를 잠식하는 것처럼 보이게 된다. 가뜩이나 좁은 국토를 가진 우리나라에서 발복을 위해서 명당을 찾거나 조상의 묘역을 넓고 화려하게 꾸미는 사람들로 인해 매장법은 부정적 비판에 직면하였다. 또한 유교식 상장례^{喪葬禮} 절차가 길고 복잡하여 현대인의 생활패턴과도 잘 맞지 않았다. 예컨대, 만 2년을 여막^{廬幕}을 짓고 생활하는 '삼년상' 풍속은 1950년대까지도 서울에서 찾아볼 수 있었지만 매일 출근해야 하는 현대인은 도저히 할 수 없는 관습이었다. 이제는 49일도 길다고 여겨 일주일만 지나도 탈상하는 시대이다.

사람은 죽지만 사회는 지속된다. 그리고 풍속도 그 사회의 시간에 맞게 재편성된다. 내가 청소년이었던 시절에는 집 바깥에서의 죽음을 객사^{客死}라고 하여 상당히 꺼렸다. 지금은 환자에게 죽음이 다가오면 집 바깥인 병원으로 모시고 간다. 대개의

---

* 2007년 서울의 경우는 화장률이 70%가 넘게 되었다. (송현동, 2012,《서울 사람들의 죽음, 그리고 삶》, 서울특별시사편찬위원회, 118~125쪽)

큰 병원은 영안실이나 장례식장을 부속시설로 가지고 있으므로 죽음 후의 조치가 수월하기 때문이다. 망자의 집을 상갓집으로 삼아 문에 조등弔燈을 달고, 밤새 고스톱을 치면서 지새웠던 날은 멀고 희미해진 과거가 되었다.* 다만 변치 않는 사실은 사람은 죽는다는 것이다. 사람은 산 자리나 죽은 자리나 그 자리를 남기게 마련이다. 그러나 자연의 이치상 그 자리가 오래가지 않거니와 언젠가 그 자리를 지킬 후손조차 사라진다. 그렇다면 굳이 토지의 효율성을 따지지 않더라도 죽는 자리는 작을수록, 그리고 그 예법은 검소할수록 좋을 것이다.

---

* 젊은이들은 마을에서 상례를 협력해서 치르기 위한 상여계를 조직하고, 공동으로 이용하는 상여를 보관하는 상엿집 풍속은 거의 알지 못한다.

1부 서울 시대: 생겨난 풍속, 사라진 풍속

1장 달동네로 간 사람들
1 왕십리 똥파리와 기생충 박멸 – 푸세식 시대가 저물다

1   〈조선일보〉 1938년 11월 21일 '우리 집'.

2   〈경향신문〉 1957년 8월 15일 '요모조모'.

3   서울역사박물관, 2009, 《강남 이야기로 보다》 114~115쪽.

4   서울역사박물관, 2009, 《강남 이야기로 보다》 9~10쪽.

5   〈조선일보〉 1948년 12월 21일 '기생충 보유자가 95%'.

6   〈경향신문〉 1968년 10월 23일 '기생충왕국 그 불명에 씻어지려나'.

7   〈경향신문〉 1965년 4월 10일 '기생충'.

8   〈동아일보〉 1981년 8월 16일 '건강의학(110) 기생충병의 예방'.

9   〈동아일보〉 1966년 4월 16일 '구급신호 국민보건(5) 기생충'.

10 〈조선일보〉 1962년 4월 30일 '기생충과 김치'.

11 〈경향신문〉 1974년 7월 8일 '신동의보감'.

12 〈경향신문〉 1965년 4월 10일 '기생충'.

13 〈경향신문〉 1968년 10월 21일 '기생충박멸계획의 문제점'.

14 〈매일경제〉 1970년 2월 12일 '83%가 기생충 감염 서울시내 초등고생'.

15 보건복지부, KDI국제정책대학원, 2014, 《2013경제발전경험모듈화사업:기
    생충구제사업(1969~1995)》.

16 〈조선일보〉 1990년 8월 13일 '기생충이 사라진다'.

17 〈경향신문〉 1967년 9월 12일 '야채에 인분 사용 금지케'.

18 〈동아일보〉 1973년 10월 22일 '인분사용 여전'.

19 〈경향신문〉 1973년 2월 13일 '수세식 변소 의무화'.

2 달동네의 탄생 – 폐허와 고통의 시대에 탄생한 발명품

20 《동아일보》 1953년 7월 18일 '피난살이 3년의 발자취(5) 주택편'.

21 《동아일보》 1958년 11월 11일 '청계천 야화(5)'.

22 인천광역시 동구, 2006, 《수도국산달동네박물관 상설전시도록》, 8~12쪽.

23 사당동의 〈샛별 아가방 소식〉 제2호(조은, 2012, 《사당동 더하기 25 -가난에 대한 스물다섯 해의 기록》, 도서출판 또 하나의 문화, 105쪽에서 재인용).

24 조은 · 조옥라, 2007, 《도시 빈민의 삶과 공간-사당동 재개발지역 현장연구》, 서울대출판부, 16쪽.

25 김광중, 1996, 《주택개량재개발 연혁연구》, 서울시정개발연구원, 20~21쪽.

26 〈조선일보〉 1981년 5월 27일 '한국 1970년대 무엇을 계승하고 무엇을 버릴 것인가(17) 달동네'.

27 〈한겨레신문〉 1992년 5월 27일 '버림받은 달동네 뿌리뽑힌 사람들'.

28 서울역사편찬원, 《서울지명사전》(history.seoul.go.kr).

29 조은 · 조옥라, 2007, 《도시빈민의 삶과 공간-사당동 재개발지역 현장연구》, 서울대출판부, 40~45쪽.

30 조은, 2012, 《사당동 더하기 25-가난에 대한 스물 다섯 해의 기록》, 도서출판 또 하나의 문화, 200~205쪽.

31 유승훈, 2009, 〈도시민속학에서 바라본 달동네의 특징과 의의〉 《민속학연구》 제25호, 국립민속박물관, 47~48쪽.

3 부둥켜안고 함께 탔던 연탄의 시대 - 연탄을 갈아본 사람만은 안다

32 〈동아일보〉 1977년 12월 29일 '서울 요철(5) 쓰레기 도시'.

33 〈조선일보〉 1940년 1월 9일 '이건 폭리아닌가'.

34 〈동아일보〉 1972년 2월 26일 '한성과 서울(4) 나뭇전(시탄장)'.

35 〈조선일보〉 1971년 1월 1일 '세상 달라졌다, 제1집 생활혁명 연료의 장 ① 고체연료 장작'.

36 〈조선일보〉 1972년 1월 8일 '연료의 장 ④숯'.

37 〈조선일보〉 1972년 1월 7일 '연료의 장 ③숯'.

38 《대한석탄공사 50년사》(2001, 대한석탄공사) 601쪽.

39 〈조선일보〉 1972년 1월 11일 '연료의 장 ⑤석탄'.

40 〈조선일보〉 1972년 1월 11일 '연료의 장 ⑤석탄'.

41 〈조선일보〉 1953년 6월 30일 '서울시 등 七도시에 장작반입을 금지'.

42 김정숙, 2011, 〈서울특별시 연탄제조업의 입지특성〉, 한국교원대학교 교육대학원학위논문, 30~31쪽.

43 김정숙, 위의 글, 60쪽.

44 〈조선일보〉 1972년 1월 14일 '연료의 장 ⑧토탄연탄'.

45 〈조선일보〉 1972년 1월 16일 '연료의 장 ⑨연탄'.

46 김수철, 1979, 〈서울시 연료수급정책과 전망〉《도시문제》 159, 대한지방행 정공제회, 86~87쪽.

47 〈동아일보〉 1966년 1월 13일 '붙지않게 연탄갈기'.

48 〈동아일보〉 1974년 10월 15일 '연탄가스 중독사고 예방 및 치료법' 및 〈조 선일보〉 1976년 2월 8일 '저질 연탄 이대로 둘 것인가'.

49 김옥주 · 박세홍, 2012, 〈1960년대 한국의 연탄가스중독의 사회사〉《의사 학》 제21권 제2호, 대한의사학회, 296쪽.

50 강준만, 2009, 〈한국연탄의 역사〉《인물과 사상》 통권130호, 인물과 사상 사, 190~191쪽.

51 〈경향신문〉 1977년 12월 6일 '연탄가스 마시며 산다'.

4 사라진 신과 함께 – 개발의 시대에 집 나간 신은 돌아오지 않는다

52 문화재관리국, 1979, 《한국민속종합조사보고서》 제10편(서울) '가족 및 부 락신앙'.

53 서해숙, 2001, 〈가택신앙과 주거공간의 상관관계〉《남도민속연구》 제7집, 남도민속학회, 129~130쪽.

54 국립문화재연구소, 2005, 《한국의 가정신앙 –경기도편-》, 47쪽.

55 국립민속박물관, 《한국민속대백과사전》(https://folkency.nfm.go.kr) '성 주풀이', '성조무가'.

56 유승훈, 2003, 〈경강변 부군당의 성격과 역사적 전개양상〉《서울학연구》 제 20호, 서울학연구소, 118쪽.

57 유승훈, 2002, 〈마을굿의 보전과 민속전승의 의미–서울지역의 부군당굿을 중심으로-〉《문화재》 통권35호, 국립문화재연구소, 326쪽.

58 서울역사박물관, 2009, 《강남, 사진으로 읽다》, 92쪽.

59 서울역사박물관, 2009, 《강남, 이야기로 보다》, 87쪽.

2장 아파트 숲이 된 서울
1 손 없는 날 이사하기 – 서울 대이동 시대의 길고 힘든 이사 길

60 〈조선일보〉 1978년 2월 5일 '서울시민 이사를 많이 한다'.

61 〈동아일보〉 1970년 6월 23일 '집 옮길 때 버려야 할 세가지 악습'.

62 〈동아일보〉 1996년 3월 5일 '길일은 있는가'.

63 〈동아일보〉 1977년 1월 5일 '우리말의 현주소, 손'.

64 배도식, 1985, 〈한국의 이사풍속〉《한국민속학》 18, 민속학회, 47쪽.

65 〈동아일보〉 1970년 6월 23일 '집 옮길 때 버려야 할 세가지 악습'.

66 〈경향신문〉 1971년 3월 6일 '서울 새풍속도 자동차시대'.

67 〈경향신문〉 1973년 9월 15일 '셋집 경향 게시판'.

68 〈조선일보〉 1978년 2월 5일 '서울시민 이사를 많이 한다'.

69 〈동아일보〉 1982년 12월 15일 '아파트 밀집시대'.

70 〈경향신문〉 1971년 3월 6일 '서울 새 풍속도 자동차시대'.

71 〈경향신문〉 1979년 3월 9일 '이사비용 얼마드나'.

72 〈동아일보〉 1989년 10월 9일 '이삿길 짜증길'.

73 〈조선일보〉 1981년 5월 9일 '이런 건 고치자, 이삿짐센터 횡포'.

74 〈매일경제〉 1981년 10월 23일 '이사짐 운임 부르는 게 값'.

2 아파트살이와 생활 혁명 - 공간의 변화가 새로운 문화로

75 조정래, 2011, 《조정래 장편소설, 비탈진 음지》, 해냄출판사, 188~190쪽.

76 〈동아일보〉 1982년 12월 7일 '아파트 밀집주거시대, 생활변혁이 몰고 온 새 풍속도(1)'.

77 〈조선일보〉 1933년 5월 13일 '사상범 축년증가 오백명신수용감'.

78 〈동아일보〉 1982년 12월 7일 '아파트 밀집주거시대, 생활변혁이 몰고 온 새 풍속도(1)'.

79 전남일 외, 2008, 《한국주거의 사회사》, 돌베개, 200~201쪽.

80 박철수, 2006, 《아파트의 문화사》, 살림, 9~10쪽.

81 〈경향신문〉 1970년 12월 1일 '서울 새풍속도 43, 시민아파트1'.

82 〈경향신문〉 1971년 4월 10일 '서울 새풍속도 131, 續시민어파트4'.

83 서울역사박물관, 2014, 《아파트 인생》, 48~55쪽.

84 〈경향신문〉 1970년 10월 5일 '서울 새풍속도 4, 맨션족의 생태'.

85 〈동아일보〉 1982년 12월 9일 '아파트 밀집주거시대, 생활변혁이 몰고 온 새 풍속도(3)'.

86 고선정, 2020, 〈1960~70년대 아파트의 생활혁명과 물질문화에 대한 연구〉

《상품문화디자인학연구》63권, 한국상품문화디자인학회, 258쪽.

87 〈동아일보〉1982년 12월 9일 '아파트 밀집주거시대, 생활변혁이 몰고 온 새 풍속도(3)'.

88 〈경향신문〉1970년 12월 7일 '서울 새풍속도 47, 시민어파트5 김장이중고'.

89 〈조선일보〉1972년 11월 5일 '아파트에 산다(9)'.

90 〈경향신문〉1970년 10월 5일 '서울 새풍속도 53, 시민어파트11 유일한 옥상광장'.

91 〈경향신문〉1970년 10월 9일 '서울 새풍속도 3, 서구화의 맨션생활'.

92 고선정, 앞의 글, 261쪽.

93 서울역사박물관, 2014,《아파트 인생》, 130~131쪽.

94 〈동아일보〉1982년 12월 14일 '아파트 밀집주거시대, 생활변혁이 몰고 온 새 풍속도(5)'.

95 〈동아일보〉1982년 12월 9일 '아파트 밀집주거시대, 생활변혁이 몰고 온 새 풍속도(3)'.

96 〈동아일보〉1982년 12월 13일 '아파트 밀집주거시대, 생활변혁이 몰고 온 새 풍속도(4)'.

3 너도나도 강남 복부인 - 투기의 블랙홀에 빠져드는 서울

97 《별건곤》제23호, 1929년 9월 27일.

98 〈동아일보〉1922년 2월 10일.

99 〈동아일보〉1955년 12월 27일.

100 〈동아일보〉'횡설수설', 1978년 2월 2일.

101 〈경향신문〉'아파트 특혜', 1978년 7월 5일.

102 〈조선일보〉'복부인론', 1978년 12월 7일.

103 황병주, 2020, 〈1970년대 '복부인'의 경제적 표상과 문화적 재현〉《사학연구》제140호, 한국사학회 522~523쪽.

104 〈동아일보〉'아파아트 추첨과 복덕방 순례', 1978년 1월 25일.

105 전강수, 2012, 〈1970년대 박정희 정권의 강남개발〉《역사문제연구》제28호, 역사문제연구소, 18~20쪽.

106 〈경향신문〉'현대판 불가사리⑩ 부동산 투기의 현장과 생태', 1978년 3월 3일.

107 〈경향신문〉1978년 7월 13일, '아파트 세상'.

108 〈매일경제〉1979년 12월 21일, '서리맞은 복부인'.

109 〈경향신문〉 '현대판 불가사리① 부동산 투기의 현장과 생태', 1978년 2월 13일.

110 〈경향신문〉 '현대판 불가사리③ 복부인 부대', 1978년 2월 16일.

111 서울역사박물관, 2014, 《아파트 인생》, 25쪽.

112 〈경향신문〉 '현대판 불가사리⑤ 꼬리없는 전매', 1978년 2월 20일.

113 〈동아일보〉 '부동산 잠자는 경기④', 1979년 2월 16일.

114 〈동아일보〉 위의 기사.

115 〈경향신문〉 '아파트 특혜', 1978년 7월 5일.

116 〈경향신문〉 '현대판 불가사의 10, 부동산 투기의 현장과 생태', 1978년 3월 3일.

117 〈동아일보〉 '횡설수설', 1978년 2월 2일.

2부 서울살이: 더 나은 삶을 위해서

3장 서울은 만차다
1 교통지옥, 만원 버스, 버스 안내양 - 위험천만했던 개문발차의 시대

118 〈조선일보〉 1974년 2월 5일 '한국경제는 만원 버스'.

119 〈매일경제〉 1970년 12월 16일 '70년 그 숙제②'.

120 〈동아일보〉 1974년 3월 11일 '만원 버스, 교통점검 그 현장과 개선책'.

121 〈동아일보〉 1979년 2월 6일 '서울 교통비상'.

122 〈동아일보〉 1983년 2월 7일 '서울특별시⑥, 이상비대증 앓는 축소한국'.

123 〈동아일보〉 위의 기사.

124 〈조선일보〉 1976년 3월 31일 '만원 서울 무엇이 문제인가⑤'.

125 〈동아일보〉 1979년 2월 6일 '서울 교통비상'.

126 〈경향신문〉 1978년 1월 5일 '만원 버스, 승객과 안내양'.

127 〈조선일보〉 1984년 6월 16일 '러시아워 만원 버스 소매치기'.

128 서울역사편찬원, 2016, 《서울 2천년사》 36권, 87~88쪽.

129 김정화, 2002, 〈1960년대 여성노동-식모와 버스안내양을 중심으로-〉《역사
연구》 제11호, 역사학연구소, 86~87쪽.

130 〈동아일보〉 1928년 4월 5일 '돈벌려 街路로'.

131 〈조선일보〉 1929년 6월 5일 '뻐스걸 모집'.

132 서울역사편찬원, 2016, 《서울 2천년사》 36권, 86~87쪽 및 김정화, 앞의
글, 97쪽.

133 〈동아일보〉1983년 2월 23일 '안내양, 65%가 끼니 거른 채 근무' 및 〈동아
　　일보〉1983년 6월 16일 '버스안내양의 근로조건'.

134 〈경향신문〉1977년 4월 20일 '시내버스料 현금대신 전용동전으로'.

135 〈경향신문〉1996년 6월 26일 '버스안내양과 버스카드'.

2 마이카 시대의 자동차 고사 – 교통사고 왕국은 두렵다

136 〈경향신문〉1971년 3월 3일 '서울 새 풍속도(105) 자동차 시대⑥'.

137 〈경향신문〉1985년 4월 1일 '달려오는 자동차 문화〈1〉'.

138 서울역사편찬원, 2016,《서울 2천년사》36권, 111쪽.

139 서울역사편찬원, 위의 책, 113쪽.

140 〈동아일보〉1981년 11월 9일 '고속사회〈44〉마이카 시대'.

141 〈조선일보〉1978년 5월 28일 '車, 자가용시대는 오는가①'.

142 〈조선일보〉1981년 5월 31일 '새차와 돼지머리'.

143 황경숙, 2005, 〈영업용 차량 운전자들의 자동차고사와 속신〉《한국민속학》
　　42, 한국민속학회, 344쪽.

144 〈경향신문〉1971년 3월 15일 '서울 새풍속도(114) 자동차 시대⑮ 교통사고上'.

145 〈조선일보〉1985년 5월 9일 '문턱 넘어선 자동차 시대'.

146 〈경향신문〉1985년 4월 1일 '달려오는 자동차 문화〈1〉'.

147 〈경향신문〉1990년 1월 17일 '서울은 만차다'.

148 황경숙, 앞의 글, 342~343쪽.

149 〈경향신문〉1994년 2월 24일 '자동차백과〈79〉고사 지낸 북어'.

150 '검은 성모의 성지, 코파카바나'(https://brunch.co.kr/@yimsk1/66) 및
　　EBS의 〈세계테마기행〉볼리비아 편 '라파스·루레나바께·코파카바나·
　　이슬라 델 솔'(2021년 방영).

151 서울특별시사편찬위원회, 2001,《한강의 어제와 오늘》, 3쪽.

3 한강의 사라진 뱃길, 그 위의 다리 – 거인이 된 서울 사람, 한강을 한걸음에

152 서울역사박물관, 2009,《강남, 이야기로 보다》, 194~197쪽.

153 〈동아일보〉1993년 11월 27일 '한강⑥ 금따는 콩밭 마포-목계나루'.

154 〈동아일보〉1993년 11월 4일 '한강④ 나루마다 객주-색주가 번창'.

155 서울특별시사편찬위원회, 1985,《한강사》, 400~403쪽.

156 〈조선일보〉1939년 3월 8일 '春水 따라 온 선박'.

157 서울특별시사편찬위원회, 2001,《한강의 어제와 오늘》, 154- 156쪽.

158 〈조선일보〉 1953년 8월 20일 '한강 도강 제한 철폐를 재언함'.

159 〈조선일보〉 1957년 10월 3일 '교통지옥이 이룬 한강'.

160 〈동아일보〉 1962년 9월 8일 '나룻배 전복사건'.

161 〈경향신문〉 1969년 8월 20일 '서울의 나루터 - 근대화 속의 落島들'.

162 서울역사박물관, 2015,《성수동》, 30~37쪽.

163 〈경향신문〉 1964년 3월 26일 '나룻배 뚝섬 봉은사'.

164 〈조선일보〉 1968년 2월 3일 '금용산 받은 나루터 아저씨'.

165 〈경향신문〉 1970년 10월 16일 '서울 새풍속도⑧ 나루터를 쫓는 다리'.

166 〈조선일보〉 1972년 1월 11일 '떠나야 하는 최후의 뱃사공'.

4장 콩나물 교실과 일류병

1 엿 붙인다고 시험에 붙나 - 좁은 문을 통과해야 했던 엿의 시대

167 〈조선일보〉 1985년 11월 20일.

168 서울역사편찬원, 2016,《서울 2천년사》 37권, 194~195쪽.

169 〈조선일보〉 1964년 12월 8일 '좁은 문 딱한 문'.

170 〈경향신문〉 1967년 12월 1일 '중학 입시 이모저모'.

171 〈동아일보〉 1975년 9월 11일 '말 따라 노래 따라 애환 30년(20) 과외공부'.

172 〈경향신문〉 1967년 11월 4일 '과외공부 그 병폐'.

173 〈경향신문〉 1961년 8월 1일 '국산 도매와 교육'.

174 〈동아일보〉 1964년 12월 22일 '무즙 엿 먹어보라'.

175 〈동아일보〉 1964년 12월 9일 '중학 입시 문제에 관한 분론'.

176 〈동아일보〉 1972년 3월 6일 '폐습④ 치맛바람'.

177 〈동아일보〉 1975년 9월 5일 '말 따라 노래 따라 애환 30년(16) 치맛바람'.

178 〈경향신문〉 1969년 2월 5일 '입시지옥은 없어졌으나'.

179 〈경향신문〉 1972년 1월 11일 '되살아난 좁은 문① 숱한 문제점'.

180 〈경향신문〉 1972년 1월 15일 '일류교 경쟁률 낮아'.

181 〈경향신문〉 1972년 1월 18일 '고교입시 전국 일제히'.

182 〈조선일보〉 1962년 10월 18일 '불결한 엿장수 단속을'.

183 〈한겨레신문〉 1997년 11월 15일.

184 〈동아일보〉 1973년 1월 16일 '전기대 입시개막'.

185 서울역사편찬원, 2016,《서울 2천년사》 37권, 106~107쪽.

186 〈경향신문〉 1986년 1월 10일 '눈치입시 결국 이번 불렀다'.

187 〈경향신문〉 1990년 12월 19일 '엿같이만 붙어라'.

188 〈동아일보〉 1989년 11월 21일 '합격 기원 수험생부모 붐벼'.

189 〈매일경제신문〉 1996년 11월 9일 '입시 선물 엿·떡 퇴조, 포크·손거울 등 인기'.

190 〈조선일보〉 1999년 11월 4일 '수능시험 13일 앞으로'.

2 세계 제일의 콩나물 교실 - 학교는 부족하고 교육열은 너무 높다

191 〈동아일보〉 1948년 10월 19일 '국민교 수용 포화상태 3부제 강행난 등 해결'.

192 〈경향신문〉 1953년 3월 8일 '적령 아동 작년의 2배'.

193 〈조선일보〉 1955년 5월 16일 '색연필'.

194 〈경향신문〉 1958년 3월 5일 '무척 모자라는 교실'.

195 〈조선일보〉 1957년 4월 19일 및 〈조선일보〉 1959년 8월 4일.

196 〈조선일보〉 1959년 4월 14일 '책상 없는 교실 전농교, 마치 옛날 서당'.

197 〈조선일보〉 1961년 4월 9일 '113학급에 9,400명'.

198 〈조선일보〉 1967년 3월 21일 '서글픈 영광, 세계 제1의 콩나물 교실'.

199 〈조선일보〉 1964년 7월 26일 '서울시내 의무교육진단'.

200 〈조선일보〉 1960년 11월 12일 '교육공채 일억 인수'.

201 〈동아일보〉 1973년 12월 27일 '공립 사립 어디로 보낼까'.

202 〈조선일보〉 1974년 4월 12일 '잡부금 엄금 쇄기와 사립초등학교 운영방향'.

203 〈동아일보〉 1963년 6월 3일 '국민교 육성회비 확정 최고한도 4백 원'.

204 〈경향신문〉 1972년 3월 10일 '의무교육은 지금 어디쯤'.

205 〈동아일보〉 1980년 12월 25일 ''80 서울의 명암, 국민교 콩나물 교실'.

206 〈조선일보〉 1976년 3월 28일 '만원 서울 무엇이 문제인가③'.

207 〈동아일보〉 1978년 7월 8일 '콩나물 교실도 한계점'.

208 〈동아일보〉 1978년 3월 16일 '과밀교육의 현장①'.

209 〈경향신문〉 1962년 4월 4일.

210 〈동아일보〉 1980년 4월 4일 '학교의 사계⑤'.

3 교복을 찢었던, 거칠었던 졸업식 - 응어리진 교복 세대의 성인식 겸 해방의식

211 〈경향신문〉 1997년 2월 15일.

212 〈조선일보〉 1978년 5월 3일 '중고생 교복 획일적이어야 하나'.

213 〈동아일보〉 1978년 12월 26일 '교복 이대로 좋은가'.

214 〈경향신문〉 1999년 10월 28일 '교복의 변천사'.

215 〈조선일보〉 1978년 5월 3일 '중고생 교복 획일적이어야 하나'.

216 〈동아일보〉 1982년 1월 11일 '사라지는 교복시대〈6〉 사복시대의 과제'.

217 〈동아일보〉 1982년 1월 7일 '사라지는 교복시대〈4〉 미성년자 출입금지'.

218 〈매일경제신문〉 1971년 2월 13일 '변질된 잡부금'.

219 〈동아일보〉 1982년 1월 6일 '사라지는 교복시대〈3〉 생활지도'.

220 〈조선일보〉 1978년 5월 3일 '중고생 교복 획일적이어야 하나'.

221 〈경향신문〉 1979년 1월 13일.

222 한국학중앙연구원, 《한국민족문화대백과사전》, '졸업'.

223 〈동아일보〉 1956년 2월 22일 '중고교 졸업식'.

224 〈동아일보〉 1965년 1월 29일 '탈선졸업생'.

225 〈조선일보〉 1979년 1월 18일 '고교생 졸업 해프닝'.

226 〈동아일보〉 1983년 2월 14일 '졸업식장에서의 장탄식'.

227 〈조선일보〉 1981년 2월 11일 '응어리 3년에의 해방감'.

228 〈동아일보〉 1976년 1월 9일 '유흥가로 직행한 고교졸업탈선'.

229 〈동아일보〉 1980년 4월 24일 '학교의 사계〈8〉 획일 벗긴 자율화 교복'.

3부 서울내기: 과거와 현재가 뒤섞인 일상

5장 서울 사람의 화려했던 결혼 편력
1 중매와 연애, 결혼상담소와 마담뚜 – 사랑과 결혼은 별개란 말인가

230 〈조선일보〉 1959년 3월 40일 '중매연애'.

231 〈경향신문〉 1964년 4월 14일 '맞선을 보고난 후'.

232 〈경향신문〉 1987년 5월 22일 '맞선본날 함께 식사말라'.

233 〈경향신문〉 1962년 9월 10일 '결혼하기 힘든세상'.

234 〈경향신문〉 1966년 5월 30일 '상담소에 비친 혼담만상'.

235 〈동아일보〉 1987년 4월 17일 '결혼풍조 이대로 좋은가〈6〉'.

236 〈동아일보〉 1985년 6월 14일 '결혼상담소 이용 사기 많다'.

237 〈동아일보〉 1977년 11월 1일 '중매결혼이 늘어난다'.

238 〈동아일보〉 1962년 10월 10일 '나날이 번져가는 펜팔운동'.

239 〈조선일보〉 1968년 6월 9일 '서울 새 풍속도 젊은 세대의 행방을 좇아 ⑥펜팔'.

240 〈경향신문〉 1972년 2월 1일 '펜팔교제파탄'.

241 〈동아일보〉 1969년 4월 17일 '오늘의 젊은 그들(3) 남과 여'.

242 〈조선일보〉 1968년 6월 4일 '매스 데이트'.

243 〈조선일보〉 1979년 3월 22일 '주눅 든 대학가에 미팅의 봄 활짝'.

244 〈동아일보〉 1984년 2월 20일 '절반 이상이 한번이상 경험, 고교생 미팅바람'.

245 〈조선일보〉 1985년 12월 19일 '대학가 그룹미팅 줄어든다'.

246 〈경향신문〉 1983년 4월 9일 '마담뚜'.

247 〈동아일보〉 1977년 11월 1일 '중매결혼이 늘어난다'.

248 〈경향신문〉 1983년 3월 19일 '다시 고개드는 마담뚜'.

249 〈조선일보〉 1980년 11월 2일 '마담뚜 호통치던 검사'.

250 〈조선일보〉 1992년 9월 3일 '마담뚜 전국에 3~4천명'.

251 〈동아일보〉 1984년 11월 15일 '결혼상담소-인기의 안팎'.

2 장가든다, 시집간다, 예식장 간다 – 도떼기시장과 같았던 서울의 결혼식장

252 〈동아일보〉 1920년 4월 10일 '신랑신부'.

253 〈조선일보〉 1968년 5월 26일 및 〈동아일보〉 1994년 3월 21일.

254 〈조선일보〉 1975년 4월 5일 '광복 30년 세정산책⑭ 결혼식' 및 박혜인,
    2012, 《서울 사람들의 혼인, 혼례, 결혼》, 서울특별시 시사편찬위원회,
    92~94쪽.

255 〈조선일보〉 1959년 9월 9일 '결혼씨즌'.

256 〈동아일보〉 1990년 10월 19일 '국회의원과 주례'.

257 〈조선일보〉 1964년 8월 30일 '직업 주례사(職業 主禮師)'.

258 〈경향신문〉 1975년 10월 6일 '주례의 개탄'.

259 〈조선일보〉 1967년 9월 24일 '결혼시즌'.

260 〈조선일보〉 1978년 3월 16일 '결혼식장 새 부조리'.

261 〈경향신문〉 1983년 7월 20일 '폐백의 차별예법 고쳤으면'.

262 '가정의례준칙에 관한 법률'(73.3.13 개정, 법률 제2604호).

263 〈경향신문〉 1973년 8월 31일 '의례식장 등록 저조'.

264 박혜인, 앞의 책, 113쪽.

265 서울역사박물관, 2009, 《강남, 이야기로 보다》, 85~122쪽.

266 〈조선일보〉 1994년 4월 14일 '다 같이 생각해봅시다. 결혼 문화(10) 함값-꽃값'.

267 〈동아일보〉 1987년 4월 10일 '결혼 풍조 이대로 좋은가〈3〉, 묵새통 잔치…
결혼예식장'.

3 딸 아들 구별 말고 둘만 낳아 잘 기르자 - 주술적 기자속이 과학적 남아선호로

268 임동권, 1961, 〈서울의 산속〉《향토서울》 제12호, 서울특별시사편찬위원회,
197~198쪽.

269 서울역사편찬원, 2022,《서울지명사전》(https://history.seoul.go.kr) 참고.

270 서울역사편찬원, 2016,《서울 2천년사》 33권, 287쪽.

271 소현숙, 2021, 〈인권없는 인구정책의 역사를 되돌아보며〉《인구로 보는 한
국현대사 사람, 숫자》, 대한민국역사박물관, 198~199쪽.

272 소현숙, 2021, 위의 글, 199쪽.

273 〈경향신문〉 1977년 8월 9일 '변화 속 성문화⑬'.

274 〈조선일보〉 1971년 3월 20일 '양처의 분개'.

275 〈경향신문〉 1977년 8월 23일 '변화 속 성문화⑳'.

276 〈동아일보〉 1976년 12월 3일 '인구정책추진계획 확정'.

277 〈동아일보〉 1977년 9월 20일 '아파아트 추첨과 불임수술'.

278 대한민국역사박물관, 2021,《인구로 보는 한국현대사 사람, 숫자》, 56쪽.

279 〈조선일보〉 1977년 7월 12일 '가을에 짓는 반포아파트 불임수술의 집결지'.

280 〈경향신문〉 1977년 9월 8일 '아파트 입주 우선권 이후 불임시술 바람'.

281 〈경향신문〉 1999년 12월 25일.

282 임동권, 1961, 〈서울의 산속〉《향토서울》 제12호, 서울특별시사편찬위원회,
209쪽.

283 《동의보감》 잡병편 권 10 전여위남법(轉女爲男法) 및 유안진, 1986,《한국
의 전통육아방식》, 서울대학교 출판부, 150~151쪽.

284 〈경향신문〉 1975년 4월 2일 '의학계 권위들의 임상노트〈35〉 아들이냐 딸이냐'

285 〈조선일보〉 1985년 10월 17일.

286 장철수, 1978, 〈통과의례〉《한국민속종합조사보고서-서울특별시-》 10편,
문화공보부, 70쪽.

287 〈경향신문〉 1971년 8월 4일.

288 〈조선일보〉 1981년 1월 20일 '임신중절은 위험하다'.

289 〈조선일보〉 1982년 2월 5일 '산고보다 어려웠던 수칙들'.

290 〈경향신문〉 1985년 3월 30일 '장사속 태아 성감별 남아선호 부채질'.

291 대한민국역사박물관, 2021,《인구로 보는 한국현대사 사람, 숫자》, 162쪽.

292 〈매일경제〉 1984년 11월 22일 '제왕절개분만 많아진다'.

6장 탄생에서 죽음까지, 서울 사람의 인생 고비
1 서울 아기의 산실 변천기 - 삼신할머니에서 산파로, 조산소에서 산부인과로

293 임동권,1961, 〈서울의 산속〉《향토서울 제12호》, 서울특별시사편찬위원회,
   222~223쪽.

294 장철수, 1978, 〈통과의례〉《한국민속종합조사보고서-서울특별시-》 10편,
   문화공보부, 70쪽.

295 주영하, 2003, 〈출산의례의 변용과 근대적 변환:1940~1990〉《한국문화연
   구》 7집, 경희대 민속학연구소, 214쪽.

296 임동권,1961, 〈서울의 산속〉《향토서울 제12호》, 서울특별시사편찬위원회,
   204쪽.

297 〈조선일보〉 1935년 7월 26일 '어찌하리까?'.

298 〈동아일보〉 1939년 10월 4일 '해산과 삼할머니의 관계(5)'.

299 〈조선일보〉 1946년 2월 27일 '산파회 결성'.

300 〈조선일보〉 1957년 1월 15일 '조산원이 되려면'.

301 〈경향신문〉 1981년 2월 24일 '수필 첫 출산을 앞두고'.

302 〈동아일보〉 1979년 8월 23일 '의료현대화에 밀려난 조산원'.

303 〈동아일보〉 1981년 2월 2일 '한해 평균 8%씩 사라져 조산소가 줄고 있다'.

304 카트린 롤레·마리 프랑스 모렐 지음, 나은주 옮김, 2002,《출산과 육아의
   풍속사》, 사람과 사람, 61~63쪽.

305 유안진, 1986,《한국의 전통육아방식》, 서울대학교 출판부, 156~157쪽.

306 〈조선일보〉 1967년 12월 3일 '산모와 갓난아기'.

307 〈경향신문〉 1996년 8월 30일 '배꼽티 등 과다노출자 도서관출입금지'.

2 서울 사람의 운명과 점 보기 - 서울 사람의 운명은 왜 미아리로 갔을까

308 《삼국지(三國志)》 위서(魏書) 동이전(東夷傳) 부여(夫餘).

309 장석만, 2019, 〈'근대성의 이면'으로서의 점복, 그리고 그 너머〉《종교문화
   비평》 제36호, 청년사 ,16~18쪽.

310 〈동아일보〉 1949년 8월 30일 '무당, 점쟁이 격증'.

311 〈동아일보〉 1949년 8월 30일 '노천 점쟁이 일소'.

312 〈동아일보〉 1949년 10월 14일 '결국 용두사미?'.

313 〈조선일보〉 1955년 1월 26일 '문화민족의 수치, 미신을 하루속히 없애자'.

314 김만태, 2008, 〈한국 맹인 점복자의 전개양상〉《역사민속학》 제28호, 한국 역사민속학회, 251~268쪽.

315 〈경향신문〉 1970년 11월 27일 '서울 새풍속도 41, 현대화의 숲에 싸인 남산 16'.

316 무라야마 지준(村山智順) 저 · 김희경 역, 2005, 《조선의 점복과 예언》, 동 문선, 384~395쪽.

317 〈경향신문〉 1970년 2월 2일 '요행을 파는 점술성업'.

318 〈경향신문〉 1970년 11월 27일 '서울 새풍속도 41, 현대화의 숲에 싸인 남산 16'.

319 〈동아일보〉 1972년 2월 29일 '폐습 ③ 점'.

320 〈동아일보〉 1978년 10월 26일 '점 혹시나 …의 여성심리② 점술가의 고객 들' 및 〈경향신문〉 1981년 1월 20일 '돋보기'.

321 〈동아일보〉 1984년 6월 19일 '서울 25시〈12〉 운세 알아보는 성시 점술거리'.

322 〈동아일보〉 1978년 10월 19일 '점 혹시나 …의 여성심리① 서울의 점술가'.

323 〈동아일보〉 1978년 10월 26일 '점 혹시나 …의 여성심리② 점술가의 고객들'.

324 요시무라 미카(吉村美香), 2015, 《근현대 점복촌의 민속학적 연구-수도권 을 중심으로》, 한국학대학원 박사학위 논문, 23~30쪽.

325 〈한겨레신문〉 1988년 9월 28일 〈서울, 음지 양지, 미아리 '점마을'〉.

326 〈동아일보〉 1978년 4월 6일 '서울요철⑱ 동선동 운명철학가'.

327 〈동아일보〉 1984년 6월 19일 '서울 25시〈12〉 운세 알아보는 성시 점술거리'

328 김만태, 앞의 글, 269~270쪽.

329 〈동아일보〉 1984년 6월 19일 '서울 25시〈12〉 운세 알아보는 성시 점술거리'.

330 국립민속박물관, 《한국민속대백과사전》, '단골'.

331 〈경향신문〉 1995년 10월 3일 '세기말 집단최면인가 시대가 낳은 정신병인가'.

332 〈경향신문〉 1991년 3월 18일 '점술집 찾는 젊은 주부 급증'.

3 이승에서도 만원, 저승에서도 만원 – 서울 사람의 쉴 곳 서울에 없다

333 〈매일경제〉 1977년 9월 7일 '지나치게 넓은 묘지 면적' 및 〈조선일보〉 1985 년 2월 26일 '만물상'.

334 장철수, 1997, 《한국의 관혼상제》, 집문당, 83~87쪽.

335 H.N.알렌 지음 신복룡 역주, 1999, 《조선 견문기》, 집문당, 130쪽.

336 〈매일신보〉 1913년 1월 18일 '공동매장지 선정'.

337 〈매일신보〉 1914년 12월 10일 '모범묘지 신설'.

338 〈동아일보〉 1937년 6월 9일 '이태원 무연묘 망우리에 합장'.

339 다카무라 료헤이, 2000, 〈공동묘지를 통해서 본 식민지 시대 서울-1910년 대를 중심으로-〉《서울학연구》 15, 서울학연구소, 153쪽~154쪽.

340 〈매일경제〉 1967년 9월 23일 '이것이 서울이다(20) 공동묘지'.

341 〈조선일보〉 1951년 10월 17일 '공원 내 불법 매장 공동묘지'.

342 이의성, 2021, 〈근대도시계획과정에서 나타난 공동묘지의 탄생과 소멸-서울 사례를 중심으로-〉 서울대 도시계획학 석사 학위 논문, 96~97쪽.

343 〈동아일보〉 1958년 11월 20일 '미아리 야화(1) 모래 세례에 기겁'.

344 〈동아일보〉 1958년 11월 22일 '미아리 야화(2) 달려드는 괴노인'.

345 〈경향신문〉 1973년 3월 22일 및 〈경향신문〉 1973년 3월 23일 '조상의 넋 안치 40년, 문 닫는 망우리묘지'.

346 〈동아일보〉 1962년 10월 27일 '서울 망중한, 망우리'.

347 〈조선일보〉 1954년 9월 13일 '휴전 후 두 번째의 추석' 및 〈동아일보〉 1972년 9월 22일 '성묘행렬 장사진'.

348 〈경향신문〉 1978년 4월 4일 '버스 550대 늘려' 및 〈경향신문〉 1981년 9월 9일 '성묘 버스 20개 노선 401대 임시 운행'.

349 〈동아일보〉 1993년 5월 22일 '시립묘지 5곳, 무연고묘 정비'.

350 〈동아일보〉 1975년 9월 24일 '서울의 얼굴⑬ 공동묘지'.

351 〈경향신문〉 1981년 4월 10일 '묘지 만원, 묻힐 땅이 없다'.

352 〈경향신문〉 1991년 7월 28일 '이번엔 무덤투기 바람, 풍수쟁이 앞세워 명당 싹쓸이'.

353 〈동아일보〉 1988년 3월 11일 '묘지의 국토 침식 심각'.

354 〈매일경제〉 1967년 9월 23일 '이것이 서울이다(20) 공동묘지'.

355 〈동아일보〉 1978년 4월 13일 '서울 요철(19) 벽제 장재장'.

356 〈매일경제〉 1977년 9월 7일 '지나치게 넓은 묘지 면적'.